決定版　韓国家庭料理大全

ハン・ボクソンのオンマの食卓

母親の愛情が
こもった手料理

　2007年12月に、『オンマの食卓』の初版が韓国で刊行されました。刊行当時は「家庭料理」という食文化が話題にならない時代でしたが、最近は「外食」や「おひとりさまごはん」という言葉から、現代の食文化が見えるような気がします。

　時が流れても、変わらない私たちの食卓。

　オンマ（母親）の愛情がこもった手料理を食べられることは、とても幸せなことです。その大切さに気づき、2022年に再び『オンマの食卓』を見直しました。

　私たちに本当に必要なのは、愛情がこもった母の味だと、私は思っています。その味に慣れている人たちは、大人になっても母の味を恋しく思うはずです。母の味を思い出しながら、これからはみなさんが家族のために食事をつくってあげましょう。

　家族のごはんをつくって55年。その経験を活かし、母の味が詰まった料理本『オンマの食卓』の改訂版が刊行されることになったのです。

　人はひとりではありません。父、母、そして何代にもわたるご先祖様たちがいて、私がこの世に生まれたのです。健康に生まれ、おいしいものを食べながら心身ともに健康に生きられることは、どんなにありがたく幸せなことでしょう。それは、私にかかわるすべての人のおかげです。

　ファン・ヘソン──私の母であり師匠です。私は55年前に大学の食品栄養学科に入学し、そこで母の授業を受けることになりました。家の中では母親、家の

外では教師であった母は2006年12月に他界したので、今は、写真の中の母と会話をしています。

　母は仕事をしていたので、私は遠足にも一緒に行けず、家に帰っても誰もいない寂しさを味わいました。ですから、結婚したら仕事をしないと決め、伝統的なジャン（醤）づくりを生業とする家の末っ子に嫁ぎました。私の思いどおりにはならず、いくつかの仕事をすることになりましたが、今も楽しく続けています。

　私は食いしん坊な夫の妻であり、家庭外では教師であり社会人です。嫁いだ二人の娘に子供が生まれて、おばあちゃんにもなりました。私は、主婦が家事をするのは当然だと思っているので、主婦の自分と家庭外の自分は別人だと考え、家でも外でも目の前の仕事だけに専念してきました。

　経験を積むにつれて私は、韓国の伝統料理や宮中料理体系など、料理文化の発展に大きな功績を残した母の偉大さを感じています。

　今から約350年前に、安東の張さんというおばあさんが、韓国最古のハングル料理本『閨壺是議方（ウムシクディミバン）』を執筆しました。この本には、キムチをはじめとする146種類の韓国料理と51種類のお酒のレシピが記録されています。当時の韓国には、まだトウガラシがなかったので、トウガラシの入っていないキムチを漬け、各家庭で数種類のお酒もつくっていました。

　同書を通して、その時代に生きた女性たちの生活を知り、彼女たちの家庭内での重要な役割が、食事の支度とお酒の管理と子育てだったという事実を知りました。そのような生き方が正しいかはわかりませんが、家族のために食事をつくり、その食事を家族全員で楽しむことは今も昔も変わらないと、私は思っています。

　安東の張さんと同じように、すべてのことを整理しようと『オンマの食卓』というタイトルの本を書きましたが、このたび15年ぶりにその改訂版が出版されることになりました。

　本書を読んだみなさんが、たとえ一品でも愛情を込めて料理をつくり、ご家族と一緒に食卓を囲んでいただけたらうれしいです。そして、お母さまとの思い出を大切にして、健康で幸せな暮らしをしていただきたいと願います。

　ありがとうございます。

ハン・ボクソン

韓 㑗仙

＊本書は2022年刊行書籍の日本語訳本です。

3

・目次

part 1 毎日のおかず・常備菜

part 2 ぐつぐつ煮る スープ・チゲ・鍋料理

part 3 手軽に一食 ワンディッシュメニュー

part 4 家族のための ヘルシーメニュー

part 5 特別な日の おもてなしメニュー

part 6 季節のキムチ・チャンアチ(漬け物)・ピクルス

・料理をはじめる前に

○ 材料表の砂糖は特に記載がない場合、上白糖を使用します。

○ 材料表の塩は特に記載がない場合、粒子の細かい天然塩を使用します。

○ 材料表の小麦粉は特に記載がない場合、中力粉を使用します。

○ 材料表の粉トウガラシは特に記載がない場合、中挽きを使用します。

○ 材料表のイワシエキスはカタクチイワシの魚醤のことです。
(イワシエキスは p.36 参照)

○ 材料表のトウガラシ類や塩の量は原書に基づいた量をそのまま記載しています。辛い、塩辛い等の感じ方は個人差があるため、適宜トウガラシや塩の量を減らしたり、種を除いたりするなど辛さを調整してください。

○ 材料を洗う、皮をむくなどの下処理はつくり始める前に済ませています。

○つくり方の火加減は特に記載がない場合、中火とします。

○ 表示のガスの火加減、揚げ油の温度、調理時間等はあくまでも目安です。ガス／電気の機種や特性に応じて適宜調整してください。

○ 料理の仕上がり写真はイメージです。材料表にないものが飾り付けとして写っている場合があります。

○ 本書に掲載されている材料や道具のなかには、日本では入手しにくいものもありますので、一部代用品を記載しています。日本国内でもオンラインショップや韓国食材店などで入手することが可能なものもあります。

・料理前のレッスン

覚えておくと便利な食品の計量法と基準値

材料の分量が正確でないと、おいしい料理はつくれません。また、計量スプーンやはかりを使う時にもコツがいります。わざわざ計量することが面倒な場合は、基準値を覚えてください。目や手で感覚を覚えておくと便利です。

計量に使う調理器具

計量スプーン

少量の調味料を正確に量るために必要な道具。大さじ1は15mℓ、小さじ1は5mℓなので、どちらも1つずつ用意しておくといい。砂糖や塩、粉類はたっぷりすくってからすりきり用のへらなどで平らにし、液体はふちギリギリまで注ぐ。

計量カップ

最もよく使うのが容量200mℓのもの。ガラス、プラスチック、ステンレスなど、いろいろな素材があるが、なかでも透明なガラス製の計量カップは中身や目盛りがよく見えて便利。目盛りを見る時はカップを平らな所に置き、目盛りに目線を合わせて見る。

はかり

少量でも量れるように、目盛りが5g単位になっていて、最大1〜2kgまで量れるものがいい。はかりを平らなところに置き、目盛りを0に合わせたあとに材料をのせる。最近ではデジタルのはかりを使うことが多い。

知っておくと役立つ計量法　※計量器具は同じでも食材・調味料によって重量が異なります。

大さじ1＝15mℓ
一般的なカレースプーンの山盛り1杯の量

小さじ1＝大さじ1/3＝5mℓ
ティースプーンの山盛り1杯または
カレースプーンのすりきり1杯くらいの量

大さじ1/2＝7.5mℓ
カレースプーンに小高く盛り上がる程度の量

小さじ1/2＝2.5mℓ
ティースプーンに2/3杯くらいの量または
カレースプーンの半分くらいの量

1カップ＝大さじ約13.3杯
＝200mℓ
一般的な紙コップに
すりきり1杯入れた量

1つかみ
片手で軽くにぎる程度

少々
親指と人差し指で
軽くつまむ程度

よく使う食材の100g基準値（約）

じゃがいも
＝中サイズ1個

にんじん
＝大サイズ1/3本

玉ねぎ
＝大サイズ1/2個

きゅうり
＝大サイズ1/2本

韓国かぼちゃ
＝大サイズ1/2本

だいこん
＝直径9×幅1.5
センチ

大豆もやし
＝2つかみ

ほうれん草
＝7株

青トウガラシ
＝大サイズ5本

にんにく
＝20片

キャベツ
＝1/8玉

マッシュルーム
＝5個

豆腐
＝6×5×3センチ

むきえび
＝小12尾
（3/4カップ）

ブロック肉
＝8×6×1.5センチ

ひき肉
＝3/4カップ

鶏の胸肉
＝1枚

鶏のモモ肉
＝中サイズ1/3

よく使う食材の重さの基準 （グラムは目安）

野菜・きのこ

なす　1個	120g
じゃがいも（小サイズ）　1個	85g
じゃがいも（大サイズ）　1個	210g
さつまいも（小サイズ）　1本	130g
にんじん（大サイズ）　1本	330g
韓国かぼちゃ（大サイズ）　1本	280g
玉ねぎ（大サイズ）　1個	250g
きゅうり（大サイズ）　1本	210g
れんこん　1本	300g
ごぼう（太さ3センチ・長さ20センチ）	100g
青トウガラシ（大サイズ）　1本	20g
ピーマン　2～3個	100g
えごまの葉　10枚	10g
長ねぎ　1本	45g
だいこん（幅10センチ）	460g
白菜　1株	2kg
キャベツ　1玉	800g
ほうれん草　1株	14g
わらび・春菊・せり・ニラ　各1束	100g
大豆もやし　1つかみ	50g

ヒラタケ（小サイズ）　1本	10g
エリンギ（小サイズ）　1本	17g
えのきたけ　1袋	100g
しいたけ（大サイズ）　1本	20g

肉・卵

牛肉（こぶしサイズ）	120g
鶏のモモ肉（中サイズ）　1/3	100g
卵　1個	50g

海産物・乾物

さば　1尾	400g
イシモチ　1尾	50g
渡り蟹　1杯	200g
カキ（むき身）　1カップ	130g
オキシジミ　1個	25g
えび（中サイズ）　1尾	18g
むきえび　10尾	50g
いか　1杯	250g
干しだら（裂いたもの）　1つかみ	15g
ちりめんじゃこ　1つかみ	15g

さきイカ　1つかみ	15g
昆布　10×10センチ	35g

加工食品

豆腐　1丁	480g
食パン（10枚切り）　1枚	35g
韓国おでん（四角）　1枚	30g
韓国おでん（筒形）　10センチ	50g
フランクフルト　1本	35g

調味料

粒子の細かい天然塩　大さじ1	18g
粗塩　大さじ1	18g
粉トウガラシ　大さじ1	8g
にんにくのみじん切り　大さじ1	12g
砂糖　大さじ1	12g
白炒りごま　大さじ1	8g
しょう油　大さじ1	13g
オリーブオイル　大さじ1	12g
テンジャン（韓国味噌）　大さじ1	20g
コチュジャン　大さじ1	20g

・料理前のレッスン

包丁の正しい使い方と基本の切り方

料理をつくる時の基本は、包丁の使い方にあります。材料をどのように切るかによって、見た目はもちろん味も変わります。料理の実力も包丁の使い方を見ればわかります。正しい使い方を知り、基本の切り方を覚えましょう。

用途別の包丁の使い方

 材料を切る時 均等に力を加え、包丁の刃の中央で切る。

 キャベツなどの芯を切り落とす時 包丁の刃の先端で切り落とす。細かい作業をする時は包丁の先端を使うと便利。

 ごぼうなどの皮をこそぐ時 包丁の背を垂直に立ててこそぐ。

 材料を細かく刻む時 包丁の刃全体を使う。左手で包丁の先端を上から押さえ、右手で包丁を上下に動かしながら刻む。

 豆腐やにんにくなどをつぶす時 包丁を横にして上から押しつぶす。

 じゃがいもの芽や傷んだ部分を取り除く時 包丁のアゴ（角ばった部分）を使って回しながらくりぬく。

よく使う基本の切り方

輪切り 韓国かぼちゃ、きゅうりなど、円柱形の材料を円形に切りたい時の切り方。包丁を立てて一定の厚さで切る。韓国かぼちゃのジョン、きゅうりの和え物、れんこんの煮物などで使う。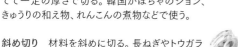

斜め切り 材料を斜めに切る。長ねぎやトウガラシなどを合わせ調味料に入れる時に使い、韓国雑煮の餅も斜め切りにする。

小口切り 青トウガラシや小ねぎなど、細くて長いものを切る時の切り方。端から同じ幅で切る。切り口の円形を活かすことができ、合わせ調味料やトッピングに使う。

半月切り 韓国かぼちゃ、じゃがいも、さつまいもなどを、まず縦半分に切ってから料理に合わせた厚さで切る方法。おもにスープ、チゲ、炒め物に使う。

色紙切り 薄い正方形に切る切り方で、だいこんのような円柱形の材料は、周囲の丸みを切り落とし、四角柱にしてから薄く切る。水キムチを漬ける時やだいこんをスープに入れる時に使う。

角切り だいこん、じゃがいも、にんじんなどの材料をサイコロ状にしたい時の切り方。まず周囲の丸みを切り落とし、四角柱にしてからサイコロ状に切る。おもにカクテキをつくる時に使う。

薄切り にんにくやしょうがなどを切る時の切り方。材料の大きさに関係なく薄く切る。薄切りにするとみじん切りよりも料理があっさりと仕上がる。

せん切り（細切り） だいこんやにんじんなどを細長く切る時の切り方。材料を薄切りにしてから、細長く均等に切る。冷菜、チャプチェ、キンパ（韓国のり巻き）、キムチの具によく使う。

かつらむき きゅうりや韓国かぼちゃなどの円柱形の材料で、種のある中心部を使わない時の切り方。なつめの種を取り除く時にもこの切り方を使う。材料を5〜6センチの長さに切ってから、果物の皮をむくように少しずつ回しながら表面から薄く切る。

ささがき 笹の葉の形のように薄くけずる。ごぼうを切る時に使うことが多く、白菜のスープをつくる時に、白菜の芯部をこの切り方にすることもある。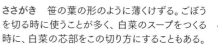

生活の知恵、食品の保存方法

料理を手際よくつくるポイントは、材料をあらかじめつくりやすい状態にしておくことです。食材ごとの保存方法を知っておくと新鮮さが保て、長期保存もできるので一石二鳥です。

よく使う材料の保存方法

にんにくやしょうがは、みじん切りにして冷凍する

みじん切りにしたものをビニール袋に入れて平らに広げ、板チョコレートのように溝をつけて冷凍する。凍ったら1個ずつに分けてジッパーつきの保存袋や密閉容器で冷凍保存すれば、1個ずつ使えて便利。しょうがは薄切りも冷凍しておくと重宝する。

長ねぎは切って冷凍する

洗って水けをきったあと適宜切り、密閉容器やジッパーつきの保存袋などに入れる。密閉容器にキッチンペーパーを敷いておけば、冷蔵庫で10日くらい保存できる。それ以上保存する場合は、斜め切りにして冷凍すること。

韓国かぼちゃは水けをきって冷蔵する

洗って水けをきり、ラップで包んで冷蔵保存する。傷みやすいのでできるだけ早く食べきる。

豆腐は水に浸して冷蔵する

開封前のものはパックのまま冷蔵保存し、料理に使用して残った豆腐は水に浸して冷蔵保存する。2日に1回くらいのペースで水を替えれば、日持ちしやすくなる。

大豆もやしは水に浸して冷蔵する

購入したらすぐに流水で洗い、水に浸した状態で冷蔵保存する。2日に1回くらいのペースで水を替えれば、10日くらい保存できる。

トウガラシは洗って冷蔵する

洗って水けをきり、ジッパーつきの保存袋に入れて冷蔵保存する。斜め切りにして冷凍してもいい。冷凍すると味と風味は落ちるが、すぐに使えるので便利。

卵はふたのある容器に入れて冷蔵する

冷蔵庫で保存すれば、2カ月弱くらいはもつ。揺れると腐りやすいので、冷蔵庫のドアポケットよりも内部の棚の奥のほうに置くのが好ましい。臭いを吸収しやすいのでふたつきの容器に入れるといい。

煮干しは下処理をしてから冷凍する

だし用の煮干しは、頭と内臓を取ってジッパーつきの保存袋や密閉容器に入れて冷凍保存する。同様に、干しえびもジッパーつきの保存袋か密閉容器に入れて冷凍保存する。

乾燥昆布は小さく切ってから冷凍する

乾燥昆布は5センチ角に切ってから、ジッパーつきの保存袋か密閉容器に入れて冷凍保存する。

材料の切れ端は、まとめて冷凍する

しいたけの軸、干しだらのアラなど、下処理の時に出た切れ端は、まとめて冷凍して、だし汁用にすると便利。

おいしい野菜の選び方＆下処理と保存方法

野菜は鮮度がとても大切です。質のよいものを適切に下処理すると栄養が保て、素材の味も活かせます。
質のよい野菜の選び方、適切な下処理の方法、長期保存できるノウハウをご紹介します。

きゅうり

選び方── つやがありイボが残ってチクチクするものが新鮮で、形がまっすぐなものを選ぶ。曲がっているものや太さが均一でないものは避ける。

下処理── 粗塩を手にとってきゅうりを握ってこすったあと、流水で洗う。とがったトゲは、包丁でそぎ落とし、苦みの強いヘタの部分は切り落とす。

保存方法── 洗わずに新聞紙で包むかビニール袋に入れて、冷蔵庫の野菜室で保存する。湿気があると傷むので注意。

韓国かぼちゃ

選び方── ハリとつやがあってまっすぐなものを選ぶ。とても大きく育ったものは種も大きいので、ほどよいサイズがいい。類似のズッキーニは太さが均一なものが多いので使いやすい。

下処理── 洗ってヘタを切り落とし、料理に合わせて切る。柔らかいので形をくずさないように加熱するのがポイント。

保存方法── 水けをふき取って新聞紙で包み、冷蔵庫の野菜室で保存する。傷みやすいので、できるだけ早く使う。薄切りにしたあと、干し野菜にするのもおすすめ。干し野菜にしたら、水でもどして使用するといい。

だいこん

選び方── 白くてハリがあり、太さが均一なものを選ぶ。表面にシワがあったり乾燥したりしているものは、中がスカスカの可能性があるので注意する。頭の部分が青いものが甘い。

下処理── 皮にはビタミンCが多いので、できるだけむかずに調理したほうがいい。表面をブラシでこすりながら洗い、傷が深い部分や土がとれない部分は切り落とす。

保存方法── 新聞紙で包んで冷蔵庫の野菜室で保存する。乾燥した状態で長期保存するとスカスカになるので頻繁に保湿する。また、葉がついたままだと葉が水分を吸収してしまうので、葉を切ってから保存する。

白菜

選び方── 外側の葉が生き生きとして、ぎっしり詰まって重みがあるものを選ぶ。葉の色が白と緑ではっきり分かれているものがいい。

下処理── 外側の葉を何枚か取り除いてから、葉を1枚ずつむいて使うか、縦半分に切ってから使う。縦半分に切る時は、すべて包丁で切るのではなく、根元に包丁で切り込みを入れ、そこから手で裂く。1〜2回流水で洗ってからしばらく塩水につけておくと葉が破れない。

保存方法── 新聞紙で包んで、日陰の涼しい場所で保存する。寝かせずに立てて置く。

にんじん

選び方── 色があざやかでつやがあるものは、β-カロチンが豊富。洗浄されたものよりも、土がついているものを選ぶといい。黒く変色しているもの、表面がでこぼこしているものは避ける。

下処理── 土を洗い落として包丁かピーラーで皮をむく。

保存方法── 洗わずに新聞紙で包んで冷蔵庫の野菜室で保存する。長期保存すると乾燥しやすいので、ときどき霧吹きで新聞紙に水を吹きかけるといい。

じゃがいも

選び方── 皮が薄く、表面がスベスベしている球形のものを選ぶ。青みがあるものや芽が出ているもの、所々に斑点があるものは避ける。皮がめくれていたり、フカフカしていたりするものは、日が経っているものなので注意する。

下処理── じゃがいもの芽にはソラニンという有毒物質があるので、残さず取り除いてから調理すること。じゃがいもを炒める時は、水にさらしてでんぷん質を落とすと粘り気が出ない。

保存方法── 冷蔵庫で保存するよりも、常温の暗い場所で保存するのが望ましい。段ボールなどの箱に入れてすき間に新聞紙を入れると長持ちする。

玉ねぎ
選び方── 皮に厚みとつやがあり、よく乾燥しているものを選ぶ。皮がシワシワなものは古いので避ける。
下処理── 根と外側の皮を取り除いたら、料理に合わせて切る。繊維に沿って薄切りにする時は、まず縦半分に切ったあとに切り口を下にして縦方向に切り、みじん切りにする時にはそこから向きを横に変えて細かく切る。
保存方法── 網に入れて風通しのいい所に置く。乾燥すると水分がなくなり、湿気が多いと芽が出るので、適度な湿度を保つ。

ニラ
選び方── 葉がピンとしていて、乾燥していないものを選ぶ。
下処理── 葉をきれいにそろえて流水で洗う。雑に扱うと葉がちぎれて青臭くなるので、注意しながら洗うこと。
保存方法── 使わない分は、水洗いせずに葉をそろえて新聞紙で包み、冷蔵庫の野菜室に立てて保存する。葉を洗ったものは、軽くゆでて保存するといい。

ピーマン・パプリカ
選び方── 色が濃くてつやがあり、肉厚で形が整っているものを選ぶ。
下処理── ヘタと種を除いたあとに水で洗う。半分に切ってから細切りにするか丸ごとリング状に切って使う。
保存方法── ビニール袋に入れるかラップで包んで冷蔵庫の野菜室で保存する。残った分は、細切りにしてから密閉容器に入れて冷凍保存する。

キャベツ
選び方── 外側の葉を何枚かむいてみて、葉が緑色で形が整っている新鮮なものを選ぶ。
下処理── 葉を1枚ずつむいて料理に合わせて切る。たくさん使う時は葉をむかずに丸ごと切ったほうが便利。
保存方法── 切った断面が乾くと変色しやすいので、空気に触れないようにラップで包んで冷蔵庫の野菜室に保存する。

ほうれん草
選び方── 生き生きしていて大きさがそろっているものを選ぶ。ちぢみほうれん草は甘みがあるのでスープに適し、一般的なほうれん草はナムルに適している。

下処理── 根を切り、流水で洗う。湯に少量の塩を入れて、ふたをせずに手早くゆでると、色があざやかになる。
保存方法── 洗わず、葉をそろえて新聞紙に包み、冷蔵庫の野菜室で保存する。スプレーで新聞紙に水を吹きかけると長持ちする。

ブロッコリー
選び方── 濃い緑色で丸々としているものを選ぶ。黄色くなっているものは、収穫から日が経っているので避ける。
下処理── 流水で洗ったあとに株を小分けする。
保存方法── 洗わずにビニール袋に入れて冷蔵保存するか、新聞紙で包んで冷蔵庫の野菜室に保存する。ゆでてから冷凍保存するのもおすすめ。

ごぼう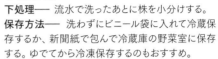
選び方── 細くてまっすぐなものが柔らかい。とても太いものやひび割れがあるものは避け、切った時に中が柔らかいものがよい。
下処理── まずブラシでこすりながら洗って、包丁の背で皮を軽くこそぐ。ごぼうにはタンニンが含まれているため、皮をむくと変色する。切ったごぼうを酢水にさらすと、変色を防ぎ、えぐみを取り除ける。
保存方法── 土がついたまま新聞紙で包んで冷蔵庫の野菜室に保存するか、風通しのよい場所に置く。

れんこん
選び方── 土がついたままのものが望ましい。太くて丸みを帯びていて節があるものを選び、細いものは繊維がかたいので避ける。切った時に中が白くて柔らかいものが好ましい。
下処理── 土をよく洗い流し、節のつなぎ目を切り落としてから包丁かピーラーで皮をむく。切ったあと酢水につけると変色を防げる。
保存方法── 土がついたまま新聞紙で包んで冷蔵保存する。切ったものは水に浸した状態で冷蔵庫の野菜室に保存し、ときどき水を替える。

きのこ
選び方── きのこの軸が短く、かさが肉厚で色とつやがよく、ヒダが白いものを選ぶ。
下処理── 干ししいたけは、お湯で柔らかくなるまでもどす。見映えをよくしたい料理には、軸を切り落としてかさの部分だけ使う。えのきたけは根元を取り、エリンギは形を活かすように縦切りにする。
保存方法── きのこ同士が重なると湿気で変色するので、重ならないように新聞紙で包んで冷蔵庫の野菜室に保存するか、乾燥した暗くて涼しい場所に置く。

魚介類の選び方&下処理

魚介類は下処理が面倒で、買うのがためらわれるもの。しかも、他の材料に比べて傷みやすいので、より新鮮なものを見極めることも大切です。新鮮な魚介類の選び方と下処理のポイントをご紹介します。

さば
選び方── 背の青色と腹の銀白色が鮮明で、身にハリがあるものを選ぶ。内臓が飛び出しているものは新鮮ではないので避ける。
下処理── 魚の大きさによって、丸ごと使ったり切り身にしたりして使い分ける。内臓をそのままにしておくと腐敗がすすんで鮮度が落ちるので、下処理をしてから保存する。切り身にする時はそぎ切りにして断面を広くすると、味が染み込みやすい。

さんま
選び方── 背があざやかな青色で、全体的にハリとつやがあるものが新鮮。
下処理── 頭、ヒレ、尾を切り落とす。お腹を切って内臓を取り出すことにより、新鮮さが多少長持ちする。

タチウオ
選び方── 表面に銀白色の輝きがあり、身が肉厚なものを選ぶ。銀粉状の部分がはがれているものは鮮度が落ちているので避ける。
下処理── 煮たり焼いたりする時は、まず、お腹を切って内臓を出したあと、頭とヒレと尾を切り落とし、切り身にする。表面の銀粉状の部分は消化が悪く栄養がないのでそぎ取る。

さわら
選び方── 全体につやがあり、目が澄んでいるものが新鮮。背の斑点が黒いほど新鮮で、丸々と太っていてハリがあり、お腹が垂れ下がっていないものを選ぶ。
下処理── 頭、ヒレ、尾を切り落とし、お腹を切って内臓を取り除き、料理に合わせて切り身にする。煮る場合はややそぎ切りにし、焼く場合は頭、ヒレ、尾を切り落とさずに丸ごと焼く場合もある。

イシモチ
選び方── 全体が黄金色に光っているものがおいしい。韓国産のイシモチは口が赤くて目のまわりが黄色いのが特徴で、輸入品は韓国産よりうろこが粗い。
下処理── 包丁で尾から頭に向かってうろこをそぎ落とし、エラを広げて割り箸を入れ、箸で内臓をはぎ取ったあと、きれいに水洗いする。

カレイ
選び方── つやとハリがあり、うろこが残っているものを選ぶ。腹が白色で透き通っているほうがよい。臭みが強いものは鮮度が落ちているので避ける。
下処理── まずうろこを取ったら内臓を取り除き、塩水で洗う。洗ったあとにざるにのせて乾燥させると、歯ごたえがよくなり、身がくずれにくい。

マナガツオ

選び方── 表面にぬめりと輝きがあり、触った時にハリがあるものを選ぶ。エラが赤いほど新鮮。
下処理── 白い皮だけを軽くそぎ落とす。

干しだら
選び方── 皮につやがあり、身が黄色くて柔らかいものを選ぶ。脂が酸化した臭いがするものは古いので避ける。

下処理── 丸干しは棒で叩いて身をほぐし、そのまま使うか、裂いて身だけを使う。丸ごと料理をしない場合には、すでに裂いてある品を買うほうが便利。保存する場合は、ビニール袋で密閉して冷凍保存する。

煮干し

選び方 —— 身がしっかりしていて表面が白いものを選ぶ。だし用はつやがあるものがよい。黄色くなっているものは脂が酸化しているので避ける。

下処理 —— 頭と内臓を取らずに調理すると苦みが出るので、中サイズ以上の煮干しは必ず頭と内臓を取る。ちりめんじゃこは、ざるを利用し細かい粉をふり落としてから使う。

イカ
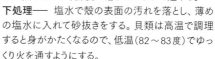
選び方 —— 透明感があり、触って弾力のあるものを選ぶ。目は大きく身にしっかりついているものがよい。

下処理 —— 胴の中に手を入れて内臓、墨袋、軟骨を取り出す。皮は、塩をふってから扱うとむきやすい。部位ごとに切り分けて軽くゆでてから冷凍保存すると、便利に使える。

手長ダコ
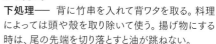
選び方 —— 目が飛び出し吸盤がはっきりしているものが新鮮。皮に傷とぬめりのないものを選び、臭いが強いものは避ける。大サイズよりも中サイズのほうがおいしい。

下処理 —— 頭を裏返して内臓と墨袋を取り除く。足のつけ根にある目と口は切り落とす。小麦粉または塩をふって、もみながら水の濁りがなくなるまで水洗いし、吸盤の汚れも丁寧に落とす。

カキ
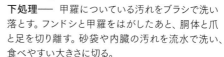
選び方 —— 鮮度が落ちやすいので、慎重に選ぶ必要がある。身に輝きとつやのある乳白色のものが新鮮で、くずれているものは古いので避ける。

下処理 —— 殻を外して身のまわりの汚れを取り除き、薄めの塩水で洗う。一度洗ったカキは腐りやすいので、冷蔵庫で保存し、2日以内に使いきる。

アワビ
選び方 —— 身が肉厚で弾力があり、表面に傷がないものを選ぶ。裏返した時に動くものが新鮮。殻はオスが深緑色でメスは薄茶色。肝の色にも違いがあり、オスは黄色でメスは緑色をしている。

下処理 —— ブラシで殻をこすりながら洗う。身と殻の間にスプーンを入れて身と内臓を殻から取り出し、料理に合わせて使い分ける。

二枚貝

選び方 —— 二枚貝の口が少し開いている時に、触ってすぐに口を閉じれば、生きている貝で新鮮。臭みの強いものは、鮮度が落ちているので避ける。

下処理 —— 塩水で殻の表面の汚れを落とし、薄めの塩水に入れて砂抜きをする。貝類は高温で調理すると身がかたくなるので、低温（82～83度）でゆっくり火を通すようにする。

えび

選び方 —— 殻につやがあって身に弾力があり、透明感のあるものが新鮮。頭、ひげ、足がついているかを見る。

下処理 —— 背に竹串を入れて背ワタを取る。料理によっては頭や殻を取り除いて使う。揚げ物にする時は、尾の先端を切り落とすと油が跳ねない。

渡り蟹

選び方 —— 足が細長くてつやがあるものを選び、触って足が動くかを確かめる。腹が黒いものや柔らかいものは避ける。

下処理 —— 甲羅についている汚れをブラシで洗い落とす。フンドシと甲羅をはがしたあと、胴体と爪と足を切り離す。砂袋や内臓の汚れを流水で洗い、食べやすい大きさに切る。

乾燥わかめ

選び方 —— 黒色やこげ茶色で、ふちが黄色く変色していないものを選ぶ。

下処理 —— 冷水に1時間ほど浸し、充分にもどしてからもみ洗いをする。泡が出なくなるまでもみ洗いをしたら、食べやすい大きさに切る。使わない分は、直射日光を避け、乾燥している場所に置く。

肉の下処理・保存方法&
それぞれの部位をおいしく食べる秘訣

タンパク質、ビタミン、鉄分が豊富な肉類は、私たちの体にエネルギーを与えてくれる栄養源です。味のよい牛肉、安価で便利な豚肉、淡白で柔らかい鶏肉など、種類や部位ごとの特徴と使い方を知って、肉料理をおいしくつくりましょう。

牛肉

選び方

牛肉は、品種、性別、年齢、熟成度、部位などによって味の差が大きく、霜降りの肉が最上級とされる。また、新鮮な肉より、一定期間熟成させた肉のほうがおいしいといわれる。適度に熟成させた肉は、あざやかな紅色で弾力がある。脂身が黄色かったり、粘り気があったりするものは新鮮ではないので要注意。切り分けた肉は切り口から肉汁が出て味も落ちるため、ブロック肉を買って調理の前に切ったほうがいい。

下処理

余分な脂身は取り除く。硬い肉は、肉たたきや包丁の背で軽くたたいて繊維を切る。肉を柔らかくするには、タレで味つけする前に梨やパイナップルなどをすりおろしたものに30分以上漬けておくといい。また、玉ねぎのすりおろし汁に漬けて、こしょうや酒をふっておくと、臭みが消えて柔らかくなる。

保存方法

長期保存する場合は、一度に使う分量ごとに小分けにする。ラップに包んでからジッパーつきの保存袋や密閉容器に入れて冷凍する。凍った肉は、冷蔵庫でゆっくり解凍させると、肉汁が出ずに味もそこなわれない。一度解凍した肉を再冷凍すると、味が落ちるので気をつけること。塩や酒で下味をつけてから保存するのもおすすめ。冷蔵庫での保存は、夏は3日、冬は1週間程度。

部位の特徴と使い分け

ヒレ：あばら骨の内側についている肉で、一頭の牛から2～2.5kgしかない貴重な部位。肉質が柔らかく脂身が少ない。焼肉やステーキに向いている。
リブロース：あばら骨の外側についている肉で、適度な脂身があって味がよい。サシがまばらに入った霜降りの肉が上質とされ、焼肉やステーキにするとおいしい。
サーロイン：ロースの上部の肉で、肉質が柔らかくうま味がある。焼肉やステーキにするとおいしい。
カルビ：ロースとサーロインの間の骨についている肉で、脂身が多いが、肉質が柔らかくてうま味がある。焼肉や煮物がおすすめ。

バラ：お腹まわりの肉で、脂身と繊維の多い部位。肉質は硬いが、長時間煮ることによって味がよくなるので、煮物やスープに向いている。
スネ：足のつけ根の部位。脂身がほぼないので、味は淡白だが深みがある。すじが多いので硬く感じるが、長時間煮込むことで柔らかくなる。煮物やスープによく使われる。
ランプ：お尻の肉の一部の赤身。適度に脂があってすじが少なく、比較的柔らかい。おもにユッケ、チャプチェ、串焼きに使われ、ひき肉にも適している。
イチボ：ランプ肉のモモにつながる部分で、肉と脂身のバランスがよく、肉質も柔らかい。切りやすいので、おもにしょう油煮、ユッケ、ビーフジャーキーなど、細切りにする料理に使いやすい。

豚肉

選び方

新鮮な豚肉は、さくら色でつやがあり、脂身は白くて弾力がある。逆に、つやがなく表面の色が濁っていて、脂身が黄色いものは新鮮ではない。新鮮さがとくに求められるサムギョプサル（バラ肉）には、白い脂身と肉のつやがはっきりしているものを選ぶこと。脂身が部分的に変色したものは、鮮度が落ちているので避ける。切り分けた肉ではなくブロック肉を買って、調理する時に切ったほうが、肉汁も逃げずにおいしく食べられる。

下処理

余分な脂身とすじを切り落とす。脂身は、全部落としてしまうと肉の味が落ちるので、好みに合わせて残すとよい。厚めに切った肉は、肉たたきや包丁の背でたたいて繊維を切る。ブロック肉をそのままゆでる料理は、肉をたこ糸で巻き、ゆで汁に味噌を溶かして入れるとよい。豚肉は牛肉よりも臭みが強いので、しょうがのしぼり汁や酒を入れて臭みを消すのもおすすめ。

保存方法

牛肉に比べて鮮度が落ちやすいので、基本的には冷凍保存がよい。とくに脂身が多い部分はとても腐りやすく、味も変わりやすいので要注意。焼肉用、チゲ用、ひき肉など、調理法別に一度に使う分量を小分けにしてからラップに包んで冷凍保存する。使う前日に冷蔵庫に移し、ゆっくり解凍する。冷蔵の場合、薄切り肉は2〜3日、ブロック肉は1週間ほど保存できる。

部位の特徴と使い分け

バラ：お腹まわりの肉で、脂身が3層になっている。脂身が多いので柔らかい。焼肉、煮物、炒め物に向いている。

肩ロース：肩に近い部分で、バラ肉より脂身が少ない。柔らかくて肉のうま味が強いので、焼肉や炒め物に使うといい。

ヒレ：ロースの内側に位置し、脂身がいちばん少ない部分なので淡白で柔らかい。豚肉の部位の中でビタミンBが最も多く、カロリーは低い。揚げ物やローストポークに向いている。

ロース：肩の後ろから腰付近までの背骨の両側の部位で、肉と脂身のバランスがよく、肉質も柔らかくうま味がある。火を通す前にすじを切っておくと、縮まずに仕上がる。揚げ物、焼肉、炒め物などにいい。

カルビ / スペアリブ：お腹まわりの骨の近くにある肉で、肉質は柔らかくうま味がある。豚肉特有の臭みをきちんと処理すれば、牛肉よりおいしく食べられる。焼肉、煮物、チゲなどに使われる。

モモ：脂身がほとんどないので、あっさりしている。肉質はやや硬いが、充分に火を通すと柔らかくなる。煮物、炒め物、チゲなど、いろいろな料理に使える。

てから冷凍すれば、臭みもとれて腐りにくい。骨を除いて下処理をしておくと、いつでも手軽に使える。

部位の特徴と使い分け

モモ：弾力があって歯ごたえがいい。タンパク質と脂質が多く、コラーゲンもほどよく含まれている。オーブン料理や揚げ物、煮物などに使うとおいしい。

胸：脂身が少なく、あっさりしている。揚げ物、和え物、サラダなどに使える。

ささみ：胸肉の一部で、柔らかくて脂質がほとんどない。火を通した肉を細く裂いて、冷菜やサラダに使うといい。

手羽：骨が多くて肉は少ないが、うま味がある。煮物や揚げ物に使える。手羽元はウィングとも呼ばれる。

鶏肉

選び方

鶏肉は新鮮なものほどよい。透明感があり、指で触った時に適度なハリがあるものを選ぶ。皮の毛穴が盛り上がっているものや、肉汁が出ていないものが新鮮。冷凍よりも冷蔵の肉のほうが、栄養がそこなわれることが少なくておいしい。

下処理

皮の内側についている黄色い脂肪の塊を取り除き、内臓の汚れや血を流水で洗い流す。皮の表面にフォークで何箇所か穴を開けると、加熱時に肉が縮まらずに調理できる。

保存方法

鶏肉は水分が多いので、腐りやすい。冷蔵保存は1日ぐらいをめどにし、一度取り出したものは、できるだけ早く使う。使わない場合は冷凍保存したほうがいいが、酒を少量ふりかけ、蒸し

 加工食品を健康的に食べる方法

ポークランチョンミート：熱湯をかけるか、上に浮いている黄色い脂を除く。余ったものは、密閉容器に入れて冷蔵保存する。

ハム・ソーセージ：皮をむき脂を除く。

ベーコン：軽く湯がくか、キッチンペーパーで脂をふき取る。

たくあん：冷水に5分くらいつけておく。

魚の練り物：軽く湯がくか、ざるに広げて熱湯をかける。

コーン缶：開ける前に缶をきれいにふく。中身を取り出したら、軽くゆでるか、ざるに入れて流水で洗う。余ったものは、缶汁ごと密閉容器に入れて冷蔵保存する。

インスタントラーメン：煮る前に麺を一度ゆでこぼすと、油や防腐剤、着色料などを取り除ける。

合わせ調味料・タレ・ソースをおいしくつくる秘訣

プルコギ、煮魚、ナムルなどは、調味料の塩加減が適切だと手軽においしくつくれます。
いろいろな料理に使える基本的な合わせ調味料のつくり方を覚えて、手軽におかずをつくりましょう。

肉用の合わせ調味料

牛肉、豚肉、鶏肉など、どんな肉料理とも相性がいい基本的な合わせ調味料。肉の臭みを取り、柔らかくする長ねぎ、しょうが、玉ねぎなどをたっぷり入れて、少量の砂糖や水あめで甘みを加えると、味のバランスがよくなる。

しょう油味の調味料
プルコギをつくる時にとても便利で、その他いろいろな料理に使える。

材料 しょう油.....大さじ3
砂糖.....大さじ1/2
粉トウガラシ.....大さじ1/2
長ねぎのみじん切り.....大さじ1
にんにくのみじん切り.....小さじ1
ごま油・白すりごま.....各小さじ1

辛口調味料
豚肉、鶏肉、イカ、手長ダコなどでつくる、辛口の煮物や炒め物の下味用。

材料 粉トウガラシ.....大さじ5
コチュジャン.....大さじ3、しょう油.....大さじ2
砂糖大さじ1、水あめ.....大さじ2
酒.....大さじ2、長ねぎのみじん切り.....大さじ2
にんにくのみじん切り.....大さじ1/2
しょうがのみじん切り.....小さじ1
ごま油.....大さじ1、白すりごま.....大さじ1/2
塩.....小さじ1、こしょう.....少々

煮物用の合わせ調味料

豆腐、じゃがいも、ちりめんじゃこなどを甘辛く煮る時に使う。メインの鍋に合わせ調味料を直接入れるのではなく、別鍋で煮立たせてから、メインの鍋に加えるといい。甘口には、鷹の爪を加えることで、辛さをさらにプラスするのがポイント。

煮物用の甘口調味料
豆腐、じゃがいも、乾物、黒豆など、辛くない煮物料理に使う。

材料 しょう油.....1/2カップ
砂糖.....大さじ1
水あめ.....大さじ2、酒.....大さじ1
にんにくのみじん切り.....大さじ1
しょうがのしぼり汁.....小さじ1/2
鷹の爪.....2本、水.....1カップ

煮物用のピリ辛調味料
豆腐や干しだらのピリ辛煮のように、味をピリ辛にしたい時は、粉トウガラシを使う。

材料 しょう油.....大さじ3
砂糖.....大さじ1/2
粉トウガラシ.....大さじ1/2
長ねぎのみじん切り.....大さじ1
にんにくのみじん切り.....小さじ1
ごま油・白すりごま.....各小さじ1

蒸し煮用の合わせ調味料

魚介類の蒸し煮やカルビの料理に向いている。材料の味を活かしつつ、合わせ調味料の味を濃くするのがポイント。

海鮮料理用の辛口調味料
スケトウダラ、真だら、アンコウ、貝類などの辛口蒸し煮をつくる時に使う。辛口調味料で魚の鍋をつくる時は、この材料からしょう油、砂糖、ごま油、片栗粉を除き、塩の量を増やす。

材料 粉トウガラシ.....大さじ4
しょう油.....大さじ2、砂糖.....大さじ1/2
長ねぎのみじん切り.....大さじ3
にんにくのみじん切り.....大さじ2
しょうがのみじん切り.....大さじ1/2
ごま油.....小さじ1、塩・こしょう.....各少々
水溶き片栗粉.....1/3カップ
煮干しのだし汁.....3カップ

肉料理用のマイルドな味の調味料
牛カルビ、豚カルビ、鶏肉などで、辛くない料理をつくる時に使う。

材料 しょう油.....大さじ5、砂糖.....大さじ1
水あめ.....大さじ3、酒.....大さじ1
長ねぎのみじん切り.....大さじ3
にんにくのみじん切り.....大さじ1
梨のすりおろし.....1/2カップ
玉ねぎのすりおろし.....1/2カップ
ごま油・白すりごま.....各大さじ1
塩・こしょう.....各少々

和え物用のタレ

ほうれん草や大豆もやしのナムル、イカ、つぶ貝、干しだらなどの和え物用のタレ。つくり置きするよりも、その都度つくることで、素材の味と香りを活かせる。

クッカンジャン（薄口しょう油）のタレ 甘さの少ない和え物に使う。
材料 クッカンジャン.....大さじ1と1/2、砂糖.....大さじ1
長ねぎのみじん切り.....大さじ1、にんにくのみじん切り.....大さじ1/2
ごま油.....大さじ1/2、白炒りごま.....適宜

辛口ダレ ほのかな甘みの辛口ダレなので、イカ、つぶ貝、きゅうり、わかめなどを和えるとおいしくできる。
材料 粉トウガラシ.....大さじ2、コチュジャン.....大さじ1
しょう油.....大さじ1、酢.....大さじ2、砂糖.....大さじ1、水あめ.....大さじ2
長ねぎのみじん切り.....大さじ1、にんにくのみじん切り.....大さじ1/2
ごま油.....大さじ1/2、白すりごま.....小さじ1、塩.....少々

テンジャン（韓国味噌）タレ ナズナのナムル、白菜の外葉のテンジャン和えなどに使う。
材料 テンジャン.....大さじ2
コチュジャン・にんにくのみじん切り.....各大さじ1/2
粉トウガラシ・砂糖.....各小さじ1、長ねぎのみじん切り.....大さじ1
ごま油・白すりごま.....各少々

即席キムチのタレと基本的なキムチのタレ

白菜、サニーレタス、だいこんなどでつくる即席キムチのタレと基本的なキムチのタレ。

即席キムチのタレ サニーレタス、白菜の内葉、きゅうり、ニラなどを和えれば、すぐに食べられる即席キムチになる。サニーレタスやきゅうりには、ごま油を加えてもおいしい。きゅうり和えをすぐに食べる場合は、少量の酢を入れるとさっぱりする。
材料 粉トウガラシ.....1/2カップ、しょう油.....大さじ2、砂糖.....大さじ1
長ねぎのみじん切り.....大さじ2、しょうがのみじん切り.....小さじ1
アミの塩辛.....大さじ1、ごま油・白炒りごま.....各大さじ1、塩.....少々
水.....1カップ

基本的なキムチのタレ 白菜10株ぐらいを漬ける場合の分量。好みに合わせてカキやえびなどの具材は省いてもいい。
材料 粉トウガラシ.....10カップ、長ねぎ.....1/2束
にんにくのみじん切り.....10玉分（丸ごと1玉×10）
しょうがのみじん切り.....3個分（大きな塊×3）、アミの塩辛.....1カップ
イワシエキス（カタクチイワシの魚醬）★.....1カップ
カキ（生食用）.....1カップ、生えび.....2カップ、砂糖.....1/2カップ
塩.....少々
★ナンプラーで代用可能。

その他のタレやソース

酢コチュジャン イカの刺身、タラの芽
材料 コチュジャン.....大さじ3、酢.....大さじ2
砂糖・水あめ.....各大さじ1
にんにくのみじん切り.....大さじ1/2、白炒りごま.....小さじ1

からしソース クラゲの冷菜、緑豆寒天の冷菜
材料 粉がらし・酢.....各大さじ3、砂糖.....大さじ4
オレンジジュース.....大さじ2
にんにくのみじん切り.....小さじ1、ごま油・塩.....各少々

柚子ソース 野菜サラダ
材料 柚子茶（柚子ジャム・水）.....各大さじ2、酢.....大さじ3
砂糖・塩.....各小さじ1

ごまソース 野菜サラダ、豆腐サラダ
材料 ピーナッツバター・白炒りごま・レモン汁.....各大さじ1
しょう油.....大さじ1/2、昆布のだし汁.....大さじ2

照り焼きソース 焼きうなぎ、照り焼きチキン、鮭の照り焼き
材料 しょう油.....大さじ4、酒・砂糖.....各大さじ2
水あめ.....小さじ2
かつおのだし汁（または昆布のだし汁）.....大さじ4

天つゆ 揚げ物
材料 しょう油.....大さじ2
だいこんのおろし汁・酒.....各大さじ1、砂糖.....大さじ1/2
小ねぎの小口切り.....大さじ1、かつおのだし汁.....1/2カップ

ハニーマスタードソース から揚げ、燻製カモ焼き
材料 マスタード・マヨネーズ.....各大さじ3
玉ねぎのみじん切り・はちみつ.....各大さじ1
レモン汁.....大さじ2、塩・白こしょう.....各少々

タルタルソース フィッシュフライ、焼き魚
材料 マヨネーズ.....大さじ3、玉ねぎのみじん切り.....大さじ1
牛乳・レモン汁.....各大さじ1、塩・白こしょう.....各少々

・調理の基礎

煮物・蒸し料理の基本

濃い味つけの煮物は、食卓によく登場する基本のおかずです。肉の煮物、魚の煮物、野菜の煮物など、材料ごとにつくり方の違いはありますが、煮物の基本は味をよく染み込ませることです。また、材料に味つけをしてからだし汁で煮込む蒸し煮など、蒸し料理の基本的な調理法もご紹介します。

煮物をおいしくつくるポイント

浅型の鍋で煮る
煮物には浅型の鍋が適している。材料に味を染み込ませるために何回も混ぜるが、浅型の鍋だと材料が広がるので混ぜやすい。

水は鍋のふちから入れる
煮物は材料に味が染み込んだほうがおいしいので、水を鍋のふちから入れる。材料に直接水がかかると、味が薄まっておいしくない。

最初は強火で煮てから弱火にする
火加減を誤ると焦げたり煮詰まったりする。強火でひと煮立ちさせたあとに弱火にして、ふつふつ煮立つくらいの火加減を維持しながら、ふたをして煮る。煮汁が煮詰まってきたらふたを開け、手早くかき混ぜながら水分を飛ばすと照りが出る。

肉の煮物

下処理で臭みを取る
肉の味つけは、下処理で臭みを取るのが重要。牛肉はにんにくとこしょう、豚肉はしょうがのしぼり汁に1時間以上漬けておくと、臭みが取れて肉質も柔らかくなる。厚さのある肉は、切り込みを入れると味が染み込みやすくなる。

余分な脂を落としてから本調理する
鶏肉と豚肉は本調理の前にフライパンで下焼きすると、適度な焦げ目がつき、脂も落ちる。または、沸とうした湯で軽く湯がいても、油と臭みを除くことができる。

材料の煮える時間を考える
肉と野菜は火が通る時間が違うので、肉と野菜を合わせて煮る時は、肉にある程度火が通ってから野菜を入れると、野菜が煮くずれしない。青菜は最後に入れると色よく仕上がる。

魚の煮物

香味野菜や調味料で臭みを取る
煮魚は、生臭さを消すのがいちばんのポイント。えごまの葉、にんにく、しょうがなどの香味野菜で臭みを取る。青魚には、合わせ調味料にコチュジャンやテンジャン（韓国味噌）を加えるといい。

煮汁をくり返しかける
味を染み込ませるため、魚を何度も裏返すと、身がくずれてしまう。裏返さずにスプーンなどで煮汁をかけると味が染み込み、出来上がりもきれいになる。

だいこんの上に魚をのせる

煮魚は、鍋底に魚がくっついてしまうことがあるので、鍋底にだいこんを入れて魚をのせると、味もよくなり鍋底に魚がくっつかない。

青魚は煮魚に向いている

さば、さんま、さわらなどの青魚は味つけを濃くして煮ると臭みが出ない。そのほか、タチウオ、マナガツオ、イシモチを煮てもおいしい。

野菜の煮物

かたい野菜が煮物に適している

豆類、れんこん、ごぼうなどのかたい野菜が煮物に適している。だいこん、じゃがいも、豆腐で煮物をつくる時は、つくり置きせずにその都度煮るのがいい。

中火で煮てから弱火にする

まず、合わせ調味料を1/2量だけ入れて中火で煮る。煮立ったら残りを入れ、弱火にして煮汁が少なくなるまで煮詰める。

蒸し料理をおいしくつくるポイント

味つけをしてから蒸し煮にする料理

強火で煮てから弱火でゆっくり煮る

最初は強火にし、ひと煮立ちしたら弱火にし、ふたをしてゆっくり蒸し煮にすると味が染み込む。魚の蒸し煮は、強火で煮るとタンパク質が逃げないので、身くずれが防げる。

材料に火を通してから味つけをする

まず材料に火を通してから味つけする。肉の場合は、下味をつけて軽く炒めてから水を入れて蒸し煮にし、魚の場合は、小麦粉や卵の衣をつけて焼いてから蒸し煮にすると、身がくずれない。

かたい野菜を使う

味を染み込ませる料理に柔らかい野菜を使うと、形がくずれて長時間煮ることができない。蒸し煮には、じゃがいも、にんじん、だいこん、れんこんなど、火が通るまでに時間のかかる野菜が向いている。

蒸し器を使う蒸し料理

水の量は半分ほど注ぐ

蒸し器を使う時の水の量は、鍋の半分の高さぐらいまでにすること。水が多すぎると、材料が水に浸ってしまうことがあり、少ないと焦げることがある。また、足し水をする時は、熱湯を入れて蒸し器内の温度を下げないようにするのが重要。

蒸気が上がったら材料を入れる

蒸気が充分に上がったら材料を入れる。蒸し器に布巾を敷くと、材料の形がくずれにくい。

材料に水滴が落ちないようにする

蒸している間に、ふたの裏についた水滴が材料に落ちると、形がくずれるだけでなく味も落ちる。ふたに布巾を巻いて水滴が落ちないようにする。材料を直接布巾で包んで蒸す場合もある。

・調理の基礎

炒め物・和え物・ナムルの基本

短時間でつくれる炒め物は、適量の油を使い、水分が出ないように強火で素早く炒めるのがポイントです。基本のつくり方を覚えて、おいしい炒め物をつくってみましょう。和え物とナムルをおいしく仕上げるノウハウもご紹介します。

炒め物をおいしくつくるポイント

材料を入れる順番が大切
複数の材料を炒める時は、入れる順番を考える。まず、にんにくなどの香味野菜を入れて香りを出したら肉を炒め、次に野菜を加える。にんじんや玉ねぎを使う場合は、かたいにんじんを先に入れ、玉ねぎはあとから入れる。材料に火が通ったら、最後にピーマンなど、色よく仕上げたい材料を加えて軽く炒める。

厚手のフライパンで強火で手早く炒める
炒め物用のフライパンは、大きくて厚手のものを使う。厚さがあると、材料を入れても温度が下がらないので手早く炒めることができる。フライパンに油を入れて強火で熱し、材料を加えて手早く炒めれば栄養がそこなわれず、色もきれいに仕上がる。

肉炒め

油は少なめにする
油をたくさん使うと、肉本来の味がそこなわれ、カロリーも高くなる。肉から脂が出るので、油は少量でよい。

強火で手早く炒める
強火で混ぜながら手早く炒めると、肉汁がたくさん出ず、余分な水分が蒸発する。フライパンをふりながら混ぜるといい。

水分が多い野菜は軽くゆでてから炒める
水分が多い野菜と肉を一緒に炒める場合は、先に野菜を軽くゆで、水けをきつくしぼって使う。野菜をゆでないで炒めると野菜から水分が出て、全体の味が薄まってしまう。先に肉を炒めたあとに、ゆでた野菜を加えて手早く炒めると水分が出ない。

肉に80％火が通ってから味つけする
プルコギのように下味をつけた肉はそのまま炒めればいいが、炒めながら味つけする場合には、肉に80％ほど火が通ってからにする。塩はまんべんなくふりかけ、しょう油はフライパンのふちから入れるのがポイント。

野菜炒め

油で炒める場合は水けをよく切る
材料に水けが残ったまま炒めると、油が跳ねやすいので要注意。水けをしっかりきったあとに、フライパンに油を熱して手早く炒める。

味つけや塩もみをしてから炒める
じゃがいも、にんじん、韓国かぼちゃ、トラジ（ききょうの根）など、ややかための野菜は、塩もみしてから炒める。ナムルをつくる時は、材料に味つけしてから炒めるとよい。

ふたをせずに中火で炒める
ふたをすると野菜の色が悪くなるのでふたはしない。韓国かぼちゃ、にんじん、ピーマン、玉ねぎなどのビタミンが豊富な野菜は、炒めすぎに注意し、火が完全に通る直前に仕上げると、栄養もそこなわれず食感もいい。

でんぷんが多い野菜は、水につけてから炒める

じゃがいもやさつまいものようにでんぷんが多い野菜を炒めると、野菜同士がくっついたり、フライパンにこびりついたりしやすい。材料を切ったら水につけてでんぷんを除き、水けをきってから炒めると、材料同士がくっつきにくくなる。

にんじん、韓国かぼちゃなどが最適

野菜炒めには、にんじん、ピーマン、韓国かぼちゃなどビタミンAの豊富な野菜が向いている。ビタミンAは脂溶性ビタミンなので、油で炒めると吸収率が高まる。

和え物・ナムルをおいしくつくるポイント

野菜の水けをきる

野菜に水が残っていると、味が薄まってしまうので、野菜を洗ったら水けをしっかりきってから味つけすること。きゅうり、だいこんなどかための野菜は、塩をふってしんなりしたらきつくしぼって使うと調理しやすい。

食べる直前に和える

早くからタレで和えてしまうと、野菜から水分が出て味が薄まるので、タレは先につくっておき、食べる直前に野菜を和える。

調味料を入れる順番を守る

調味料を正しい順番で加えるとよりおいしくなる。酢で和えるものは、砂糖と酢を先に入れて少し和えてから、粉トウガラシ、しょう油を順に加える。だいこんのなますをつくる時は、最初に粉トウガラシだけを入れて和えてから、他の調味料を加えると色がきれいになる。酢コチュジャン和えの場合は、つくっておいた合わせ調味料を一度に入れてもいい。

青菜は軽くゆでる

青菜はすぐに火が通るので短時間でゆでること。沸とうした湯に青菜を入れ、しんなりしたらすぐに引き上げる程度が栄養も残るので適切。お湯に少量の塩を入れると色よく仕上がる。

香りの強い野菜は酢コチュジャンと合う

タラの芽、ナズナのような季節の山菜は、テンジャン（韓国味噌）やコチュジャンで和えるとおいしい。苦菜（にがな）のように香りの強い野菜は酢コチュジャンで和えると、苦みがおさえられて食べやすい。

ひとくちメモ　干し野菜の扱い方

水につけて臭みを取る　だいこんの葉、芋がら、わらび、シラヤマギクなどの干し野菜は、まずお湯につけてもどしてから柔らかくなるまでゆでるが、ゆでたあとにもう一度水につけておくと、臭みがぬける。

味つけして炒める　炒めながら味つけすると、味がよく染み込まずおいしさも半減してしまう。材料をゆでたあとに水けをしっかりきり、味つけしてから炒めると味が染み込み、おいしく仕上がる。

クッカンジャン（薄口しょう油）で味つけする　クッカンジャンで味つけすると味にコクが出る。塩辛いので入れすぎに注意し、料理にあまり色をつけたくない場合は量を減らし、合わせて塩も使う。干し野菜はえごま油との相性もいい。

焼き料理・ジョン（チヂミ）・揚げ物の基本

調理が手軽で、材料本来の味を活かすことができるのが焼き料理です。タレで味つけしてから焦げないように焼くことが大切です。香ばしいジョンやチヂミの焼き方、サクッとおいしい揚げ物をつくるポイントも知っておいてください。

焼き料理をおいしくつくるポイント

焼肉

下味で肉の臭みを消す

焼肉は下味で肉の臭みを消すことがいちばんのポイント。タレににんにく、玉ねぎ、しょうがなどの香味野菜を入れ、しばらく漬けておくと、肉の臭みが消える。こしょうや酒も臭みを消すのに効果的。ただし牛肉の場合、しょうがは使用しないこと。

肉を柔らかくするには、梨やキウイなどに漬ける

タレで味つけする前に、梨、キウイ、パイナップル、玉ねぎなどのすりおろしに漬けると肉が柔らかくなる。厚切りの肉はところどころに切り込みを入れると、焼いてもかたくならず味が染み込みやすい。

強火で手早く焼いてから火を弱める

肉は強火で手早く焼くと、肉汁が出ずにおいしい。ステーキ肉は味つけしたものを、まず強火で焼いて表面のタンパク質を固めてから、火を弱めて中まで火を通す。

裏返すのは一度だけ

肉を焼く時は、何度も裏返すと肉の味が落ちるので、一度だけにする。熱したフライパンで強火で焼き、肉の表面に赤い肉汁が出てきたら裏返して焼く。

牛肉は軽く、豚肉は完全に火を通す

牛肉は火を通しすぎると、パサついたりかたくなったりするので、70％程度火が通ったぐらいがちょうどいい。反対に豚肉は焦げる寸前まで完全に火を通すと味がよくなり、寄生虫の心配もなくなる。

ヒレとリブロースがステーキに向いている

牛肉のヒレ、リブロース、サーロイン、カルビは、肉質が柔らかいので焼き料理に向いている。ひき肉には、赤身で粘り気のある部位が適しているが、脂身が多すぎると焼いた時に形がくずれやすいので注意。

焼き魚

しょうがのしぼり汁や酒で臭いを消す

魚は生臭さを消すことがいちばん重要。流水で洗い、しょうがのしぼり汁、酒、レモン汁などで下味をつければ生臭さが消える。さらに塩で下味をつけるとおいしく食べられる。塩をふると味が染み込むだけでなく、浸透圧の影響で身がふっくらする。焼く20分前に塩をふり、出てきた水分をキッチンペーパーでふき取ってから焼くとよい。

切り込みを入れると味が染み込む

丸ごと焼く魚は、切り込みを入れておくと、中まで味が染み込み、皮もはがれずきれいに焼ける。

小麦粉をまぶすと臭みが減る

臭みの強い魚は小麦粉をまぶしてから油を熱したフライパンで焼くと、臭みがやわらいで香ばしくなる。小麦粉は焼く直前に、水けがなくなる程度にまぶせばよいが、この時に小麦粉をふるいでふるうと隅々までゆき渡り、香ばしく仕上がる。

フライパンと油を充分に熱する

魚をフライパンで焼く場合は、フライパンに油を入れたら充分に熱すること。網焼きの場合も、あらかじめ網を熱すると、皮が網につかない。

強火で焼いてから火を弱める

最初は強火で焼き、表面の色が変わったら火を弱めて中まで火を通し、両面を焼く。表面を先に焼くことで、身が引き締まり身くずれしにくくなる。青魚はカリッと香ばしく焼き、白身魚はじっくり焼いて、ふっくら仕上げる。

味つけする時は軽く焼いてから

魚に味つけして焼く時は、味を染み込ませながら焦げないように焼くことが大切なので、まず、魚に何もつけずに焼いて火を止め、20分ほどおいて落ち着かせてから、タレをつけてもう一度焼く。うなぎや鮭などは下味をつけて焼いたあと、タレをつけて二度焼きするとよい。

焼き魚はグリルを利用してもよい

焼き魚はグリルを使ってもよい。フライパンで焼くと表面がくっつきやすいが、グリルは全体が均等に焼けて香ばしくなる。何度も裏返すと魚から脂が出すぎてかたくなるので、片面が2/3程度焼けてから一度裏返すとよい。

ジョン（チヂミ）をおいしくつくるポイント

水けをきる

材料に水分が多いと小麦粉がつきすぎてダマになったり、焼く時に油が跳ねたりするので、材料を洗って切ったあとにキッチンペーパーで水けをよくふく。豆腐や韓国かぼちゃは、食べやすい大きさに切って塩を軽くふったあとにキッチンペーパーで包んで軽く押して水分を拭き取る。

下味をつける

食卓でタレをつけて食べる場合でも、塩などで下味をつけたほうが味がよくなる。肉は下味がつくまで少しおく。

厚さに注意

ジョンは厚さがありすぎると香ばしく焼けず、薄すぎると物足りない。とくに肉のジョンは、厚さがありすぎると中まで火が通らないので注意し、表面に程よい焼き色がついたら、中までしっかり火を通す。

具入りのジョンは、具に火を通してから焼く

青トウガラシのジョン、えごまのジョンなど、中に具を入れたりはさんだりして焼くジョンは、まず具だけに火を通してから全体を焼くと短時間で焼ける。具を入れる時に、外側の材料に小麦粉を軽くふると具がはがれない。

串焼きは肉を長めに切り、他の材料の両サイドに肉を刺す

小さい材料を竹串に刺して焼く時は、材料の長さをそろえると見た目が美しい。通常は、厚さ1センチ、長さ6～7センチだが、肉は火が通ると縮むので、長めに切っておく。竹串に刺す時は、他の材料の両サイドに肉を刺すと、火が通った時に肉が縮まり、全体が固定される。

ジョンの衣は全体につける

ジョンは材料全体に小麦粉をつけて、余分な粉を落としてから溶き卵をつける。材料の色が透けて見えるように、溶き卵のつけすぎに注意する。

片面が焼けたら裏返す

片面が完全に焼けてから裏返すと、きれいに仕上がる。何度も裏返すと、油をたくさん吸ってしまうので、片面が2/3程度焼けたら一度だけ裏返すようにする。

揚げ物をおいしくつくるポイント

材料の水けをきる

材料の水けが残っていると仕上がりがベタつくだけでなく、揚げる時に油が跳ねて、衣がはがれやすい。塩などで下味をつけて水けをふき取ったら、まず小麦粉をまぶしてから衣をつける。

衣に氷水を入れて軽く混ぜる

氷水を入れると揚げ物がサクッと仕上がる。また、溶き卵に氷水を入れて混ぜたあと、小麦粉を入れて軽く混ぜる。混ぜすぎると粘りが出てしまうので、粉っぽさが残る程度に混ぜる。

衣は薄くつける

衣は厚いとおいしくないので、薄くつける。まず材料に小麦粉をまんべんなくつけて余分な粉は落とす。次に溶き卵を丁寧につけると、衣がはがれずきれいに仕上がる。

油はたっぷりと入れ、材料は少しずつ入れる

材料を一度にたくさん入れると、油の温度が下がって衣がベタついてしまう。とくに冷凍食品を入れると油の温度が急激に下がるので、ほんの少しずつ入れて揚げること。

油の温度を保つ

油の温度を一定に保つとおいしく揚がる。揚げる油の温度は、材料ごとに少しずつ違いがあるが、通常は160～180度が適温となる。油に衣を落としてすぐに上がってくれば適温になっていて、野菜は160～170度、魚と肉は170～180度で揚げるのがいい。

二度揚げする

一度に中まで火を通そうとすると、火が通る前に表面が焦げてしまうことがあるので、最初は70％ほど火が通るまで揚げて取り出し、一度油をきってからもう一度揚げると、外はサクッと中はフワッと仕上がる。とくに肉は、二度揚げが必須。

油をきる

揚げ物は、しっかり油をきるとサクサク感が持続し、きらないとベタついてしまう。揚げた直後に、ざるやキッチンペーパーにのせて、きっちり油をきること。

小麦粉をふるう

小麦粉をざるなどでふるうと、空気が含まれて一段とサクッと揚がる。また、小麦粉に片栗粉を混ぜるとサクサク感が増す。衣をつける前に、小麦粉の代わりに片栗粉をつけてもよい。

汁物（スープ）の基本

韓国では、「汁物（スープ）がないと食べ物がのどを通らない」と言う人もいるほど、食卓に欠かせないのが汁物です。おいしい汁物がひとつあれば、おかずはほとんどつくらなくてもいいくらいです。そんな韓国の定番の汁物をご紹介します。

澄んだスープをおいしくつくるポイント

だし汁をたっぷりと注ぐ
大豆もやしのスープやわかめのスープなど澄んだスープはあっさり感が重要なので、具は少なめに、だし汁をたっぷり入れるといい。1人分はカップ1.5杯ぐらいが適量。

クッカンジャン（薄口しょう油）を使う
しょう油の種類は、濃口しょう油やクッカンジャンなど、いろいろあるが、スープをつくる時はクッカンジャンが適している。濃口しょう油やたまりじょう油は甘くて色が濃いので、あまり適さない。クッカンジャンがない場合は、だししょう油やイワシエキスなどの魚醬を入れてもよい。

しょう油で色を調節し、塩で味を調える
澄んだスープは、しょう油を適量入れると、色と味がよくなる。しょう油はだし汁が煮立った時に入れるが、たくさん入れるとスープの色が濃くなるので、少し色がつく程度に入れ、味が薄い場合はスープが出来上がる直前に塩で調える。

味は薄めにする
熱々のスープは薄味に感じるので、ぐつぐつ煮えている時に味を調えてしまうと、食べた時に塩辛く感じる。味見をして薄味にしておくこと。

韓国の味噌汁をおいしくつくるポイント

テンジャン（韓国味噌）は米のとぎ汁で溶かす
韓国の味噌汁は、テンジャンとだし汁をよく混ぜ合わせることが大切だが、米のとぎ汁を使うとテンジャンがだし汁によくなじむ。通常は米を2回ほどといだあとのとぎ汁を使う。米のとぎ汁の代わりに、少量の小麦粉をだし汁に溶いて使ってもよい。

テンジャンとコチュジャンを混ぜる
味噌汁の味をおいしくするには、テンジャンとコチュジャンを混ぜるのがポイント。テンジャンとコチュジャンの比率は5:1にする。コチュジャンを入れすぎると味がくどくなるので、この比率を守ることが大切。先にテンジャンを溶かし入れ、次にコチュジャンを入れる。

材料ごとにテンジャンを入れるタイミングを変える
火が通りやすい野菜を煮る時は、まず、だし汁にテンジャンを溶かしたあとに入れるといい。火が通るまで時間のかかる野菜は、ある程度煮えてからテンジャンを溶かし入れる。

弱火でゆっくり煮る
だし汁が煮立ったら弱火にし、テンジャンを溶かし入れて香りが立ったら火を止める。長時間煮たり、強火で煮続けたりするとテンジャンの香りが飛んでしまうので注意する。

牛肉スープをおいしくつくるポイント

肉を水につけて血抜きする
肉や骨に血が残っていると、スープが濁って臭みが出るので、水に30分ほどつけて血抜きする。一度下ゆでをし、肉を取り出したらゆで汁を捨て、再度新しい水を入れて煮ると、透明感のあるスープができる。煮ながらこまめにアクを取り除くと、臭みが出ない。

肉はブロックのままゆでる
牛肉スープ用の肉はブロックのまま下処理してゆでると、スープがおいしくなり、肉も柔らかく仕上がる。肉を竹串などで刺して赤い肉汁が出なくなったら、肉を取り出し、食べやすい大きさに切ってから鍋に戻す。

香味野菜をたっぷり入れる
長ねぎ、にんにく、玉ねぎなどの香味野菜をたっぷり入れると肉の臭みが消える。あっさり仕上げたい時は、大きめに切っただいこんを入れる。

3時間以上かけてじっくりと煮る
牛肉スープは、3時間以上かけてじっくり煮るのがポイント。最初は強火で、煮立ったら火を弱める。最初から弱火だと肉からうま味が充分に出ず、強火で煮続けると材料が動いてスープが濁るので火加減が大切。

スープを冷やして油を取り除く
煮る前に肉の脂身をきれいに取り除いても、煮ると脂が浮き出てくるので、スープを一度冷蔵庫で冷やして脂を固めると取りやすい。

塩で味を調える
牛肉スープは塩味が基本だが、調理の時に味つけするよりも、食べる時に各自が好みの味つけをするほうがいい。

その他のスープのつくり方

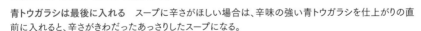

酔い覚ましスープのつくり方
魚のスープはだいこんのゆで汁を使う 魚のスープをつくる時は、だいこんを先にゆでてからゆで汁に魚を入れるのがポイント。厚めに切っただいこんをゆでた汁に魚を入れると、とてもおいしいスープになる。

干しだらは下処理をして食べやすい大きさに裂く 酔い覚ましスープには干しだらを使うのが定番。丸ごとの干しだらは、棒でたたいて柔らかくしたあとに、食べやすい大きさに裂いて使う。裂いた干しだらは水につけて柔らかくしてから調理する。

青トウガラシは最後に入れる スープに辛さがほしい場合は、辛味の強い青トウガラシを仕上がりの直前に入れると、辛さがきわだったあっさりしたスープになる。

冷製スープのつくり方
しょう油、酢、砂糖で味を調節する 甘酸っぱい冷製スープをつくる時には、しょう油、酢、砂糖をよく混ぜ合わせて味を調節するが、しょう油と酢は同量、砂糖は半量くらいがちょうどいい。しょう油はクッカンジャン（薄口しょう油）と濃口しょう油を合わせて使う。

具は先に味つけして混ぜる 冷製スープはスープだけに味つけすると、具に味が染み込まないので、先に具にしょう油、ごま油、にんにくなどをもみ込んで、味つけしてからスープに入れるのがポイント。

冷たいスープを飲みたい時は凍らせる スープに氷を入れると、氷が溶けてスープが薄まってしまうので、スープそのものを凍らせて使うと、時間が経っても冷たく、味も薄まらないのでおすすめ。

・調理の基礎

チゲと鍋料理の基本

チゲと鍋料理は材料や調理法によっていろいろな味を楽しむことができます。しかし、味に深みを出すことが難しいもの。いくつかのポイントを押さえて、どの鍋料理もおいしくつくれるようになってください。

チゲをおいしくつくるポイント

だし汁は濃くする
チゲのだし汁が薄いとおいしさが半減。味の出る材料をたくさん入れて、濃いだし汁をつくるのがポイント。

一度強火で煮てから弱火に
最初は強火でぐつぐつ煮てから弱火にする。じっくり煮ると濃いだし汁ができ、アクをこまめに取ると澄んだだし汁になる。

味つけは材料が煮えてから
チゲを煮ていると徐々に汁が煮詰まるので、最初は薄味にし、材料がほぼ煮えてから味を調える。

肉は先に、魚はあとから入れる
肉でだし汁をつくる場合は、肉を炒めてから水を入れると、だしがよく出る。魚のだし汁をつくる場合は、湯が沸とうしたところに魚を入れると身がくずれない。

長ねぎとにんにくは最後に
長ねぎとにんにくは、火を止める直前に入れること。

テンジャン（韓国味噌）チゲ

米のとぎ汁を使う
米のとぎ汁を使うとテンジャンがよく溶けて味にコクが出る。米を2回ほどといだあとのとぎ汁を使う。

テンジャンは適量入れる
テンジャンが多いと塩辛くなり、少ないと味が薄くて物足りない。通常は水またはだし汁1カップに対しテンジャン小さじ2程度が適量。

だし汁を使うと味に深みが出る
煮干し、貝類、昆布、牛肉でとっただし汁を使うと、味に深みが出る。あらかじめつくっておいただし汁を使ってもよい。

コチュジャンチゲ

短時間で仕上げるとおいしい
コチュジャンチゲは、じっくり煮ると味がくどくなるので、最初は強火にし、材料が煮えたらすぐに火を止める。テンジャンチゲと同様に米のとぎ汁を使うとコクが出る。

コチュジャンで合わせ調味料をつくる
コチュジャンに長ねぎとにんにくを刻んで入れた合わせ調味料を使うと、とてもおいしくなる。さらに辛くしたい場合は、コチュジャンの量を増やすのではなく、粉トウガラシを加える。

キムチチゲ

酸味の強いキムチを使う

おいしいキムチチゲをつくるためには、キムチの味が重要。よく発酵した酸味の強いキムチを使うと、とてもおいしくできる。

脂身のある豚肉と相性がいい

豚肉は適度な脂身があるものがよく、スペアリブを使うとだし汁が濃厚になってとてもおいしくなる。スペアリブを使う場合は、豚肉特有の臭みを消すために、香味野菜と酒を一緒に入れるのがポイント。豚肉ではなくツナ缶を使う場合は、ツナ缶の油でキムチを炒めてからだし汁を入れると、コクが出る。

辛口海鮮鍋

新鮮な材料を使う

海鮮鍋には新鮮な魚介類を使い、下処理を丁寧にすることで、スープが生臭くならずにコクが出る。

辛味は粉トウガラシで

粉トウガラシの辛さは、スープの味を引き立てる。好みでコチュジャンを加えてもよい。

香味野菜をたっぷりと入れる

春菊、せり、長ねぎなどの香味野菜やだいこんを入れると、スープの味があっさりする。合わせ調味料ににんにくとしょうがを加えると、魚の臭みを消すのに役立つが、玉ねぎは甘みが出てしまうので入れないこと。

鍋料理をおいしくつくるポイント

浅型の鍋を使う

いろいろな材料を放射状に配置できるように、口が広くて浅い鍋が適している。

材料の大きさをそろえる

複数の材料を入れるので、大きさをそろえるときれいに見える。長さ4～5センチが適切。

柔らかい材料はあとから入れる

材料ごとに煮える時間が違うので、時間のかかる材料は最初から入れるか、先に下ゆでしてから加える。春菊、せりなどはすぐに煮えるので、食べる直前に入れる。

肉に下味をつける

肉に下味をつけるとスープの味がよくなる。だし汁に使った肉も、味つけしてから鍋に戻す。

せりとエボヤ★を入れるとあっさり感が増す

海鮮鍋にせり、エボヤ、大豆もやしを入れるとあっさりした味になる。大豆もやしは芽とひげ根を取り、鍋にふたをして煮ると臭みが出ない。
★韓国で海鮮鍋や魚料理の味をあっさりさせるために使われる海産物。

材料とだし汁の相性はそれぞれ

主材料が肉や野菜なら牛肉だしや牛骨だしと相性がよく、魚介類なら煮干しだしや昆布だしとの相性がいい。だし汁は鍋に入れる直前につくったほうが、鍋料理の香りと味が楽しめる。

煮ながら食べる

食卓で熱々の鍋を囲むのはとても楽しい。どの鍋料理でもスープは薄味にし、各自の好みでタレをつけて食べるといい。

韓国で定番のだし汁7種

チゲや鍋料理はだし汁の味で決まると言っても過言ではないでしょう。だし汁を上手に活用すると、どんな料理もおいしくつくれます。牛肉だし、昆布だし、煮干しだしなど、韓国で定番のだし汁をおいしくつくれれば、チゲや鍋料理もごちそうになります。

牛肉だし

コクがあってどの料理とも相性がいいので使いやすい。鍋料理、テンジャン（韓国味噌）チゲ、韓国雑煮などに向いている。おもにバラ肉を使うが、水につけて血抜きしてから煮ると臭みが出ない。2〜3日以上保存する場合は、密閉容器に入れて冷凍保存すること。

1 牛肉を水に1〜2時間つけて血抜きをしたあと、鍋に入れて水をたっぷり注ぎ、長ねぎとにんにくを多めに入れて強火で煮る。

2 アクを取り除き、ひと煮立ちしたら火を弱める。

3 肉に火が通ったら取り出し、だし汁をさらしやキッチンペーパー、目の細かいざるなどでこす。

牛骨だし

鍋料理、麺類、チゲ、スープなど、いろいろな料理に使え、とくにソルロンタン（牛骨スープ）やデトックススープに向いている。一番だしより二番だしのほうが濃いので、一番だしと二番だしを混ぜ合わせて使うとよい。一度にたくさんつくり、冷凍保存しておくと便利。

1 牛骨は水に1〜2時間つけて血抜きしたあと、鍋に入れて水をたっぷり注いで強火でゆでる。ゆで汁は捨てる。

2 鍋に新たに水を注ぎ、玉ねぎ、長ねぎ、にんにくを多めに入れてじっくり煮る。最初は強火で、ひと煮立ちしたら中火にし、だし汁（一番だし）の色が白く濁ってきたら弱火にして2〜3時間煮る。

3 一番だしを容器に移し、鍋に再び水を注いで二番だしをつくり、出来上がったら一番だしと混ぜ合わせる。

昆布だし

あっさりとしたうま味があるので、どんな料理にも使える。澄んだ色のチゲ、じゃがいものスープ、おでんの汁、味噌汁など、基本的なだし汁として重宝する。だし汁をつくる時の昆布は、黒色で厚みがあり、表面に白い粉がついているものを選ぶ。煮すぎると昆布から粘りが出てだし汁が濁るので注意する。

1　昆布は白い粉と汚れをふき取り、水に30分くらいつける。

2　昆布をつけた水ごと鍋に入れて5分ほど煮たら、昆布を取り出す。

貝だし

あっさりとしたうま味があり、魚介類を使う料理との相性がいい。だし汁にはオキシジミやアサリのような小さめの二枚貝が適す。下処理で砂出しをしても砂が残っている場合があるので、だし汁が出来上がったら、さらしやキッチンペーパーなどで一度こすとよい。

1　貝は手でこすり合わせながら洗ったあと、薄めの塩水に入れて砂抜きする。

2　鍋に水と貝を入れて強火で煮、アクを取り除く。

3　貝の口が開き、だし汁の色が白くなったら、さらしやキッチンペーパーなどでこす。

煮干しだし

鍋料理、チゲ、味噌汁、カルグクス（韓国式うどん）などに使うと、コクがあってあっさりした味になり、さまざまな合わせ調味料にも使える。だし用の煮干しは、大きくて青みのあるものを選ぶ。だし汁を2～3日で使いきる場合は冷蔵保存し、それ以上保存する場合は密閉容器に入れて冷凍すること。

1　煮干しは頭と内臓を取り除いたあと、フライパンでからいりすると臭みが消える。

2　鍋に水と1の煮干しを入れ、強火で煮てアクを取り除く。

3　20分ほど煮たら、煮干しを取り出す。

鶏だし

コクがあるので、たくさんつくって冷凍保存しておき、餃子スープやカルグクスなどに利用するとよい。

1　鶏肉は洗って適宜切り分ける。鍋に水を注いで鶏肉を入れ、長ねぎ、にんにくを多めに入れてじっくり煮る。煮立ったら鶏肉を取り出し、だし汁をさらしやキッチンペーパーでこす。

かつおだし

うま味が強いので、鍋料理、しゃぶしゃぶ、うどん、丼もの、天ぷらのつけ汁など、さまざまな料理に使える。

1　沸とうした湯に削り節を入れ、浮いてきたら火を止める。そのまましばらくおき、だし汁の色が出たらさらしやキッチンペーパーなどでこす。

おいしいごはんの炊き方

炊きたてのごはんは、湯気を見ただけでもお腹がグーッと鳴ってしまいそうですよね。そんなごはんをおいしく炊くにはコツがあります。白米、雑穀米、栄養ごはん（炊き込みごはん）など、それぞれおいしいごはんの炊き方を覚えましょう。お粥の炊き方もご紹介します。

ごはんの基本的な炊き方

水で4～5回洗う
ごはんを炊くには、まず米を洗うことから始める。米を洗う理由は、余分なものを落とすためで、ぬかを落として臭みを消し、万が一ついているかもしれない残留農薬も洗い流す。

米に吸水させる
吸水させてから炊くと、米のでんぷんが分解されて糖ができ、粘り気が出てふっくら炊ける。通常30分～1時間くらい水に浸す。圧力釜を使う場合は吸水の必要はない。

水は米の1.2倍の量を入れる
米の状態、雑穀米の有無などによって水の量は変わる。水の量は、通常の乾燥した米の場合は1.2倍、あらかじめ吸水させた場合は米と同量にする。新米は水の量を少なめにし、古い場合は水を多めに入れる。

強火から弱火に
電気炊飯器は火加減を気にする必要はないが、土鍋や鍋で炊く場合は、火加減がごはんの味を左右する。最初は強火で炊き、沸とうしたら火を弱める。弱火で3～5分くらい炊いたら火を止め、15分くらい蒸らす。米を炊く時間は、米の種類や使う鍋などにより違うので、それぞれに合わせて調節する。

ごはんが炊けたら、しゃもじでかき混ぜる
ごはんが炊けたらしゃもじで混ぜて底のほうの水分を飛ばすと、程よいかたさのごはんが出来上がる。炊き上がって混ぜないとごはんがベタつく。

雑穀米

白米を炊く時の20％減の量の水を入れる
水の量は、白米だけの時より20％くらい少なくするのが適量。もち米や雑穀米を炊く時は塩を入れてもいい。圧力釜を使用する場合は雑穀の粒が割れることがあるので要注意。

豆類は吸水させ、小豆は下ゆでする
豆類の場合は前日から吸水させておき、あわときびは白米と一緒に30分ほど吸水させる。小豆は下ゆでしておくのが好ましい。たっぷりの水を入れて小豆が焦げないようにゆで、煮汁は捨てずにごはんを炊く時に使う。もちあわは最初から入れると柔らかくなりすぎるので、蒸らす時に加える。

玄米

長時間吸水させて多めの水で炊く
玄米のパサつき感をきらう人もいるが、吸水と水加減を正確に行えば柔らかく炊ける。吸水時間を白米よりも長くし、水は玄米の1.2～1.5倍の量を入れる。もち米玄米や発芽玄米はパサつきが少なく、圧力釜を使うと柔らかく炊ける。

栄養ごはん／炊き込みごはん

材料によって水を調節する
栄養ごはんは、大豆もやし、きのこ、かぼちゃ、魚介類、カキ、さつまいもなどいろいろな材料を使うことができる。米は洗って吸水させたあと水けをきり、野菜や魚介類のような水分が多い材料を入れる場合は、水を米より20～50％少ない量を入れる。

キンパ（韓国のり巻き）・酢飯

少なめの水で炊く
キンパ用のごはんや寿司用の酢飯を炊く時は、やや硬めに炊く必要がある。水の量は通常の1/3ほど少なくし、少量の酒を加えると弾力とつやが出て、もち米を加えると粘り気が出る。

昆布で味を足す
ごはんを炊く時に昆布を入れて、味に深みを出す方法もある。炊き始めに昆布を入れて、沸とうしたら昆布を取り出す。

おいしいお粥の炊き方

米に充分吸水させる　白米、もち米、きび、ハト麦、大麦、玄米などは、1時間以上吸水させてから炊く。充分に吸水させていないと炊いても柔らかくならず、食感が悪くなる。

具は炒めてから加える　アワビ、牛肉、野菜などを入れる時は、ごま油で炒めてから加える。

厚手の鍋を使う　お粥は時間をかけて炊くので、厚手の鍋を使う。アルミニウムやステンレスの鍋より、コーティングされている鍋、ガラス鍋、ホーロー鍋などが適している。

水は材料の7倍ぐらいの量を入れる　お粥の水の量は材料の7倍ぐらいが目安だが、一度にたくさんの量を炊く時はやや少なめに入れる。玄米粥の場合は白米よりも1カップほど多めの水を入れる。水は途中で足すと米がくずれてつやもなくなるので、最初からきちんと計量して入れること。

強火で炊いてから火を弱める　最初は強火で炊いてから火を弱めてじっくり炊くと鍋からあふれない。ある程度米が柔らかくなったら弱火にし、やさしく木ベラで混ぜながらゆっくり炊く。

薄味にする　お粥の味つけは、火を止める直前に塩やしょう油で薄めにする。初めから味を濃くするとお粥が傷みやすくなるので、しょう油、塩、はちみつなどは別に添えて出し、各自の好みに合わせて味つけして食べるとよい。

韓国のおかずの定番、キムチの漬け方

キムチは韓国の食卓に欠かせない基本のおかずです。白菜、だいこん、きゅうり、ニラなど、いろいろな野菜でつくれるので、ぜひキムチを漬けてみてください。白菜キムチ、カクテキ、チョンガクキムチ（ミニだいこんのキムチ）、トンチミ（だいこんの水キムチ）、オイソバギ（きゅうりのキムチ）など、いろいろな種類のキムチがあると、食卓がにぎやかになります。

材料の選び方

白菜
ずっしりと重く、葉が詰まっていて色があざやかなものを選ぶ。白い軸の部分がフカフカなものは、中の葉が詰まっていないので注意。甘みの強い白菜を選ぶとキムチがおいしくできる。

だいこん
つやとハリがあって重みのあるものを選ぶ。土がついているものや、葉つきのものがおすすめ。

チョンガクだいこん（ミニだいこん）
葉が青く生き生きしているものが新鮮で、根の部分にハリがあるものを選ぶ。中サイズがいちばんおいしい。

長ねぎ
白い部分にハリがあり、青い部分が長く、しおれていないものを選ぶ。

小ねぎ
根元が太く、葉の部分が細くて柔らかいものを選ぶ。

からし菜
内葉にザラザラ感がある新鮮なものを選ぶ。赤いからし菜と青いからし菜の2種類があるが、赤いからし菜は白菜キムチやカクテキに使い、青いからし菜はトンチミ（だいこんの水キムチ）や白キムチに使うことが多い。

赤トウガラシ
赤い色があざやかでつやがあり、先が細くとがっているものを選ぶ。韓国では秋に自然乾燥させた太陽椒（テャンチョ）が最上級とされている。粉トウガラシを買う時は、粒子がきれいで明るい紅色のものを選ぶ。

にんにく
白くて丸々としていて、粒がそろっているものを選ぶ。皮が乾燥しているほうがいい。

しょうが
全体に大きく丸みがあって傷がなく、繊維が少ないものを選ぶ。

粗塩
不純物が混ざっていない天日干しの天然塩がおすすめ。黒みがかっているものは苦みが出やすいので注意する。

イワシエキス（カタクチイワシの魚醬）★
強い臭みがなく、赤褐色のものを選ぶ。

★韓国食材店で入手可能。ナンプラーでも代用可能だが、塩分が違うので使用量に注意する。

アミの塩辛
えびの色があざやかで雑魚が混ざっていないものを選ぶ。

カキ（生食用）
形が整っていて、粒がそろっている新鮮なものを選ぶ。キムチに入れるには小粒が適している。

基礎的なキムチの「漬け方」です。実際のキムチのレシピは281ページから掲載しています。

材料の下準備

白菜 白菜は外葉を取り除き、大きいものは縦4等分に、小さいものは縦2等分にして水洗いする。葉を洗いすぎると青臭くなったり葉先が落ちたりするので、大きな桶に水を溜めて1～2回洗う程度にする。即席キムチをつくる時は、葉を1枚ずつはがしたあと、適度な大きさに切る。白菜を切ってからつくるキムチは3センチ角ぐらいに切る。

だいこん くぼみがある部分を包丁でくりぬき、ブラシでこすりながら洗ったら流水ですすぐ。キムチ用は、せん切りにするので、せん切り用のピーラーを使うと便利。カクテキは2センチ角のサイコロ状に切る。だいこんを切ってからつくるキムチは3センチ角ぐらいの色紙切りにする。トンチミ（だいこんの水キムチ）をつくる時は、中サイズのだいこんを1本丸ごと使う。

その他の材料 長ねぎは太めの斜め切りにし、小ねぎは長さ3～4センチに切る。にんにくとしょうがはみじん切りにする。

粉トウガラシ 水を加えると赤くなり辛さが増すので、粉トウガラシ5カップに水1カップほどを入れてよく混ぜておく。

もち粉のり 水ともち粉を10:1の割合で混ぜ、鍋で焦げないように加熱しながらもち粉のりをつくり、冷まして入れると味にまとまりが出てキムチにコクが出る。

塩辛・魚介類 アミの塩辛は細かく刻み、カキを入れる場合は塩水で洗ったらざるにあげて水けをきっておく。

塩漬け

塩漬けをつくる時、白菜に直接塩をふると均等に漬からないので、塩水に漬ける。白菜1株につき塩1カップで、塩と水の割合は1.10にし、塩水を一度ざるでこして不純物を除いてから、3～5時間漬ける。充分に漬かった白菜を塩水から引き上げ、漬かり足りないものは、葉の間

に塩をふってしばらくおく。桶に水を溜めて、漬かった白菜から順に3～4回水を替えながら洗ったあと、ざるに並べて水けをきる。即席キムチ、だいこんの葉のキムチ、白菜とだいこんのミックスキムチなど、野菜を切ってからつくるキムチは、野菜に粗塩をふったあと、塩がまんべんなく行き渡るように水をふりかけ、30分～1時間おく。

本漬け

白菜キムチ 最初に、だいこん、小ねぎ、からし菜などの野菜と、粉トウガラシ、にんにくのみじん切り、しょうがのみじん切り、イワシエキス、もち粉のりを入れてよく混ぜ、キムチのタレをつくる。タレを白菜の葉1枚ずつにまんべんなくぬり、最後に外葉で全体を丸く包み込む。出来上

がったキムチはキムチ容器に隙間なく入れて保存する。

即席キムチ 食べやすい大きさに切った白菜、小ねぎ、からし菜などの野菜と、粉トウガラシ、にんにくのみじん切り、しょうがのみじん切り、イワシエキスを入れて混ぜる。すぐに食べる場合は砂糖と白炒りごまを加える。

カクテキ サイコロ状に切っただいこんに粉トウガラシをまぶして、だいこんが赤くなったら、イワシエキス、塩、他の野菜などを入れて混ぜる。カキは最後に入れる。

水キムチ だいこんの葉の水キムチは、小麦粉のり（p.289）を入れ、白菜とだいこんの水キムチと同様に、粉トウガラシを不織布のお茶パックなどに入れ、水の中でふる。

歯ごたえのあるピクルスのつくり方

噛むと甘酸っぱくてパリパリ感のあるピクルスは、油っこい料理と一緒に食べると気持ちまでスッキリします。きゅうり、青トウガラシ、玉ねぎ、キャベツ、にんじん、セロリなど、何種類かの材料を混ぜてつくっても、1種類ずつつくってもおいしいです。

材料の下準備

西洋の漬け物ともいえるピクルスは、韓国ではきゅうり、青トウガラシなどでつくられることが多かったが、最近では玉ねぎ、キャベツ、だいこん、にんじん、セロリ、にんにく、にんにくの芽、ビーツなど、いろいろな材料でつくられている。野菜はきれいに洗い、水けをきって食べやすい大きさに切る。

きゅうり ヘタを切り取ってから、長さ4〜5センチに切って縦4等分にする。厚めの輪切り、斜め切りなど、好みの形に切ってもよい。

青トウガラシ ヘタをつけたまま洗って水けをきり、串などで穴を開けて液を染み込みやすくする。

玉ねぎ 皮をむいて縦に2〜4等分する。輪切りにしたり、2〜3センチ角に切ってもよい。

だいこん・にんじん 皮をむいて洗ったあとに拍子木切りまたはサイコロ状に切る。

セロリ 洗ったら、葉を切り落としてすじを取り、茎の部分を長さ4〜5センチに切るか斜め切りにする。

ピクルス液のつくり方

鍋に砂糖、塩、水を合わせ、ローリエ、粒こしょう、クローブなどのスパイスを加えて煮立たせる。通常は酢と砂糖と水は同量にするか、保存性を高めるために砂糖は酢と水の1/2量にする。ひと煮立ちしたら酢を入れ、火を止めて冷ます。

密閉瓶に入れて保存する

熱湯消毒したガラス瓶に野菜を隙間なく詰め、材料がすべて漬かるようにピクルス液を注いだらふたをする。冷蔵庫で2〜3日おいてピクルス液だけを再度煮立て、冷めたら瓶に戻す。

ひとくちメモ

ピクルスのつくり方 A to Z

1 ピクルスを漬ける時は、形がくずれにくいかたい材料を使うと、食べた時の食感がいい。

2 酢は、穀物酢よりもりんご酢やレモン酢など、果物を原料とするものが適している。

3 ピクルス液を煮立たせる時は、まず、塩、砂糖、スパイス、水を入れてひと煮立ちさせてから酢を入れる。酢を煮立たせると香りと酸味が飛んでしまう。

4 ピクルスは酸性の食べ物なので、ガラスの瓶を使い、金属製の容器は避ける。ガラス瓶を熱湯消毒してから使うと、ピクルスの味が変わらずに長期保存できる。

5 ピクルスにローリエ、スティックシナモン、粒こしょう、クローブなどのスパイスを入れると味がよくなり、さらに腐りにくい。

チャンアチ(漬け物)の漬け方

だいこん、きゅうり、にんにく、にんにくの芽、えごまの葉など、旬の野菜でチャンアチをつくってみましょう。しょう油、コチュジャン、テンジャン(韓国味噌)など、いろいろな調味料でつくると日々の食事に重宝します。出来上がったチャンアチをさらにアレンジすれば、違う風味が楽しめます。

1カップ＝200㎖

しょう油漬け

にんにくのしょう油漬け

材料 にんにく.....20玉、鷹の爪.....3本
酢液 酢.....2カップ、塩.....1/2カップ
　　　水.....10カップ
しょう油液 しょう油.....10カップ、酢.....1カップ
　　　砂糖.....1カップ

1　にんにくは皮をきれいにむく。

2　酢液の材料を煮立てて冷まし、にんにくを入れて3～4日くらいおいたら、にんにくを取り出す。

3　2のにんにくと鷹の爪を密閉容器に入れる。鍋にしょう油液の材料を煮立てて冷まし、にんにくと鷹の爪の上から注いで保存する。

青トウガラシのしょう油漬け

材料 青トウガラシ.....500g
　　　にんにく.....10片、しょうが.....2片
しょう油液 しょう油・水.....各2カップ
　　　酢.....1/3カップ
　　　砂糖.....1/4カップ

1　青トウガラシは洗って水けをきり、ヘタが長い場合は1センチだけ残して切る。にんにくとしょうがは薄切りにする。

2　しょう油液の材料を煮立て、にんにくとしょうがの薄切りを入れて、ひと煮立ちしたら火を止めて冷ます。

3　密閉容器に青トウガラシを入れ、2を注ぐ。3日おいて、しょう油液だけをもう一度鍋に入れ、煮立てて冷めたら容器に戻す。

コチュジャン漬け

きゅうりのコチュジャン漬け

材料 きゅうり.....30本
　　　コチュジャン.....15カップ
塩水 塩.....2と1/2カップ、水.....30カップ

1　きゅうりは洗って水けをきり、密閉容器に入れる。塩水を煮立てて冷まし、注ぐ。

2　1のきゅうりを取り出して洗い、しっかりと水けをきる。きゅうりとコチュジャン10カップを混ぜて密閉容器に入れ、残りのコチュジャン5カップを入れて、きゅうりの上に広げたら、15日ほど熟成させる。

にんにくの芽のコチュジャン漬け

材料 にんにくの芽.....1束(約1kg)
　　　コチュジャン.....5カップ
塩水 塩.....1カップ、水.....10カップ

1　にんにくの芽は、長さ4センチに切って密閉容器に入れる。塩水を煮立てて冷まし、注ぐ。

2　1週間ぐらい熟成させ、にんにくの芽の色が黄色くなったら取り出して洗い、水けをきる。にんにくの芽とコチュジャン3カップを混ぜて密閉容器に入れ、残りのコチュジャン2カップをのせて、にんにくの芽の上に広げて完全にかぶせる。

テンジャン(韓国味噌)漬け

えごまの葉のテンジャン漬け

材料 えごまの葉.....200枚
　　　水あめ.....1/2カップ
　　　テンジャン(韓国味噌).....10カップ
塩水 塩.....1/2カップ、水.....5カップ

1　えごまの葉は1枚ずつきれいに洗って水けをきり、ガラスの瓶か、密閉容器に隙間なく入れる。

2　塩水を煮立てて冷まし、1に注いだら、おもしをして10日ほど熟成させる。熟成させたらえごまの葉を取り出し、洗って水けをきる。

3　えごまの葉3～4枚ごとにテンジャンと水あめを混ぜたものをぬり、ガラスの瓶か密閉容器に隙間なく入れて保存する。

だいこんのテンジャン漬け

材料 だいこん.....4本
　　　テンジャン(韓国味噌).....10カップ
塩水 塩.....1カップ、水.....6カップ

1　だいこんは洗い、皮はむかずに縦半分または縦4等分に切る。

2　だいこんを塩水に1日ほど漬けて取り出し、日陰で干して水分が抜けたらテンジャンに漬け、1カ月ほど熟成させる。

3　だいこんが充分に熟成したら取り出し、水につけて塩抜きしたあと、好みの味つけをする。

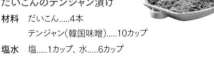

part

1

毎日の
おかず・常備菜

毎日食事のしたくをしなければならない主婦たちは、毎日の献立にいつも悩んでいますよね。そこで、メニューの悩みを減らす毎日のおかずや常備菜など、韓国の家庭で日常的に食べられている59種類のおかずを厳選して、私の母がつくってくれた味をそのままレシピにしました。

豚肉のキムチ煮

―

よく発酵したキムチに豚肉を合わせ、炒めてから柔らかく煮ました。
日ごろのごはんのおかずだけではなく、おもてなしにも使えます。

材料（4人分）

白菜キムチ(よく発酵したもの)
.....1/2株(900g)
豚肉(バラまたはスネのブロック)
.....200g
大豆もやし.....100g
玉ねぎ.....1個
長ねぎ.....1本
青トウガラシ.....2本
赤トウガラシ.....1本
砂糖.....大さじ2
塩.....少々
サラダ油.....大さじ2
水.....5カップ(1ℓ)

合わせ調味料
しょう油・砂糖.....各大さじ1
酒.....大さじ1
粉トウガラシ.....大さじ1
にんにくのみじん切り.....大さじ1

つくり方

1 **キムチの準備**—— 白菜キムチはタレを少し落としたら、根元を切って食べやすい大きさに切る。

2 **豚肉の下味**—— 豚肉は薄くスライスする。合わせ調味料の材料を混ぜ合わせ、1/2量をもみ込む。

3 **野菜の準備**—— 大豆もやしはひげ根を取り、玉ねぎは薄切り、長ねぎは斜め切りにする。青トウガラシと赤トウガラシは斜め切りにして種を除く。

4 **材料を炒める**—— 鍋にサラダ油を強火で熱し、2の豚肉と玉ねぎを入れて炒め、豚肉に半分ぐらい火が通ったら、キムチを加えてさらに炒める。砂糖を加えてまろやかさを出す。

5 **大豆もやしを入れる**—— 豚肉とキムチに火が通ったら、大豆もやしと水を加える。

6 **仕上げる**—— 大豆もやしの上に残りの合わせ調味料をかけて煮る。大豆もやしが柔らかくなったら、長ねぎ、青トウガラシ、赤トウガラシを加えて火を通す。味が薄い場合は塩で味を調える。

砂糖で酸味の調整をする
キムチ煮をつくる時は、よく発酵した酸味のあるキムチを使うと、よりおいしくなります。酸味の強いキムチを調理する時に砂糖を加えると、酸味が和らぎ、キムチの味を引き立てることができます。砂糖の代わりに水あめを使ってもよいのですが、砂糖を使う場合と比べて味の調整が難しくなります。

プルコギ

みんなが大好きな肉料理。たくさんつくって、小分けにして冷凍しておけば、食べる前に温めるだけで手軽に食事の準備ができます。

材料（4人分）

牛肉（切り落とし）.....600g	**プルコギのタレ**
えごまの葉.....5枚	しょう油.....大さじ4
玉ねぎ.....1個	砂糖.....大さじ1
長ねぎ.....1本	長ねぎのみじん切り.....大さじ2
梨.....1/4個	にんにくのみじん切り.....大さじ1
	ごま油.....大さじ1
	白炒りごま.....大さじ1
	こしょう.....小さじ1/2

つくり方

1 **牛肉の下処理**—— 牛肉は食べやすい大きさに切る。赤い肉汁が多い場合は、キッチンペーパーで押さえてふき取る。

2 **野菜の準備**—— 玉ねぎは半分に切り、1/2量は薄切りにし、残りはすりおろす。えごまの葉は細切り、長ねぎは薄い斜め切りにし、梨はすりおろす。

3 **タレに漬ける**—— すりおろした玉ねぎと梨、プルコギのタレの材料を混ぜ合わせ、牛肉を入れて20分ほど漬ける。

4 **炒める**—— 熱したフライパンに玉ねぎの薄切りと3の牛肉を入れ、強火で混ぜながら炒める。仕上げにえごまの葉と長ねぎを加え、軽く炒めたら火を止める。

ひとくちメモ

味を引き立て、肉を柔らかくする梨と玉ねぎのおろし汁

プルコギのタレをつくる時に、梨と玉ねぎのおろし汁をたっぷり入れると、甘みが加わって肉も柔らかくなります。このタレをごはんに混ぜれば絶品。えごまの葉の代わりに、エリンギやしいたけでもおいしくできます。

牛肉のしょう油煮

牛のスネ肉やバラ肉を一度ゆでてからしょう油で煮る
と、食欲がわくおかずに。お弁当に入れても、お粥
と一緒に食べてもおいしい一品です。

材料（4人分）

牛肉(スネまたはバラのブロック)
.....600g
うずらの卵(ゆでたもの).....10個
ししとう.....3本
玉ねぎ.....1/2個
長ねぎ.....1本
にんにく.....10片

しょう油煮の調味料
肉のゆで汁.....2カップ
しょう油.....大さじ6
砂糖.....大さじ2
酒.....大さじ1
鷹の爪.....3本
粒こしょう.....少々

つくり方

1 **牛肉の下処理──** 牛肉は脂身を除き、8等分して、20分ほど水につけて血抜きする。

2 **牛肉の下ゆで──** 鍋に牛肉と肉全体がつかるぐらいの水を入れて、20分ほど下ゆでする。肉を取り出したら、ゆで
汁をざるでこす。

3 **材料を煮る──** 鍋に2の下ゆでした牛肉とゆで汁を入れ、しょう油、砂糖、酒を加えて煮る。ふつふつとひと煮立ちし
たら、大きめに切った玉ねぎと長ねぎを加え、にんにく、鷹の爪、粒こしょうを加える。

4 **仕上げる──** 強火で20分ほど煮たら弱火にして、ゆでたうずらの卵、ししとうを順に加え、じっくりと煮る。煮汁が半
分ぐらいになったら火を止め、そのまま冷ます。

**牛肉は下ゆでしてから調味料を入れて煮れば、
かたくなりません**

しょう油煮をつくる時に、最初からしょう油を入れて煮ると、肉がかた
くなります。下ゆでして火を通してから味つけをすれば、肉がかたく
ならずに柔らかく仕上がります。また、うずらの卵ではなく鶏の卵で
つくっても、おいしくできます。

タチウオとだいこんの辛口煮

淡白な味のタチウオを辛口に煮たおかず。だいこんの代わりにじゃがいも、韓国かぼちゃ、よく発酵したキムチなどを入れてもおいしいです。

材料（4人分）

タチウオ.....2尾	**辛口調味料**
だいこん.....1/2本（500g）	コチュジャン.....大さじ1
長ねぎ.....1本	粉トウガラシ・しょう油
青トウガラシ.....1本	.....各大さじ2
赤トウガラシ.....1本	砂糖.....小さじ2
塩.....大さじ1	酒.....大さじ2
水.....1カップ	水.....大さじ2
	長ねぎのみじん切り.....大さじ2
	にんにくのみじん切り.....大さじ1
	しょうがのみじん切り
	.....小さじ1/2
	ごま油・白炒りごま.....各大さじ1
	こしょう.....少々

つくり方

1 **タチウオの下処理**—— タチウオはうろこを取ったら洗い、長さ4〜5センチに切って塩をふる。

2 **野菜の準備**—— だいこんは厚さ2センチの半月切りにし、長ねぎ、青トウガラシ、赤トウガラシは斜め切りにする。

3 **鍋に入れる**—— 鍋の底にだいこんを入れ、その上にタチウオをのせたら辛口調味料の材料を混ぜ合わせ、隅々までかける。

4 **仕上げる**—— 鍋のふちから水を入れてふたをし、強火にかけてひと煮立ちしたら火を弱め、タチウオに煮汁をかけながら火を通す。最後に長ねぎ、青トウガラシ、赤トウガラシを加えて少し煮る。

ひとくちメモ

だいこんの代わりにじゃがいもを入れてもおいしいです
タチウオやさばの煮つけには、だいこんの代わりにじゃがいもでも相性がよく、白菜の外葉、だいこんの葉、よく発酵した白菜キムチを加えてもおいしいです。

さばの辛口煮

不飽和脂肪酸が豊富な青魚のさばを辛口で煮つけました。さばは手軽に栄養がとれる魚です。

材料（4人分）

さば.....2尾	**辛口調味料**
じゃがいも.....2個	コチュジャン・しょう油.....各大さじ2
青トウガラシ.....2本	粉トウガラシ・砂糖・酒.....各大さじ2
赤トウガラシ.....1本	長ねぎのみじん切り.....大さじ2
長ねぎ.....1本	にんにくのみじん切り.....大さじ1
にんにく.....5片	しょうがのみじん切り.....小さじ1/2
塩.....大さじ1	ごま油・白すりごま.....各大さじ1
水.....1カップ	塩・こしょう.....各少々

つくり方

1 **さばの下処理──** さばは頭と尾を取り、腹を切って内臓を除いたら洗い、長さ4〜5センチに切って塩をふる。

2 **野菜の準備──** じゃがいもは皮をむいていちょう切りにし、長ねぎ、青トウガラシ、赤トウガラシは斜め切りにする。

3 **辛口調味料をつくる──** 辛口調味料の材料を混ぜ合わせる。

4 **煮る──** 鍋の底にじゃがいもを入れ、その上にさばとにんにくをのせたら辛口調味料を隅々までかける。鍋のふちから水を入れ、ふたをして強火にかけて煮る。

5 **仕上げる──** ひと煮立ちしたら火を弱めて、さばに煮汁をかけながら焦げないように煮汁が少なくなるまで煮る。最後に長ねぎ、青トウガラシ、赤トウガラシを加えてもう少し煮る。

ひとくちメモ

魚を煮る時は、浅型の鍋を使ってください
魚を煮る時に、味を染み込ませようと魚を何回も裏返すと身がくずれます。深型の鍋ではなく浅型の鍋を使って、一度だけ返すのがきれいに仕上げる秘訣です。

半干しスケトウダラの煮つけ

半干しにしたスケトウダラは、生や冷凍のスケトウダラよりも身に弾力があるので、煮つけにすると嚙みごたえがあっておいしく、ごはんがすすみます。

材料（4人分）

スケトウダラ（半干し）	合わせ調味料
.....2尾	しょう油.....1/2カップ
玉ねぎ.....1/2個	酒.....大さじ2
小ねぎ.....1本	水あめ.....大さじ1
赤トウガラシ.....1本	砂糖.....大さじ1
水.....3カップ	にんにくのみじん切り.....大さじ1
	しょうがのしぼり汁.....大さじ1/2
	塩.....小さじ1
	粉トウガラシ.....少々

つくり方

1 **スケトウダラの下処理**—— スケトウダラはハサミでヒレと尾を切り取ってから洗い、食べやすい大きさに切る。

2 **野菜の準備**—— 玉ねぎは薄切りにし、小ねぎは小口切りにする。赤トウガラシは細かく刻む。

3 **合わせ調味料をつくる**—— 合わせ調味料の材料を混ぜ合わせる。

4 **煮る**—— フライパンに玉ねぎを入れ、その上にスケトウダラをのせたら、合わせ調味料の材料を混ぜ合わせ、隅々までかけてひと煮立ちさせる。スケトウダラが煮え始めたら、水を注いで火を少し弱めて味が染み込むように煮る。

5 **仕上げる**—— 小ねぎ、赤トウガラシをのせて焦げないように煮詰める。

ひとくちメモ

半干しスケトウダラの煮つけに、大豆もやしやエボヤ★を加えてもおいしいです

大豆もやしをゆでた汁に粉トウガラシ、しょう油、にんにくのみじん切りなどを加えた煮汁で、半干しスケトウダラ、大豆もやし、エボヤを煮れば、素晴らしい一品料理になります。最後に片栗粉か米粉を必ず入れてください。

★韓国で海鮮鍋や魚料理の味をあっさりさせるために使われる海産物。

半干しシワイカナゴの甘辛煮

半干しのシワイカナゴの甘辛煮で食卓を変化させてみてはいかがでしょう。味つけをせずに網で焼き、コチュジャンをつけて食べても格別です。

材料（4人分）

シワイカナゴ（半干し）.....,400g
片栗粉.....大さじ5
白炒りごま.....大さじ1
小ねぎ.....適量
サラダ油（揚げ用）.....適量

甘辛調味料
しょう油.....1/3カップ
水あめ.....大さじ1
砂糖.....大さじ1
酒.....大さじ1
にんにくのみじん切り.....大さじ1
しょうがのしぼり汁.....小さじ1/2
鷹の爪（小さく切って種を除いたもの）.....2本分
水.....1カップ

つくり方

1 **シワイカナゴの下処理**—— シワイカナゴは頭と尾を取り、食べやすい大きさに切って塩水（分量外）で洗い、水けをきる。

2 **シワイカナゴを揚げる**—— シワイカナゴに片栗粉をまんべんなくつけ、170〜180度のサラダ油でカラリと揚げる。

3 **調味料を煮る**—— フライパンに甘辛調味料の材料を入れ、焦げないようにひと煮立ちさせる。

4 **仕上げる**—— 3の甘辛調味料に2のシワイカナゴを入れ、強火でサッと煮る。皿に小口切りにした小ねぎを敷いてシワイカナゴを盛り、白炒りごまをふりかける。

甘辛調味料を手早くからめると、味が染み込みます
魚を揚げる時は、油をあまり使わずに揚げ焼き程度にすると油の無駄がありません。シワイカナゴは片栗粉をつけてカラリと揚げ、煮立てた甘辛調味料に手早くからめると、照りが出ておいしくなります。

さわらの照り焼き

甘辛いソースで味つけしたさわらの照り焼きです。さ
わらの両面を焼いてからソースをからめると、うま味
が増しておいしいです。

材料（4人分）

さわら.....2尾
塩.....大さじ1/2
サラダ油.....大さじ2
しょうが.....適量

照り焼きソース
しょう油.....大さじ3
砂糖.....大さじ1
酒.....大さじ2
水あめ.....大さじ1/2

つくり方

1　**さわらの下処理──** さわらは三枚おろしにしたあと、食べやすい大きさに切り、塩をふって20分ほどおく。

2　**さわらを焼く──** フライパンにサラダ油を熱し、さわらの両面をこんがり焼いて取り出す。

3　**仕上げる──** フライパンに照り焼きソースの材料を入れて煮る。ひと煮立ちしたらさわらを入れ、フライパンをふりな
　　がらソースをからめる。皿に盛って細切りにしたしょうがを散らす。

弱火で火を通すと焦げません
砂糖を入れたソースは焦げやすいので、弱火で調理してください。
照り焼きソースに合う魚は、臭みの強い青魚や、銀ダラ、鯛などの白
身魚です。

干しだらの甘辛煮

水でもどした干しだらを食べやすく切り、甘辛く味つけした煮つけです。干しだらは水でもどすと柔らかくなるので、味が染みておいしくなります。

材料（4人分）

干しだら.....2尾
スケトウダラを乾燥させたもの。

長ねぎ.....1本
糸トウガラシ.....少々
水.....1/2カップ

甘辛調味料
クッカンジャン（薄口しょう油）
　　.....大さじ1
しょう油.....大さじ2
粉トウガラシ.....大さじ1
砂糖.....大さじ1
長ねぎのみじん切り.....大さじ2
にんにくのみじん切り
　　.....大さじ1
ごま油.....大さじ1
白すりごま.....大さじ1
こしょう.....少々

つくり方

1　**干しだらの下処理**── 干しだらは半分に切り、頭、ヒレ、尾をハサミで切り取る。水でもどして柔らかくし、食べやすい大きさに切る。

2　**甘辛調味料をつくる**── 甘辛調味料の材料を混ぜ合わせる。

3　**煮る**── 鍋に1のたらを入れ、その上に甘辛調味料を1/2量ぐらいのせて煮る。

4　**仕上げる**── ひと煮立ちしたら残りの甘辛調味料を入れ、水を少しずつ足して煮詰める。最後に斜め切りにした長ねぎと糸トウガラシを加えてたらが柔らかくなるまで煮る。

ひとくちメモ

何度も返すと身がくずれるので注意しましょう
もどした干しだらは身が柔らかいので、たびたび返すと身がくずれます。甘辛調味料を入れる時も身がくずれないように気をつけてください。別鍋で甘辛調味料をひと煮立ちさせてから加えれば、より味が染み込みやすくなるので、何度も返す必要がなくなります。

干しだらのピリ辛焼き

水で柔らかくもどした干しだらにピリ辛ダレを塗って
焼きました。油を多めに入れたフライパンで焦げない
ように焼くのがポイントです。

材料（4人分）

干しだら.....2尾
スケトウダラを乾燥させたもの。

白炒りごま.....少々
サラダ油.....大さじ2

キルムジャン（しょう油オイル）
サラダ油.....大さじ3
しょう油.....大さじ1

ピリ辛ダレ
しょう油.....大さじ1
粉トウガラシ.....大さじ1と1/2
コチュジャン・酒.....各大さじ1
水.....大さじ3
砂糖.....大さじ1/2
長ねぎのみじん切り.....大さじ1
にんにくのみじん切り
　　.....大さじ1/2
しょうがのみじん切り
　　.....大さじ1/2
ごま油.....大さじ1/2
白すりごま.....小さじ1
塩・こしょう.....各少々

つくり方

1　**干しだらの下処理——** 干しだらは頭、ヒレ、尾をハサミで切り取ったら、水でもどして柔らかくし、水けをきる。

2　**下焼き——** サラダ油としょう油を混ぜてキルムジャンをつくり、たらにからめる。フライパンにサラダ油大さじ1を入れて熱し、両面をこんがり焼く。冷めたらハサミで3〜4等分にする。

3　**タレをつくる——** ピリ辛ダレの材料を混ぜ合わせる。

4　**仕上げる——** 下焼きしたたらの片面にピリ辛ダレを塗り、サラダ油大さじ1を熱したフライパンで焼く。ピリ辛ダレをぬった側が焼けたら裏返して焦げないように焼く。最後に白炒りごまをふりかける。

 下焼きしたあとにタレを塗って焼くとしっかり火が通ります
材料に直接タレを塗って焼くと、火が通る前に焦げてしまいます。とくにコチュジャンと砂糖を入れたタレはすぐに焦げるので、タレを塗って焼く前に下焼きをして焦げるのを防ぎます。

たたみいわしの
コチュジャン焼き
——

たたみいわしにコチュジャンダレをぬって焼いたおか
ずです。コチュジャンダレをぬって保存し、食べるた
びに焼くと、より一層おいしいです。

材料（4人分）

たたみいわし.....10枚
白炒りごま.....大さじ1
サラダ油.....大さじ2/3
小ねぎ.....適量

コチュジャンダレ
コチュジャン.....大さじ4
水あめ・水.....各大さじ5
粉トウガラシ・しょう油.....各大さじ1
酒・にんにくのみじん切り.....各大さじ1
サラダ油.....大さじ2

つくり方

1 **たたみいわしの下焼き**—— たたみいわしは細かい粉を落とし、フライパンにサラダ油を熱して両面を焼く。

2 **タレをつくる**—— フライパンにコチュジャンダレの材料を入れて火にかけ、ひと煮立ちしたら火を止めて冷ます。

3 **タレをぬる**—— 下焼きしたたたみいわしに、コチュジャンダレをまんべんなくぬって白炒りごまをふりかける。

4 **網で焼く**—— 3のたたみいわしを網にのせ、弱火で焦げないように焼いたら、2.5×4センチの大きさに切る。

5 **仕上げる**—— 白炒りごま（分量外）と小口切りにした小ねぎを散らす。

たたみいわしは、つやのあるものを選んでください
骨ごと食べられるたたみいわしはカルシウムの含有量が豊富です。
たたみいわしは、小ぶりのいわしを丸ごと使っているものがおいしく、
隙間が少ないものを選び、細かい粉を落としてきれいにしてから使
いましょう。

渡り蟹のしょう油漬け

—

新鮮な渡り蟹をしょう油液に漬けた一品。
塩辛い中にもうま味があり、このおかずがあればごはんがあっという間になくなります。

材料（4人分）

渡り蟹（220～250gサイズ）.....4杯
鷹の爪.....2本
にんにく.....10片
しょうが.....1片

しょう油液

しょう油.....4カップ
砂糖.....大さじ2
塩.....小さじ1
水.....12カップ（2.4ℓ）

つくり方

1 **渡り蟹の下処理──** 丸ごとの新鮮な渡り蟹はブラシでこすりながら
   しっかりと汚れを落として水洗いする。そのまま2～3時間冷凍庫に入
   れて必ず滅菌する。渡り蟹は腹側の甲羅が大きいメスのほうが、卵が
   多く身が詰まっている。

2 **容器に入れる──** 大きめの保存容器に、蟹の腹が上向きになるように
   隙間なく入れる。

3 **薬味を入れる──** 鷹の爪は斜め切りにして種を除き、にんにくとしょう
   がは薄切りにして蟹の上にのせる。

4 **しょう油液を注ぐ──** しょう油と水10カップ（2ℓ）を沸かして冷まし、容
   器に入れた蟹の全体がつかるよう注いだら、上に清潔な石を置いて
   冷蔵庫に一晩おく。

5 **しょう油液の仕上げ──** しょう油液だけを取り出して鍋に入れ、水2
   カップ、砂糖、塩を加え、ひと煮立ちさせて冷ます。

6 **本漬けする──** 蟹が入っている容器に冷ましたしょう油液を入れて冷
   蔵庫で1日寝かせてから食べる。

長期保存する場合は冷凍してください
渡り蟹のしょう油漬けを長期保存する時は、しょう油液を「煮て冷まして容器に入れる」という作業を2回以上す
る必要があります。しょう油漬けは保存食品ですが、長期保存をすれば腐ることもあります。一度に食べる量ごと
に分けて冷凍しておき、食べる分だけを常温で解凍して食べるといいでしょう。

車えびのしょう油漬け

—

プリプリして味の濃い車えびのしょう油漬けは、うま味がいっぱいです。
渡り蟹に比べて下処理に手間がかからないので手軽につくれます。

材料（4人分）

車えび(刺身用).....10尾

しょう油液
クッカンジャン（薄口しょう油）
　　.....1と1/2カップ
しょう油.....1と1/2カップ
酒.....1/2カップ
梅シロップ.....大さじ2
青梅を砂糖漬けにしてつくったシロップ。

砂糖.....大さじ2
鷹の爪.....2本
水.....5カップ(1ℓ)

つくり方

1　**えびの下処理──** えびは長いヒゲだけを切り落とし、洗って水けをきる。そのまま2〜3時間冷凍庫に入れて滅菌する。

2　**しょう油液を煮る──** 鷹の爪は種を除いてちぎる。鍋にしょう油液の材料をすべて入れ、ひと煮立ちさせたら冷ます。

3　**しょう油液を注ぐ──** えびを保存容器に入れ、しょう油液を注いで冷蔵庫に1日おく。鍋にしょう油液だけ取り出して入れ、もう一度煮立たせて冷ます。えびの入っている容器に戻して冷蔵保存する。

ひとくちメモ

えびを長期間漬けておくと塩辛くなります
車えびのしょう油漬けを長く楽しむには、しょう油液を「煮て冷まして容器に入れる」という作業を繰り返し行う必要がありますが、えびをしょう油液に長期間漬けておくと塩辛くなってしまいます。適度に味が染み込んだら、えびだけ取り出して冷凍し、食べる分だけ常温で解凍するのがいいでしょう。

渡り蟹の辛味和え

—

新鮮な渡り蟹を食べやすく切り、辛味ダレで和えました。
蟹の鮮度と適度な味つけがおいしくなるポイントです。

材料（4人分）

渡り蟹（220～250gサイズ）.....4杯
にんにく.....10片
青トウガラシ.....1本
赤トウガラシ.....1本
小ねぎ.....3本

辛味ダレ
粉トウガラシ.....1カップ
しょう油.....1/2カップ
水あめ.....1/4カップ
酒.....大さじ3
にんにくのみじん切り.....大さじ1
しょうがのみじん切り.....小さじ1
白炒りごま.....少々
塩.....少々

つくり方

1 **渡り蟹の下処理**—— 丸ごとの新鮮な渡り蟹はブラシでこすりながらしっかりと汚れを落として水洗いしたあと、甲羅をはがして中の汚れを落とす。そのまま2～3時間冷凍庫に入れて必ず滅菌する。ハサミのついている足を胴体から切り離し、他の足は先の部分を切り落とす。

2 **渡り蟹を切る**—— 渡り蟹の胴体は4～6等分に切り、卵と内臓を取り出して別にしておく。ハサミは味を染み込みやすくするために切り込みを入れる。

3 **タレをつくる**—— 辛味ダレの材料を混ぜ合わせる。

4 **薬味の準備**—— 小ねぎは長さ3センチに切り、にんにくは薄切りにし、青トウガラシと赤トウガラシは斜め切りにして種を除いたら、辛味ダレに混ぜる。

5 **タレをまぶす**—— ボウルなどの容器に渡り蟹を入れたら辛味ダレを加え、別にしておいた卵と内臓を加え、混ぜ合わせる。

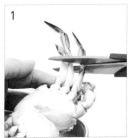

春はメス、秋はオスがおいしいです
春は卵が詰まったメス、秋は身がたくさんあるオスがおいしいです。オスは腹の甲羅が狭く、メスは広くて丸いのが特徴です。渡り蟹のしょう油漬けは、おもに春にメスの渡り蟹でつくり、渡り蟹の辛味和えは、秋にオスの渡り蟹でつくるのがおすすめです。

メス　　　　オス

イカの辛口炒め

濃い味がおいしい、イカの炒め物。日ごろのおかず
にはもちろん、ごはんにのせてワンディッシュメニュー
としても重宝します。

材料（4人分）

イカ(中サイズ).....2杯	**辛口ダレ**
玉ねぎ.....1個	コチュジャン.....大さじ2
にんじん.....1/2本	粉トウガラシ・しょう油.....各大さじ1
青トウガラシ.....2本	砂糖・水あめ.....各大さじ1
赤トウガラシ.....1本	酒.....大さじ1
長ねぎ.....1本	長ねぎのみじん切り.....大さじ2
サラダ油.....大さじ2	にんにくのみじん切り.....大さじ1
	しょうがのみじん切り.....小さじ1
	ごま油.....大さじ1/2
	塩・こしょう.....各少々

つくり方

1 **イカの下処理——** イカは内臓を取り、皮をむいて洗う。胴体に切り込みを入れて長さ5×幅2センチに切り、足は長さ
5センチに切る。

2 **野菜の準備——** 玉ねぎは半分に切ったあと繊維にそって切り、にんじんは4×1センチの大きさの薄切りにする。青ト
ウガラシと赤トウガラシは半分に切って種を除いたら斜め切りにし、長ねぎは斜め切りにする。

3 **味つけする——** 辛口ダレの材料を混ぜ合わせ、イカを入れてもみ込んでから野菜を加えて混ぜる。

4 **仕上げる——** フライパンにサラダ油を入れて熱し、3で味つけした材料に火が通るまで強火で炒める。

**ひとくち
メモ**

イカに切り込みを入れると、タレが染み込みやすくなります
イカはきちんと下処理をしないと、炒めた時に水分が出てタレが薄
まるので、あらかじめ切り込みを入れておきます。切り込みを入れる
と、見た目もきれいになり、隙間にタレが入って味もよくなります。炒
める時は、イカがかたくならないように強火で手早く炒めてください。

つぶ貝と干しだらの辛味和え

つやのあるつぶ貝、干しだら、きゅうり、玉ねぎなど
を入れた酸っぱ辛い和え物。通常はお酒のおつま
みとして食べますが、ごはんのおかずにもなります。

材料（4人分）

つぶ貝の缶詰.....1缶(400g)
干しだら（裂いたもの）
　　.....1つかみ(50g)
スケトウダラを乾燥させたもの。

きゅうり.....1本
玉ねぎ.....1/2個
長ねぎ（白い部分）.....1/2本分
青トウガラシ.....2本
赤トウガラシ.....1本
塩.....少々

辛味ダレ

粉トウガラシ.....大さじ2
コチュジャン.....大さじ1
しょう油.....大さじ1
酢・水あめ.....各大さじ2
砂糖.....大さじ1
長ねぎのみじん切り....大さじ1
にんにくのみじん切り
　　.....大さじ1
白すりごま.....小さじ1
ごま油.....大さじ1/2
塩 .....少々

つくり方

1　**つぶ貝の下処理**── つぶ貝の缶詰はざるでこして汁を別にしておき、貝は薄切りにするか、そのまま使う。

2　**干しだらの下処理**── 干しだらは水につけてもどし、水けをきる。長いものは食べやすい大きさに切る。

3　**野菜の準備**── きゅうりは縦半分に切ってから斜め切りにし、塩で軽くもみ、玉ねぎは薄切りにする。長ねぎはせん切りにし、青トウガラシと赤トウガラシは種を除き、斜め切りにする。

4　**仕上げる**── せん切りにした長ねぎを飾り用に少し残しておき、辛味ダレの材料を混ぜ合わせ、1〜3を和える。

ひとくち メモ

干しだらは缶詰の汁につけるとしっとりします

干しだらは乾燥した状態でそのまま和えると、パサパサして味も染み込みません。食べやすい大きさに裂いたら、水でもどして水けをきるか、つぶ貝の缶詰の汁につけると、しっとりして味もなじみます。つぶ貝の和え物にゆでたそうめんを入れると主食にもなります。

灰貝の
ピリ辛しょう油和え

<ruby>灰貝<rt>はいがい</rt></ruby>

歯ごたえのある灰貝にピリ辛しょう油ダレをかけました。灰貝は殻ごと調理するので、調理前にしっかり砂抜きすることが大切です。

材料（4人分）

灰貝.....2カップ	**ピリ辛しょう油ダレ**
アサリ、はまぐり、ホタテ貝 などで代用可能。	しょう油.....大さじ3
	砂糖.....大さじ1/2
酒.....大さじ4	粉トウガラシ.....大さじ1/2
	長ねぎのみじん切り.....大さじ1
	にんにくのみじん切り.....小さじ1
	青トウガラシのみじん切り.....1/2本分
	赤トウガラシのみじん切り.....1/2本分
	ごま油・白すりごま.....各大さじ1/2

つくり方

1　**灰貝の下処理**── 灰貝は塩水（分量外）につけて砂抜きをし、こすりながら水洗いする。鍋に水と酒を入れて沸とうさせ、灰貝をゆでる。貝の口が開いたら、残っている砂が出るように湯の中で揺らしてから取り出し、冷ます。

2　**タレをつくる**── ピリ辛しょう油ダレの材料を混ぜ合わせる。

3　**殻を外す**── ゆでて冷ました灰貝の片側の殻を取り、殻付きの身は皿に並べる。

4　**タレをかける**── 3の灰貝にピリ辛しょう油ダレを少しずつ回しかける。

灰貝は口が開いたらすぐに取り出してください
灰貝は長時間ゆでるとかたくなっておいしくないので、口が開いたらすぐに取り出してください。酒を入れると臭みが取れ、湯から取り出す時は、湯の中で貝を揺らして残っている砂を出してください。

さきイカのピリ辛和え

さきイカを蒸して柔らかくし、ピリ辛のタレで和えました。さきイカはかたくなりやすいのですが、一度蒸すと柔らかくなって食べやすくなります。

材料（4人分）

さきイカ.....400g

ピリ辛ダレ
コチュジャン.....大さじ3
粉トウガラシ(粒の細かいもの).....大さじ1
しょう油.....大さじ1
水あめ.....大さじ2
砂糖.....大さじ1/2
酒.....大さじ1
にんにくのみじん切り.....大さじ1
しょうがのみじん切り.....大さじ1/2
サラダ油.....大さじ4

つくり方

1 **さきイカの下処理──** さきイカは細かい切れ端を手で除く。

2 **タレをつくる──** ピリ辛ダレの材料を混ぜ合わせる。

3 **蒸す──** 蒸気が上がった蒸し器に布巾を敷いてさきイカを入れ、ふたをして5分ほど蒸す。

4 **仕上げる──** 3のさきイカをピリ辛ダレで和える。

蒸し器で蒸すとかたくなりません
さきイカを炒める時は、きちんと下処理をしないとかたくなりやすいのですが、蒸し器で一度蒸すと、日が経ってもかたくなりません。蒸気が上がった蒸し器で柔らかくなるまで蒸し、ピリ辛ダレで和えたあとに少し炒めれば、さらにおいしくなります。

ムール貝の甘辛煮

ムール貝をしょう油ベースの甘辛ダレで煮たおかず。つやが出るように炒め煮にすると、常備菜として重宝します。

材料（4人分）

ムール貝（むき身）.....1カップ
牛肉（切り落とし）.....50g
にんにくの薄切り.....2片分
しょうがの薄切り.....1片分
ごま油.....小さじ1
松の実粉（松の実を細かく
粉砕したもの）.....小さじ1
こしょう.....少々

甘辛ダレ
しょう油.....大さじ3
砂糖.....大さじ1
水.....大さじ2

水溶き片栗粉
片栗粉.....小さじ1
水.....大さじ1

つくり方

1 **材料の下処理──** ムール貝は薄い塩水（分量外）の中でふりながら洗ったあと、沸とうした湯で軽くゆでる。牛肉は一口大に切る。

2 **牛肉を煮る──** 鍋に甘辛ダレの材料を入れ、ひと煮立ちしたら1の牛肉を加えて中火で煮る。

3 **ムール貝を入れる──** 煮汁が煮詰まってきたら、にんにくとしょうが、1のムール貝を入れてからめ、水溶き片栗粉を入れてダマにならないようによく混ぜる。

4 **仕上げる──** ごま油とこしょうで味を調えたら皿に盛り、松の実粉をふりかける。

干しムール貝を使ってもいいです
干しムール貝でも甘辛煮がつくれます。噛みごたえがほしい時は、生のムール貝の代わりに干しムール貝を使ってください。干しムール貝は、水でもどしてから使います。

ちりめんじゃこと
アーモンドの甘口炒め
——

カルシウム摂取にとても便利な常備菜。たくさんつくっておくと毎日の食事のしたくが楽になります。ちりめんじゃこは臭みが出ないように炒めるのがポイント。

材料（4人分）

ちりめんじゃこ.....1/2カップ
アーモンドスライス 大さじ1
酒.....大さじ1
砂糖.....大さじ1/2
水あめ.....大さじ1/2
白炒りごま.....大さじ1/2
サラダ油.....大さじ2

つくり方

1　**ちりめんじゃこの下処理——** ちりめんじゃこはざるに入れてふるい、細かい粉を落とす。

2　**臭みを取る——** フライパンを熱し、ちりめんじゃこを入れてからいりしたら、酒をまんべんなくふりかけながら中火で手早く炒めて取り出す。

3　**炒める——** フライパンにサラダ油を熱し、ちりめんじゃこを入れて弱火で炒めたら、アーモンドスライスを加えて混ぜながら炒める。

4　**仕上げる——** 砂糖と水あめを加え、よくからめながら炒め、砂糖と水あめが溶けたら火を止める。仕上げに白炒りごまをふりかける。

酒で臭みを飛ばします
ちりめんじゃこは薄味なので、魚の臭みを感じやすいです。臭みを飛ばすには、まずちりめんじゃこをからいりしたあと、酒をふりかけながら手早く炒めます。酒の代わりに、にんにくのみじん切りや薄切りを入れてもいいです。

煮干しの
コチュジャン炒め

煮立てたコチュジャンダレに小ぶりの煮干しを入れて炒めました。臭みもなく、コチュジャンの辛さでごはんがすすみます。

材料（4人分）

煮干し（小サイズ）.....2カップ
白炒りごま.....大さじ1/2
サラダ油.....大さじ4

コチュジャンダレ
コチュジャン.....大さじ3
しょう油.....大さじ1
粉トウガラシ.....大さじ1
サラダ油.....大さじ2
砂糖.....大さじ1/2
水あめ.....大さじ2
酒.....大さじ1
にんにくのみじん切り
　　.....大さじ1
しょうがのしぼり汁.....小さじ1
水.....1/3カップ

つくり方

1　**煮干しを炒める——** 煮干しはざるに入れてふるい、細かい粉を落としたあと、サラダ油を熱したフライパンに入れ、焦げないように混ぜながら炒めて取り出す。

2　**タレをつくる——** フライパンにコチュジャンダレの材料を入れ、ごく弱火でコチュジャンとサラダ油が分離しないように混ぜながら煮詰める。

3　**仕上げる——** 2のコチュジャンダレに煮干しを加え、タレをからめながら焦げないように弱火で炒める。仕上げに白炒りごまをふりかける。

ひとくちメモ

煮干しは先に炒めて臭みを除きます
油を熱したフライパンで煮干しを先に炒めてから、コチュジャンダレをからめれば、煮干しの臭みを除くことができます。ざるで細かい粉を落としたあと、油で炒める時に砂糖を少量ふりかけると、サクサク感が出てあっさりした味になります。

煮干しとししとうの佃煮

煮干しを炒めてからししとうを加え、クッカンジャン（薄口しょう油）と砂糖で甘辛く煮た常備菜。ししとうは柔らかくて辛味もないので食べやすいです。

材料（4人分）

煮干し(小サイズ).....2カップ
ししとう.....100g
サラダ油.....大さじ2

しょう油ダレ
クッカンジャン(薄口しょう油).....大さじ2
砂糖.....大さじ1/2
酒.....大さじ1
長ねぎのみじん切り.....大さじ1
にんにくのみじん切り.....小さじ1
しょうがのしぼり汁.....小さじ1
ごま油・白すりごま.....各大さじ1/2

つくり方

1　**ししとうの下処理**── ししとうはヘタを取って、串などを刺して穴を開けて、味がよく染み込むようにする。長いものは半分に切る。

2　**煮干しを炒める**── 煮干しは頭と内臓を取り、フライパンにサラダ油を入れて熱し、カラリとするまで炒めて取り出す。

3　**仕上げる**── フライパンにしょう油ダレの材料を入れて混ぜて火にかけ、ひと煮立ちしたら煮干しとししとうを加え、ふたをして弱火で味が染みるまで煮る。

ししとうの代わりににんにくの芽を入れてみてください
同じ味つけで、煮干しではなく牛肉を使ってもおいしくできます。また、ししとうの代わりに、にんにくの芽を使うと違う味が楽しめます。小ぶりの煮干しは煮物にしてもおいしいです。

なす炒め

なすと玉ねぎをあっさり味に炒めた料理。なすは油との相性がよく、油で炒めるとうま味が増します。

材料（4人分）

なす.....2個
玉ねぎ.....1/2個
小ねぎ.....3本
サラダ油.....大さじ3

炒め用しょう油ダレ

しょう油.....大さじ2
砂糖.....小さじ1
にんにくのみじん切り.....小さじ2
ごま油・白すりごま.....各小さじ1
塩・こしょう.....各少々

つくり方

1 **なすの下処理——** なすはヘタを取り、縦半分に切ってから斜め切りにする。薄めの塩水（分量外）に10分ほどつけてアク抜きし、キッチンペーパーで水けをふき取る。

2 **野菜の下準備——** 玉ねぎは頭と根を切り落として半分に切ってから少し厚めに切り、小ねぎは長さ3センチに切る。

3 **炒める——** フライパンにサラダ油を中火で熱して玉ねぎとなすを入れて炒め、なすに油がなじんで火が通ったらしょう油、砂糖、にんにくのみじん切りを加えて塩で味を調える。仕上げにごま油、白すりごま、小ねぎ、こしょうを入れてもう一度軽く炒める。

なすは切ったあと塩水につけると変色を防げます
なすはえぐみがあり、空気にふれると変色します。なすを扱う時は、切ったら必ず水につけるようにすると、なすの色が保てます。なす炒めに牛ひき肉を入れたり、青トウガラシや粉トウガラシを入れてピリ辛味にしたりしてもおいしいです。

なすのナムル

蒸し器で蒸したなすを裂いて味つけをしたなすのナムルは、韓国では夏の食卓によく登場するおかずです。

材料（4人分）

なす.....2個
赤トウガラシ.....1/2本
小ねぎ.....1本
塩.....少々

ナムルのタレ
しょう油.....大さじ1
粉トウガラシ.....小さじ1
長ねぎのみじん切り.....大さじ1/2
にんにくのみじん切り.....小さじ1/2
ごま油.....大さじ1
白すりごま.....小さじ1

つくり方

1 **なすを蒸す**—— なすはヘタを取り、縦半分に切ってから、蒸気の上がった蒸し器に入れて軽く蒸してから冷まし、食べやすい大きさに手で裂く。

2 **タレをつくる**—— 赤トウガラシは細かく切り、小ねぎは小口切りにして、ナムルのタレの材料と混ぜる。

3 **仕上げる**—— 2のタレに、蒸したなすを加えてもみ込む。味が薄い場合は塩で調節する。

なすは干して保存し、必要な時に使ってください
なすは天日干しにして保存し、使う時に水でもどしてから炒めたりナムルにしたりすると便利です。旬の時期にたくさん買って、長めの斜め切りか、6～8等分に切って、ざるにのせて日の当たる場所で干します。その他、ヘタがついたまま洗って縦6～8等分に切り、ヒモで吊るして干す方法もあります。

えごまの葉のナムル

柔らかいえごまの葉を軽く湯がき、味つけしてから炒めたナムル。ナムルには柔らかい小さめの葉が向いています。

材料（4人分）

えごまの葉.....400g
サラダ油.....大さじ1
水.....大さじ2

ナムルのタレ
クッカンジャン（薄口しょう油）.....大さじ2
長ねぎのみじん切り.....大さじ1
にんにくのみじん切り.....小さじ1
白すりごま.....大さじ1
塩.....少々

つくり方

1　**えごまの葉の下処理**── えごまの葉は軽く湯がいて水で洗い、水けをきったら細く切る。

2　**味つけする**── ボウルに1のえごまの葉とナムルのタレの材料を入れてもみ込む。

3　**炒める**── フライパンにサラダ油を熱し、2を入れて中火で炒める。途中で少しずつ水を加えながら、しっとりと炒める。

 水を加えながら炒めるとしっとりします
ナムルを油だけで炒めると、材料本来の味が消えて油っぽくなってしまうことがあります。油は控えめにし、途中で水を加えながら炒めると、タレが染みてしっとりと仕上がります。

春菊のナムル

独特の香りと味が、食欲をそそるナムル。柔らかい
春菊を軽く湯がいてからシンプルに味つけすれば、
さっぱりと食べられます。

材料（4人分）

春菊.....300g

ナムルのタレ
クッカンジャン（薄口しょう油）.....小さじ2
にんにくのみじん切り.....小さじ1
ごま油.....大さじ1
白炒りごま.....小さじ2
塩.....少々

つくり方

1　**春菊の下処理**── 春菊はかたい茎は除き、柔らかい部分だけを沸とうした湯で軽く湯がく。

2　**春菊を切る**── 1の春菊を水に浸して水けをきったら、食べやすい大きさに切る。

3　**味つけする**── ボウルに2の春菊とナムルのタレの材料を入れてもみ込む。

ひとくちメモ

コチュジャンダレでもおいしいです
春菊を湯がく時は、茎の部分から湯に入れると全体を平均的に湯
がくことができます。湯がいた春菊は手早く水に入れて洗い、きつく
しぼると、タレを混ぜても水分が出てきません。タレは塩の代わりに
コチュジャンやテンジャンを使ってもおいしくできます。

大豆もやしのナムル・緑豆もやしのナムル・だいこんのナムル

—

大豆もやしは粉トウガラシでピリ辛に、緑豆もやしはシンプルな味つけでさっぱりと、
だいこんは細く切って香ばしく炒めました。

大豆もやしのナムル

材料（4人分）

大豆もやし.....400g
塩.....大さじ1/2
水.....1/4カップ

ナムルのタレ

クッカンジャン（薄口しょう油）.....大さじ1
粉トウガラシ.....大さじ1/2
長ねぎのみじん切り.....大さじ1
にんにくのみじん切り.....小さじ1
ごま油・白すりごま.....各大さじ1

つくり方

1 **大豆もやしをゆでる──** 大豆もやしは、ひげ根を取って水を溜めたおけでふりながら洗う。鍋に水と塩を入れて沸とうさせ、もやしを入れてふたをして蒸し煮にし、柔らかくなったら取り出して冷ます。

2 **味つけする──** ボウルに1の大豆もやしとナムルのタレの材料を入れてもみ込む。

緑豆もやしのナムル

材料（4人分）

緑豆もやし.....400g
小ねぎ.....1本

ナムルのタレ

クッカンジャン（薄口しょう油）.....大さじ2
長ねぎのみじん切り.....大さじ1
にんにくのみじん切り.....小さじ1
ごま油.....大さじ1
白すりごま.....大さじ1/2
塩.....少々

つくり方

1 **緑豆もやしをゆでる──** 緑豆もやしは水洗いし、沸とうした湯で好みのかたさにゆでて冷ます。

2 **味つけする──** ボウルに1の緑豆もやしとナムルのタレの材料を入れてもみ込む。仕上げに小ねぎを小口切りにしてのせる。

だいこんのナムル

材料（4人分）

だいこん.....1/3本
サラダ油.....大さじ1

ナムルのタレ

クッカンジャン（薄口しょう油）.....大さじ1
長ねぎのみじん切り.....大さじ1
にんにくのみじん切り.....小さじ1
しょうがのしぼり汁.....小さじ1
ごま油.....大さじ1
塩.....大さじ1/2

つくり方

1 **だいこんの準備──** だいこんはせん切りにする。

2 **だいこんを炒める──** 鍋にサラダ油を熱して中火でだいこんを炒め、しんなりしたら塩とクッカンジャンを加え、長ねぎのみじん切り、にんにくのみじん切り、しょうがのしぼり汁を加えて混ぜたあと、ふたをして弱火で火を通す。

3 **仕上げる──** だいこんに火が通ったら、ごま油を入れてよく混ぜる。

ひとくちメモ

3種類のナムルをおいしくつくる秘訣

大豆もやしをゆでる時は、少量の塩を入れ、ふたをしてゆでると臭みが出ません。ゆでて味つけした大豆もやしを軽く炒めると、味が染み込みます。緑豆もやしのナムルは、フライパンに油を熱し、長ねぎやにんにくなどの香味野菜を炒めたあと、緑豆もやしを加えて強火で炒めてタレで味つけするとおいしいです。だいこんのナムルは、せん切りにしたあと、塩ゆでしてから味つけしても。だし汁で煮れば、さっぱりとしただいこんスープにもなります。

干し野菜のナムル

—

韓国には、だいこんの葉、シラヤマギク、さつまいもの茎、トラジ（ききょうの根）、韓国かぼちゃ、なす、わらびなどを旬の時期に乾燥させておき、チョンウォルテボルム（旧暦の1月15日の満月の日）にナムルにして食べる伝統的な習慣があります。そのなかで、日常的によく食べる3種類を紹介します。

干しだいこん葉のナムル

材料（4人分）

干しだいこん葉★.....250g
サラダ油.....大さじ2
水.....1/4カップ

ナムルのタレ
クッカンジャン（薄口しょう油）.....大さじ1
テンジャン（韓国味噌）.....大さじ1
コチュジャン.....大さじ1/2
長ねぎのみじん切り.....大さじ1
にんにくのみじん切り.....小さじ1
ごま油（またはえごま油）.....大さじ1
白すりごま.....大さじ1

つくり方

1 **だいこん葉の下処理——** 干しだいこん葉は購入した袋の表示通りに水でもどしたあと、沸とうした湯でサッとゆでる。

2 **苦みを取る——** 1の茎のすじを取って長さ7センチに切る。熱湯につけて苦みを取ったあと水で洗い、きつくしぼって水けをきる。

3 **炒める——** ボウルに2のだいこん葉とナムルのタレの材料を入れてもみ込んだあと、サラダ油を熱したフライパンで中火で炒め、途中で水を加えて茎が柔らかくなるまで炒める。

★韓国食材店やオンラインショップで入手可能。

干し韓国かぼちゃのナムル

材料（4人分）

干し韓国かぼちゃ★.....100g
サラダ油.....大さじ2
塩水.....1カップ（塩大さじ1・水1カップ）

ナムルのタレ
クッカンジャン（薄口しょう油）.....大さじ2
長ねぎのみじん切り.....大さじ1
にんにくのみじん切り.....小さじ1
ごま油（またはえごま油）.....大さじ1
白すりごま.....小さじ1
糸トウガラシ.....少々

つくり方

1 **韓国かぼちゃの下処理——** 干し韓国かぼちゃは柔らかくなるまでぬるま湯でもどしたら、形をくずさないように注意しながら水けをしぼる。

2 **炒める——** フライパンにサラダ油を熱して1を入れ、塩水を加えて中火で炒める。全体に油がまわり火が通ったら、長ねぎのみじん切り、にんにくのみじん切り、クッカンジャンを加えて混ぜる。

3 **仕上げる——** ふたをして弱火で蒸し煮にし、韓国かぼちゃが柔らかくなったら、ごま油、白すりごま、糸トウガラシを加えて味をふくませる。

★韓国食材店やオンラインショップで入手可能。

干しシラヤマギクのナムル

材料（4人分）

干しシラヤマギク★.....150g
サラダ油.....大さじ2
塩水.....1カップ（塩大さじ1・水1カップ）

ナムルのタレ
クッカンジャン（薄口しょう油）.....大さじ3
長ねぎのみじん切り.....大さじ1
にんにくのみじん切り.....小さじ1
ごま油（またはえごま油）.....大さじ1
糸トウガラシ・白炒りごま.....各少々

つくり方

1 **干しシラヤマギクの下処理——** 干しシラヤマギクは、購入した袋の表示通りに水でもどしたあと、軽く水けをきる。シラヤマギクのような山菜は、ゆでたあと1時間以上水につけると苦みが抜ける。

2 **味つけする——** フライパンにサラダ油を熱し、1のシラヤマギクを入れたら塩水を加えて中火で炒め、火が通ったらナムルのタレの材料を加えてしっとりと炒める。

★韓国食材店やオンラインショップで入手可能。

トラジ（ききょうの根）のナムル・ほうれん草のナムル・
わらびのナムル

—

白、茶、緑の3色を活かした基本のおかず、3色のナムル。
素材の味を充分に活かし、さっぱりと和えたり、消化がよくなるように炒めたりする素朴なおかずです。

トラジ（ききょうの根）のナムル

材料（4人分）

トラジ（ききょうの根）.....200g
韓国食材店やオンラインショップで入手可能。

塩.....少々
サラダ油.....大さじ1
水.....1/3カップ

ナムルのタレ
クッカンジャン（薄口しょう油）.....大さじ1
長ねぎのみじん切り.....大さじ1
にんにくのみじん切り.....大さじ1/2
しょうがのみじん切り.....小さじ1/2
ごま油.....大さじ1
白すりごま.....大さじ1/2

つくり方

1 **トラジの下処理**—— トラジは塩をふってもみ、2〜3回洗って苦みを取ったあと、沸とうした湯でゆでて流水で洗い、水けをきる。

2 **炒める**—— 鍋にサラダ油を熱してトラジを入れ、ごま油と白すりごまを除いたナムルのタレの材料を加えて炒めたあと、水を加える。ふたをして弱火で煮て味をふくませる。

3 **仕上げる**—— 煮詰まったら火を止め、ごま油と白すりごまを加えて混ぜる。

ほうれん草のナムル

材料（4人分）

ほうれん草.....300g
塩.....少々

ナムルのタレ
クッカンジャン（薄口しょう油）
　.....大さじ1と1/2
長ねぎのみじん切り.....大さじ1
にんにくのみじん切り.....大さじ1/2
ごま油・白すりごま.....各大さじ1/2

つくり方

1 **ほうれん草をゆでる**—— ほうれん草は洗って葉をそろえ、沸とうした湯に塩を入れてサッとゆでたら水で洗い、水けをしぼる。

2 **ほうれん草を切る**—— 1のほうれん草をそろえ、長さ4センチぐらいに切る。

3 **味つけする**—— 2のほうれん草とナムルのタレの材料を和える。

わらびのナムル

材料（4人分）

わらび（ゆでたもの）.....300g
サラダ油.....大さじ1
水.....1/3カップ

ナムルのタレ
クッカンジャン（薄口しょう油）.....大さじ2
長ねぎのみじん切り.....大さじ2
にんにくのみじん切り.....大さじ1
ごま油.....大さじ1
白すりごま.....大さじ1/2
こしょう.....少々

つくり方

1 **わらびの下処理**—— わらびはかたい部分を切り取って水洗いしたあと、長さ5センチに切る。

2 **味つけする**—— 1のわらびにごま油と白すりごまを除いたナムルのタレの材料をもみ込み、しばらくそのままおく。

3 **仕上げる**—— フライパンにサラダ油を熱して2のわらびを中火で炒め、水を加えたらふたをして弱火で煮る。煮詰まったら、ごま油と白すりごまを加えて仕上げる。

だいこんの3色なます

だいこんのせん切りを塩もみしたあと、3種類のタレで和えた健康おかず。簡単なだけでなく、ひとつの素材で3種類の味を楽しむことができます。

材料（4人分）

だいこん.....1/2本

白ダレ
長ねぎのみじん切り
.....大さじ1
にんにくのみじん切り
.....小さじ1/2
砂糖・酢.....各大さじ1
白炒りごま.....少々

しょう油ダレ
しょう油.....大さじ1/2
長ねぎのみじん切り.....大さじ1
ごま油.....大さじ1
にんにくのみじん切り.....小さじ1/2
白炒りごま.....少々

ピリ辛ダレ
粉トウガラシ（粒が細かいもの）
.....大さじ1/2
長ねぎのみじん切り.....大さじ1
にんにくのみじん切り.....小さじ1/2
砂糖・酢.....各大さじ1
塩.....小さじ1
白炒りごま.....少々

つくり方

1 **だいこんの下処理——** だいこんはせん切りにし、塩少々（分量外）をふって少しおき、水けをきつくしぼって3等分する。

2 **タレをつくる——** それぞれのタレの材料を混ぜ合わせて3種類のタレをつくる。

3 **タレと和える——** それぞれのタレにだいこんを等分に加え、和える。

粉トウガラシを先に混ぜると色がきれいになります
ピリ辛ダレのなますは、タレで和える前に、先に粉トウガラシだけを混ぜてだいこんを赤くするのがポイントです。最初からタレで和えてしまうと、粉トウガラシがなじまないので色がきれいになりません。だいこんのなますは、肉料理、揚げ物、煮物などにそえるとメニューのバランスがよくなります。

切り干しだいこんの
ピリ辛和え

切り干しだいこんをピリ辛のタレで和えました。干しただいこんを拍子木切りにして和えてもおいしいおかずになります。

材料（4人分）

切り干しだいこん.....200g
トウガラシの葉
（乾燥したもの）.....30g
しょう油.....1/3カップ

ピリ辛ダレ
砂糖.....大さじ1
水あめ.....大さじ1
粉トウガラシ.....大さじ1/2
イワシエキス.....大さじ1
水.....大さじ2
にんにくのみじん切り
　.....小さじ1
ごま油.....大さじ1/2
白炒りごま.....大さじ1
糸トウガラシ.....少々

つくり方

1 **材料の準備**── 切り干しだいこんはサッと水洗いし、かたさが残っているうちに水けをきつくしぼる。トウガラシの葉は水でもどして、柔らかくなったら水けをきつくしぼる。

2 **しょう油に漬ける**── 1の切り干しだいこんをしょう油に20分ほど漬けて取り出す。

3 **タレをつくる**── ピリ辛ダレの材料を混ぜ合わせる。

4 **タレと和える**── 切り干しだいこんとトウガラシの葉にタレをからめてもみ、保存容器に隙間なく入れる。常温で半日ぐらいおくと味がなじむ。

**切り干しだいこんでチャンアチ（しょう油漬け）を
つくってみましょう**

チャンアチは切り干しだいこんでもおいしくできます。保存容器に切り干しだいこんを入れて完全につかるまでしょう油を加え、2～3日おいたら切り干しだいこんを取り出し、にんにくとしょうがのみじん切り、水あめをからめます。だいこんを漬けたしょう油は一度煮立てて冷まし、切り干しだいこんと一緒に容器に戻して冷蔵保存。切り干しだいこんに、ごま油と白炒りごまをふって食べます。

ナズナの
テンジャン（韓国味噌）和え
コチュジャン和え
—

春の代表的なナムルがナズナのナムルです。ナズナ
を軽くゆで、テンジャンとコチュジャンで和えました。
ナズナの香りが食欲をそそります。

材料（4人分）

ナズナ.....400g

テンジャンダレ
テンジャン（韓国味噌）.....大さじ1
白すりごま.....大さじ1
ごま油.....大さじ1
長ねぎのみじん切り.....大さじ1
にんにくのみじん切り.....小さじ1

コチュジャンダレ
コチュジャン.....大さじ2
砂糖.....小さじ1
酢.....大さじ1
長ねぎのみじん切り
　　.....大さじ1
にんにくのみじん切り
　　.....小さじ1
白すりごま.....小さじ1
ごま油.....小さじ1

つくり方

1　**ナズナの下処理——** ナズナは汚れを洗い流したあと、沸とうした湯で湯がき、水で洗って水けをきる。

2　**タレをつくる——** それぞれのタレの材料を混ぜ合わせて、テンジャンダレとコチュジャンダレをつくる。

3　**タレと和える——** 1のナズナを2等分し、それぞれテンジャンダレとコチュジャンダレで和える。

ひとくち
メモ

ナズナを湯がく時は根から入れてください
ナズナを湯がく時は、沸とうした湯に根から入れると、全体に均等に
火が通ります。湯に少量の塩を入れると、ナズナの色があざやかに
なります。

塩漬けきゅうりの
ピリ辛和え

きゅうりの塩漬けでつくったおかず。塩抜きして水け
をきれば、パリパリとした食感に。食欲の落ちる夏に
ピッタリの味です。

材料（4人分）

塩漬けきゅうり.....2本
つくり方は下部のひとくちメモ参照。

ピリ辛ダレ
粉トウガラシ.....大さじ1
砂糖.....大さじ1/2
長ねぎのみじん切り.....大さじ1
にんにくのみじん切り.....小さじ1
ごま油・白すりごま.....各小さじ1

つくり方

1　**塩漬けきゅうりを切る──** 塩漬けきゅうりは、薄い輪切りにする。塩味が強い場合は、しばらく水につけて塩抜きする。

2　**水けをきる──** 塩抜きしたきゅうりの水けをきつくしぼる。

3　**タレと和える──** ピリ辛ダレの材料を混ぜ合わせてきゅうりと和える。

きゅうりの塩漬けからつくってみてください
きゅうりを塩でこすって流水で洗ったあと、保存容器に隙間なく入
れます。一度沸かして冷ました塩水を容器に注ぎ、きゅうりが浮かな
いようにおもしをして、10日ほどおいたら食べられます。塩水は、水
10：塩1がちょうどいい比率です。

トラジ(ききょうの根)と
きゅうりの
酢コチュジャン和え

ほのかな苦みがあり、シャキシャキした食感のトラジ
ときゅうりを合わせた和え物。日ごろのおかずはもち
ろん、前菜としても重宝します。

材料（4人分）

トラジ(ききょうの根)
.....200g
韓国食材店やオンライン
ショップで入手可能。

きゅうり.....1本
塩.....大さじ2

酢コチュジャンダレ
コチュジャン.....大さじ1
粉トウガラシ(粒の細かいもの)
.....大さじ1/2
砂糖・酢.....各大さじ1
長ねぎのみじん切り.....大さじ1
にんにくのみじん切り.....小さじ1
白すりごま.....小さじ1

つくり方

1 **トラジの下処理**—— トラジは細く裂いて塩大さじ1でもんだあと、水で充分に洗って水けをきる。

2 **きゅうりの準備**—— きゅうりは縦半分に切ってから斜め切りにし、塩大さじ1をふって水けを軽くしぼる。

3 **タレをつくる**—— 酢コチュジャンダレの材料を混ぜ合わせる。

4 **タレと和える**—— 酢コチュジャンダレでトラジ、きゅうりを和える。

ひとくちメモ

食べる直前に和えてください
トラジときゅうりの和え物は、早めにつくってしまうと水分が出るので、
食べる直前に和えてください。この和え物にゆでたイカを加えても
おいしいです。その場合は粉トウガラシをもう少し加えて、甘酸っぱ
さを控えめにしてください。

トドッ（ツルニンジン）の
コチュジャン焼き

ツルニンジンを薄くし、コチュジャンダレをぬってじっくり焼いた健康料理です。独特な香りと歯ごたえは絶品です。

材料（4人分）

トドッ（ツルニンジン）.....400g

キルムジャン（しょう油オイル）
しょう油.....大さじ1
ごま油.....大さじ2

コチュジャンダレ
コチュジャン.....大さじ2
粉トウガラシ.....大さじ1
しょう油.....大さじ1/2
砂糖.....小さじ2
長ねぎのみじん切り.....大さじ1
にんにくのみじん切り
　　.....小さじ1/2
ごま油.....大さじ1
白すりごま.....大さじ1

つくり方

1　**ツルニンジンの下処理**── ツルニンジンは包丁で皮をはがすようにむき、しばらく水につけたあと縦半分に切り、麺棒でたたいて平たくする。

2　**タレをつくる**── キルムジャンとコチュジャンダレはそれぞれ材料を混ぜ合わせておく。

3　**キルムジャンをぬる**── 1のツルニンジンにキルムジャンを塗る。

4　**網で焼く**── 網を熱して3のツルニンジンをのせ、弱火で両面を軽く焼く。フライパンで焼いてもよい。

5　**タレをぬって焼く**── 4のツルニンジンに、はけでコチュジャンダレをまんべんなくぬり、両面を焼く。

ひとくちメモ

ツルニンジンの皮は、包丁ではがすようにむいてください
ツルニンジンは皮がかたくてシワが多いので、普通に包丁でむこうとすると、繊維がパサパサになってしまいます。コチュジャン焼きにする時は、キルムジャンをぬって下焼きするときれいに焼けます。下焼きしないと、ツルニンジンに火が通る前に焦げてしまいます。

れんこん／ごぼうの煮物

———

れんこんとごぼうを甘辛いしょう油味で色つやよく仕上げました。歯ごたえのある甘辛い味つけのおかずは、たくさんつくって常備しておくと便利です。

材料（4人分）

れんこんの煮物	ごぼうの煮物
れんこん.....200g	ごぼう.....200g
白炒りごま.....大さじ1/2	白炒りごま.....大さじ1/2
サラダ油.....小さじ1	サラダ油.....小さじ1
酢水	**酢水**
酢.....大さじ1/2	酢.....大さじ1/2
水.....1カップ	水.....2カップ
れんこん用の合わせ調味料	**ごぼう用の合わせ調味料**
しょう油.....大さじ2	しょう油.....大さじ2
砂糖.....大さじ1/2	砂糖.....大さじ1
水.....1/2カップ	水.....1/2カップ
水あめ.....大さじ1	水あめ.....大さじ1

れんこんの煮物

つくり方

1　**れんこんの下処理——** れんこんは皮をむいて厚さ0.5センチに切り、酢水を沸とうさせて軽くゆでる。

2　**煮る——** フライパンにサラダ油を熱し、水あめを除いた合わせ調味料の材料を入れてひと煮立ちしたら火を弱め、1のれんこんを加えて煮る。煮詰まってきたら、水あめを加えて照りを出し、仕上げに白炒りごまをふりかける。

ごぼうの煮物

つくり方

1　**ごぼうの下処理——** ごぼうは皮をむいて、長さ5センチの割りばしぐらいの太さに切り、酢水を沸とうさせて軽くゆでて水洗いする。

2　**煮る——** フライパンにサラダ油を熱し、1のごぼうを入れて中火で炒め、水あめを除いた合わせ調味料の材料を加える。ひと煮立ちしたら火を弱め、煮詰まってきたら水あめを加えて照りを出し、仕上げに白炒りごまをふりかける。

ひとくちメモ

えぐみを取るために酢水につけてください

れんこんはえぐみがあり、空気にふれると変色するので、酢水につけてから調理するか、沸とうした湯に酢を入れてゆでてください。同様に、ごぼうにもえぐみがあって、皮をむくと変色するので、酢を入れてゆでてください。

じゃがいもの煮物

大きめに切ったじゃがいもと斜め切りにしたししとう
を一緒に煮ました。ししとうの代わりに青トウガラシ
を入れて、辛味をつけてもおいしいです。

材料（4人分）

じゃがいも.....3個
ししとう.....10本
白炒りごま.....少々
サラダ油.....大さじ2

合わせ調味料
しょう油.....大さじ2
砂糖.....大さじ2
水あめ.....大さじ1
みりん.....大さじ1
塩.....小さじ1
水.....1/2カップ

つくり方

1　**じゃがいもの下処理──** じゃがいもは皮をむいて半分に切ってから、厚さ1〜1.5センチの半月切りにし、30分ほど
　水につけてでんぷんを除いたら水けをよくきる。

2　**ししとうの下処理──** ししとうはヘタを取って、ところどころに切り込みを入れる。長いものは半分に斜め切りにする。

3　**じゃがいもを煮る──** 深めのフライパンにサラダ油を入れて熱し、じゃがいもを入れて強火で炒め、合わせ調味料の
　材料を加えたらふたをし、弱火にしてじゃがいもに火を通す。

4　**仕上げる──** じゃがいもに火が通ったら、ししとうを加えて軽く煮る。長く煮るとししとうの色が悪くなるので注意する。
　仕上げに白炒りごまをふりかける。

ひとくち
メモ

煮物をつやよく仕上げるには
材料を油で炒めてから合わせ調味料を加えて煮て、煮汁がまだ少
し残っている状態で水あめを加えて全体にからめると照りが出ます。
柔らかい材料や魚などは、煮汁を煮立ててから煮ると、くずれずに
つやよく仕上がります。

くるみとピーナッツの甘辛煮

栄養たっぷりのくるみとピーナッツを甘辛く煮た健康おかず。噛むごとに香ばしさが増し、家族みんなが人好きな味です。

材料（4人分）

くるみ.....1カップ
ピーナッツ（生またはロースト）
　　.....1/2カップ
牛肉（ランプなど）.....100g
ごま油.....大さじ1

甘辛調味料
しょう油.....大さじ2
砂糖.....大さじ2
酒.....大さじ1
にんにくのみじん切り
　　.....大さじ1/2
しょうがのしぼり汁.....小さじ1
塩.....小さじ1
こしょう.....少々
水.....3カップ
水あめ.....大さじ3

つくり方

1 **くるみ・ピーナッツの下処理——** くるみとピーナッツは水につけて柔らかくし、鍋に入れてつかるぐらいの水を注いでひと煮立ちさせたら、水で洗う。

2 **牛肉を切る——** 牛肉は脂身のない部位を準備して、食べやすい大きさに切る。

3 **甘辛調味料をつくる——** 鍋に水あめを除いた甘辛調味料の材料を入れて煮る。

4 **煮る——** 甘辛調味料に牛肉を加えて混ぜ、くるみとピーナッツを加え、弱火で混ぜながら20分ほど煮る。

5 **水あめで照りを出す——** 煮詰めて、くるみとピーナッツに味が染み込んだら、水あめを加える。全体に照りが出たら火を止め、ごま油を加えて軽く混ぜる。

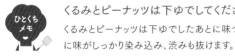 **くるみとピーナッツは下ゆでしてください**
くるみとピーナッツは下ゆでしたあとに味つけすると、かたくならずに味がしっかり染み込み、渋みも抜けます。

黒豆のしょう油煮

黒豆をしょう油で甘辛く煮ると、黒豆が嫌いな子供も喜んで食べてくれます。黒豆は栄養が豊富なので、成長期の子供たちにとって最高のおかずです。

材料（4人分）

黒豆.....1カップ
鷹の爪.....1本
水.....2カップ

調味料
しょう油.....大さじ4
砂糖.....大さじ1
みりん.....大さじ1
水あめ.....大さじ1
白炒りごま.....少々

つくり方

1 **黒豆の下処理**—— 黒豆は2時間ほど水につけて柔らかくしたら、ざるにあげて水けをきる。

2 **黒豆をゆでる**—— 鍋に1の黒豆を入れ、分量の水を加えて強火にかけ、煮立ったら弱火にしてゆでる。黒豆に火が通ったら火を止める。

3 **鷹の爪を刻む**—— 鷹の爪は半分に切って種を除き、大きめに刻む。

4 **煮る**—— 2の鍋に、しょう油、砂糖、みりん、3の鷹の爪を入れ、ふたをせずに弱火で煮る。煮汁がほぼなくなったら、水あめと白炒りごまを加えて混ぜる。

ひとくちメモ

ふたをせずに煮ると適度なかたさになります
黒豆のしょう油煮は、ふたをせずに煮ることで、適度なかたさになります。水あめは、黒豆が煮上がってから入れてください。つやが保たれ、冷蔵庫で保存してもかたくなりません。

ひじきの豆腐和え

———

磯の香りがいっぱいのひじきを豆腐で和えました。
さっぱりとした淡白な味で、ひじきと豆腐がとてもよく
合う一品です。

材料（4人分）
———

ひじき(生).....200g
木綿豆腐.....480g

調味料
しょう油.....大さじ1
ごま油・白すりごま.....各大さじ1
塩.....少々

つくり方
———

1　**豆腐の下処理**—— 豆腐はくずして、清潔な布巾などで包んで水きりする。

2　**ひじきをゆでる**—— ひじきは水洗いしたあと、沸とうした湯で軽く湯がいてから、ゆでて水けをきる。

3　**豆腐の味つけ**—— 1の豆腐にしょう油、ごま油、白すりごまを加えて混ぜ、塩で味を調える。

4　**仕上げる**—— 3に2のひじきを加えて和える。

ひとくち メモ

だいこんと和えてもおいしいです
ひじきは、他の海藻類と同じように、生の状態では黒いですが、ゆでると青緑のような色になります。薄く味つけした豆腐で和えるのもいいですが、せん切りにしただいこんと一緒に粉トウガラシ味のタレで和えてもおいしいです。

わかめときゅうりの
甘酢和え

——

わかめときゅうりを、酢、砂糖、塩だけで味つけした
さっぱり味の和え物です。わかめときゅうりは低カロ
リーなのでダイエットにも最適なおかずです。

材料（4人分）

乾燥わかめ.....60g
きゅうり.....1本
にんじん.....1/4本
塩.....少々

甘酢
酢・砂糖.....各大さじ2
ごま油.....小さじ2

つくり方

1　**わかめの下処理——** 乾燥わかめは水でもどしたあと、沸とうした湯で湯がき、水で洗って水けをきり、長さ4センチに
　　切る。

2　**野菜の準備——** きゅうりは縦半分に切ってから斜め切りにし、にんじんもきゅうりと同じ大きさに切ったら、それぞれ塩
　　をふり、しんなりしたら水けをしぼる。

3　**甘酢で和える——** 1のわかめと2の野菜に甘酢の材料を混ぜ合わせ、和える。

酢コチュジャンでも楽しめます
乾燥わかめではなく、旬の生わかめを使う場合は、湯がかずにその
まま調理すると香りも楽しめます。酢コチュジャンダレやしょう油ダレ
で和えてもおいしいです。

青トウガラシのブガク（天ぷら）・昆布のティガク（素揚げ）

——

たまにはシンプルなおかずづくりはいかがでしょうか。
青トウガラシは小麦粉をつけて蒸して揚げ、昆布は何もつけず素揚げにしました。

青トウガラシのブガク（天ぷら）

材料（4人分）

青トウガラシ（小サイズ・またはししとう）
.....600g
小麦粉.....1カップ
サラダ油（揚げ用）.....適量
砂糖.....大さじ1
塩.....少々

つくり方

1 **青トウガラシの下処理と衣づけ**── 小さめの青トウガラシを準備し、ヘタ
を取って洗ったら、水けのあるうちに小麦粉をまぶす。

2 **蒸し器で蒸す**── 蒸し器に蒸しシートまたは布巾を敷き、1の青トウガラ
シを広げて置き、蒸す。

3 **干す**── 蒸し上がった青トウガラシを盆ざるにのせて、日に当てて半日
ほど干す。ほぼ乾いたらヒモに吊るし、カラカラになるまで日陰で干す。

4 **油で揚げて味つけする**── 3を170度のサラダ油でサッと揚げたら、キッ
チンペーパーにのせて油をきる。熱いうちに砂糖と塩をふりかける。

昆布のティガク（素揚げ）

材料（4人分）

昆布（厚めのもの）.....30センチ
サラダ油（揚げ用）.....適量
砂糖.....大さじ1
松の実粉（松の実を粉砕したもの）
.....大さじ1

つくり方

1 **昆布の下処理**── 厚めの昆布を選び、表面を湿った布巾でふいたら、
5センチ角に切る。

2 **油で揚げる**── 170度のサラダ油で1の昆布を1枚ずつ揚げる。昆布が
ふくらんだら、手早く裏返し、焦げないように揚げる。

3 **油をきる**── 両面を揚げたら、キッチンペーパーにのせて油をきる。

4 **味つけする**── 熱いうちに砂糖と松の実粉をふりかける。

サクサクさせるには高温の油で手早く揚げます
から揚げや素揚げは油の温度が大切です。低温で揚げると、油をたくさん吸収してしまうのでサクサクに揚がりません。
160〜170度の油に入れ、ふくらんできたら裏返し、両面を揚げて油をきります。

茎わかめ炒め

コリコリとした茎わかめをプルコギに似た味つけで炒めたおかず。炒める時は、にんにくをたっぷりと入れて、香りよく仕上げるのがポイントです。

材料（4人分）
塩蔵茎わかめ（塩漬けの茎わかめ）.....300g
青トウガラシ.....1本
サラダ油.....大さじ1

合わせ調味料
しょう油.....大さじ2
酒.....小さじ1
にんにくのみじん切り.....大さじ1
白炒りごま.....少々

つくり方

1　**茎わかめの下処理——** 茎わかめは水につけて、時々味をみながら塩けを抜いたあと、水洗いしてから食べやすい長さに切る。

2　**青トウガラシを切る——** 青トウガラシは縦半分に切り、種を除いたら斜め切りにする。

3　**味つけする——** 1の茎わかめに合わせ調味料の材料をもみ込む。

4　**炒める——** フライパンにサラダ油を熱し、3の茎わかめを入れて強火で炒め、青トウガラシを加えて1〜2回混ぜたら火を止める。

塩蔵茎わかめは、水につけて塩抜きします
塩蔵茎わかめは、水で塩抜きしてから調理します。塩加減によって塩抜きの時間は異なりますが、普通は1時間ほど水につければ大丈夫です。甘酸っぱく味つけする場合は、一度湯がいて水洗いしてから味つけしてください。

にんにくの芽炒め

にんにくの芽と干しえびを炒め煮にすると、にんにくの芽の辛さが消えてうま味が倍増したおいしいおかずになります。

材料（4人分）

にんにくの芽.....250g
干しえび.....1/2カップ
白炒りごま.....小さじ1
こしょう.....少々
サラダ油.....大さじ1

合わせ調味料
しょう油.....大さじ2
みりん.....大さじ2
砂糖.....小さじ1
水あめ.....大さじ1
水.....大さじ3

つくり方

1 **にんにくの芽・干しえびの準備——** にんにくの芽は洗って長さ3センチに切り、干しえびは細かい粉を落とす。

2 **干しえびをからいりする——** 干しえびは、フライパンで中火でからいりする。

3 **炒める——** フライパンにサラダ油を熱し、1のにんにくの芽と2の干しえびを入れ、中火で軽く炒めて取り出す。

4 **味つけする——** フライパンに合わせ調味料の材料を入れて煮詰め、3を入れて焦げないようにからめながら中火で2分ほど炒める。火を止める前に白炒りごまとこしょうを加える。

にんにくの芽は適度に炒めて歯ごたえを残します
にんにくの芽は炒めすぎると歯ごたえがなくなります。炒め足りないと思っても、余熱で火が通るので、もう少しという段階で火を止めましょう。にんにくの芽は、さわってハリのある新鮮なものを選んでください。

韓国かぼちゃの
アミの塩辛炒め

—

韓国かぼちゃを半月切りにして、アミの塩辛で炒めました。しょう油や塩の代わりにアミの塩辛を入れた香ばしい香りの韓国の伝統的なおかずです。

材料（4人分）

韓国かぼちゃ.....1本	**アミの塩辛ダレ**
ズッキーニで代用可能。	アミの塩辛.....大さじ2
	粉トウガラシ.....大さじ1/2
青トウガラシ.....1/2本	長ねぎのみじん切り.....大さじ1
赤トウガラシ.....1/2本	にんにくのみじん切り.....小さじ1
サラダ油.....大さじ1	ごま油・白すりごま.....各大さじ1
水.....大さじ4	

つくり方

1　**韓国かぼちゃの準備**── 韓国かぼちゃは、厚さ0.5センチの半月切りにする。

2　**トウガラシの準備**── 青トウガラシと赤トウガラシは縦半分に切り、種を除いたらせん切りにする。

3　**炒める**── フライパンにサラダ油を熱し、1の韓国かぼちゃとアミの塩辛ダレの材料、トウガラシを入れて炒め、水を加えたらふたをして火を通す。味が薄い場合はアミの塩辛（分量外）で調える。

 ひとくちメモ 韓国かぼちゃとアミの塩辛は相性がいいです
アミの塩辛はしぼって汁とアミに分け、汁は味つけに使い、アミは細かく刻んで使ってください。アミの塩辛で野菜などを炒める時は、ごま油を使うといいです。ごま油とアミの塩辛は相性が意外といいのです。

さつまいもの茎の
えごま炒め

シャキシャキとした食感のさつまいもの茎に香ばしい
えごまの粉をからめて炒めたおかず。シャキシャキ感
を活かして調理するのがポイントです。

材料（4人分）

さつまいもの茎.....400g
えごま（粒）.....1/2カップ
えごま油.....大さじ4

合わせ調味料
クッカンジャン（薄口しょう油）.....大さじ2
長ねぎのみじん切り.....大さじ1
にんにくのみじん切り.....小さじ1
塩.....少々

つくり方

1　**えごま粉をつくる——** えごまは水（分量外）を少しずつ加えながら、ミルまたはミキサーで粉砕してざるでこす。

2　**さつまいもの茎をゆでる——** さつまいもの茎は皮をむき、沸とうした湯でじっくりゆでたら水で洗って水けをきる。

3　**さつまいもの茎を味つけする——** 2のさつまいもの茎を長さ5センチに切り、合わせ調味料の材料をもみ込む。

4　**炒める——** フライパンにえごま油を入れて中火で熱し、3のさつまいもの茎を炒め、1のえごま粉を加えてじっくり炒める。えごま粉は仕上げ用に少し取っておく。

5　**仕上げる——** ふたをして10〜20秒加熱し、火を止める。皿に盛ったら、取っておいたえごま粉をかける。

さつまいもの茎で即席キムチがつくれます
さつまいもの茎は、食欲を増進させる食材です。テンジャン（韓国味噌）やコチュジャンで炒めたり、粉トウガラシやアミの塩辛の汁を入れて和えたりしてもおいしいです。柔らかくゆでたさつまいもの茎は、キムチのタレで和えるだけで即席キムチがつくれます。

豚キムチ豆腐

―

よく発酵したキムチと豚肉を炒め、焼き色をつけた豆腐と一緒に食べる料理。
手軽につくれますが、特別感のあるおかずです。

材料（4人分）

白菜キムチ（よく発酵したもの）
.....1/4株（450g）
豚肉（バラ薄切りやこま切れなど）
.....300g
木綿豆腐.....960g
赤トウガラシ.....1本
長ねぎ.....1本
小ねぎ.....2本
塩.....少々
ごま油.....大さじ1
サラダ油.....大さじ2

合わせダレ

粉トウガラシ.....大さじ3
コチュジャン・しょう油・砂糖
.....各大さじ1
長ねぎのみじん切り.....大さじ1
にんにくのみじん切り.....小さじ1
白すりごま・ごま油.....各大さじ1/2

つくり方

1 **豆腐の準備**—— 豆腐は食べやすい大きさの四角に切る。塩をふって下味をつけ、しっかりと水きりする。

2 **豆腐を焼く**—— フライパンにごま油とサラダ油大さじ1を入れて中火で熱し、1の豆腐の両面を焦げないように色よく焼いて取り出す。

3 **キムチ・豚肉を切る**—— キムチはタレを落とし、幅3センチに切る。豚肉もキムチの大きさにそろえて切る。

4 **野菜を切る**—— 赤トウガラシは大きめに刻み、長ねぎは斜め切り、小ねぎは小口切りにする。

5 **味つけする**—— 合わせダレの材料を混ぜ合わせ、1/2量は豚肉に加えて混ぜ、残りはキムチにもみ込む。

6 **炒める**—— フライパンにサラダ油大さじ1を強火で熱し、5の豚肉を入れて肉の色が変わるまで炒め、5のキムチ、赤トウガラシ、長ねぎを加えて炒める。

7 **皿に盛る**—— 皿に2の豆腐をのせ、6を盛り、小ねぎをのせる。

キムチ炒めやキムチチゲにはツナもよく合います
キムチ炒めやキムチチゲをつくる時は、普通はよく発酵したキムチと豚肉を使いますが、豚肉以外に、ツナや韓国おでんを使ってもおいしくつくることができます。油分のある材料を入れると、キムチだけでつくるよりも、味がまろやかになります。

豆腐のピリ辛煮

四角く切った豆腐をフライパンで焼いてから、ピリ辛ダレで煮ました。豆腐を　度焼いてからタレで煮ると味に深みが出ます。

材料（4人分）

木綿豆腐.....480g
小ねぎの小口切り.....大さじ1
糸トウガラシ.....少々
白炒りごま.....少々
サラダ油.....大さじ2
水.....1/3カップ

ピリ辛ダレ
しょう油.....大さじ4
砂糖.....大さじ1
粉トウガラシ.....大さじ1
長ねぎのみじん切り
　　.....大さじ1
にんにくのみじん切り
　　.....大さじ1/2
白すりごま.....小さじ1
ごま油.....小さじ1

つくり方

1　**豆腐を焼く**── 豆腐は厚さ1センチの四角に切って水けをきり、サラダ油を熱したフライパンで、色よく焼いて取り出す。

2　**タレをつくる**── ピリ辛ダレの材料を混ぜ合わせる。

3　**煮る**── フライパンに1の豆腐を入れて、ピリ辛ダレをまんべんなくかけたあと、フライパンのふちから水を注いで煮る。

4　**仕上げる**── 煮汁が少なくなったら火を止め、小ねぎ、糸トウガラシ、白炒りごまを加えて混ぜる。

ひとくちメモ

豆腐を焼かないトゥブトゥルチギ（豆腐の炒め煮）
豆腐は焼かずに煮ると、なめらかな食感になります。豆腐とにんじん、きのこ、玉ねぎ、トウガラシ、白菜の葉などの野菜を入れてピリ辛に味つけしたあと、水を少し足して、少なめの煮汁で煮ます。調理で余った豆腐は、水につけて保存してください。

タルギャルチム
（韓国式茶碗蒸し）

よくほぐした卵をアミの塩辛で味つけし、ふっくら蒸した卵料理。土鍋でたっぷりつくると、食べる手が止まりません。

材料（4人分）

卵.....3個
アミの塩辛.....大さじ1
にんにくのみじん切り.....小さじ1
小ねぎの小口切り.....2本分
酒.....大さじ1
ごま油.....大さじ1/2
塩.....小さじ1
昆布のだし汁.....2と1/2カップ

つくり方

1　**卵液の準備**―― 卵は箸でよくほぐし、アミの塩辛、酒、にんにくのみじん切り、小ねぎの小口切り、ごま油、塩を加えてよく混ぜる。

2　**土鍋で加熱する**―― 土鍋に昆布のだし汁を入れて火にかけ、ひと煮立ちしたら1の卵液を入れてふつふつと煮立つぐらいの状態を維持しながら弱火で加熱する。卵が半分ぐらい固まったら火を止める。

3　**仕上げる**―― 土鍋の余熱で卵が煮立っている状態で取り分けて食べる。

ひとくちメモ

和風のなめらかな茶碗蒸しもつくってみてください
和風のなめらかな茶碗蒸しをつくる時は、昆布のだし汁がポイント。昆布のだし汁の量は卵の4倍が適切で、卵とだし汁を合わせたあとに、一度ざるなどでこすととてもなめらかにつくれます。蒸気が上がった蒸し器に入れ、最初は強火で数分蒸したあと弱火にして中まで火を通します。出来上がったら熱々の状態で食べましょう。

ソーセージ入り
野菜炒め

ウインナーソーセージとにんじん、玉ねぎ、ピーマンなどの野菜をトマトケチャップベースのソースで炒めました。ソーセージを使ったおかずは子供たちに大人気です。

材料（4人分）

ウインナーソーセージ.....200g
玉ねぎ.....1/2個
にんじん.....1/4本
ピーマン.....1/2個
サラダ油.....大さじ2

ケチャップソース
トマトケチャップ.....大さじ4
砂糖・酒.....各大さじ1
塩・こしょう.....各少々

つくり方

1　**ウインナーソーセージの下処理**── ウインナーソーセージは2〜3カ所に切り込みを入れ、塩（分量外）を入れた沸とうした湯で軽くゆでる。

2　**野菜の準備**── にんじんとピーマンは長さ4センチのせん切りにし、玉ねぎは薄切りにする。

3　**炒める**── フライパンにサラダ油を熱し、玉ねぎ、にんじん、ピーマンを入れて中火で軽く炒めたらウインナーソーセージを加え、全体を混ぜながら炒める。

4　**ソースをからめる**── 3にある程度火が通ったらケチャップソースの材料を混ぜ合わせて加え、からめながら炒める。

ひとくちメモ

加工食品は一度湯がいてから使ってください
ソーセージのような加工食品は、余分な油があるので、気になる場合は一度沸とうした湯で湯がいてから使ってください。加工食品やインスタント食品を利用する時は、野菜不足になりがちなので、野菜をたっぷり使って、味と栄養のバランスをとってください。

韓国おでんの
ピリ辛炒め

韓国おでんは手軽に調理できる食材です。油で炒め
たり薄味の煮物にしたりすれば、日ごろのおかずや
お弁当のおかずに重宝します。

材料（4人分）

韓国おでん(釜山四角おでん)
.....300g
四角形が特徴の白身魚をすりつ
ぶした練り物。韓国食材店やオン
ラインショップで入手可能。

玉ねぎ.....1/2個
青トウガラシ.....1本
赤トウガラシ.....1本
サラダ油.....大さじ2

ピリ辛ダレ
しょう油.....大さじ3
砂糖・酒.....各大さじ1
にんにくのみじん切り
.....大さじ1/2
ごま油.....大さじ1/2
塩・こしょう.....各少々
水.....大さじ4

つくり方

1　**韓国おでんの下処理——** 韓国おでんは沸とうした湯で湯がくか、熱湯をかけて表面の油を落とす。

2　**材料を切る——** 韓国おでんは食べやすい大きさに切り、玉ねぎは薄切りにし、青トウガラシと赤トウガラシは、縦半分
に切って種を除いてから斜め切りにする。

3　**タレをつくる——** ピリ辛ダレの材料を混ぜ合わせる。

4　**炒める——** サラダ油を熱したフライパンに、玉ねぎ、青トウガラシ、赤トウガラシを入れて中火で軽く炒める。玉ねぎが
しんなりしてきたら、韓国おでんとピリ辛ダレを加え、全体に味がなじんだら火を止める。

韓国おでんを炒める時は水を入れるのがポイントです
韓国おでんはでんぷんが多く、おでん同士がくっつきやすいのです
が、タレに水を入れると、炒めたり煮たりした時くっつかずに、しっと
り仕上がります。

part

2

ぐつぐつ煮る
スープ・チゲ・鍋料理

韓国の食卓では、おいしいスープ、チゲ、鍋料理のうちどれかひとつがあれば、他のおかずはいらないくらいです。辛味とうま味があるスープや、あっさりしたスープやチゲをごはんにかけてお茶漬けのようにしたり、ビビンバのように混ぜたりすれば、メインの食事にもなります。ここでは、おいしいスープとチゲ、鍋料理のつくり方をご紹介します。

牛骨だしの白菜スープ

牛骨だしと牛肉だしを合わせたものに、テンジャン（韓国味噌）で味つけした白菜を入れて薄味で煮たスープ。
テンジャンをよく溶かして入れると消化がよくなり、胃腸に負担がかかりません。

材料（4人分）

牛骨.....1.5kg
牛肉（バラのブロック）.....500g
白菜の外葉.....400g
長ねぎ.....1本
赤トウガラシ.....2本
テンジャン（韓国味噌）.....大さじ2
にんにくのみじん切り.....大さじ2
えごま粉★.....大さじ2
塩.....少々
水.....40カップ（8ℓ）

肉の味つけ調味料

クッカンジャン（薄口しょう油）.....大さじ1
にんにくのみじん切り.....大さじ1
長ねぎのみじん切り.....大さじ2
ごま油.....大さじ1
塩.....小さじ1
こしょう.....少々

白菜の味つけ調味料

テンジャン（韓国味噌）.....大さじ2
長ねぎのみじん切り.....大さじ2
粉トウガラシ.....大さじ1
にんにくのみじん切り....大さじ1
ごま油.....大さじ1

つくり方

1 **牛骨・牛肉の下処理**── 牛骨と牛肉は、それぞれ水に2時間ほどつけて血抜きしたあと、水で洗う。

2 **鍋で煮る**── 鍋に牛骨と牛骨がかぶるぐらいの水を入れて火にかける。沸とうしたらゆで汁を捨て、材料の水を入れてアクを取りながら強火でぐつぐつ煮て弱火にし、長時間煮込む。

3 **牛肉の調理**── 2のスープの色が白くなったら牛肉を加えて再度強火にして煮る。牛肉が煮えたら取り出して薄く切り、肉の味つけ調味料で味つけする。

4 **白菜の調理**── 白菜の外葉は熱湯で軽くゆで、水に20分ほどつけたあと、きつくしぼって長さ3センチに切り、白菜の味つけ調味料で味つけする。

5 **野菜を切る**── 長ねぎは斜め切りにし、赤トウガラシは縦半分に切って種を除いたら斜め切りにする。

6 **煮る**── 鍋に3のスープを入れ、テンジャンをざるでこしながら加え、味つけした白菜を加えて強めの中火で20～30分煮る。

7 **仕上げる**── 味つけした肉と赤トウガラシ、長ねぎ、にんにくのみじん切り、えごま粉を入れて軽く煮たら、塩で味を調える。

★えごま粉のつくり方はp.95参照。

ひとくちメモ

白菜の外葉はよく煮ると柔らかくなります
白菜の外葉は、軽くゆでたあと水につけて青臭さを取りますが、少量のテンジャンを入れて薄味で煮ると柔らかくなり、喉ごしもよくなります。牛骨スープを煮る時は、他のスープを煮る時よりも、にんにくのみじん切りをたっぷり入れるのがポイントです。一般的な白菜の外葉の代わりに山東菜★を使ってもおいしいです。
★山東菜は白菜の一種で、さんとうな・さんとうさいの2つの読み方がある。日本でも入手可能。

カルビスープ

―

カルビとだいこんを一緒に煮た透明なスープ。韓国ではお祝いの日や家族が集まる時につくられる
特別メニュー。空腹時や、味の濃いものが食べたい時に韓国の人たちが思い浮かべるスープです。

材料（4人分）

牛肉（骨つきカルビ）.....1kg
だいこん.....1/3本
卵.....1個
長ねぎ.....1/4本
クッカンジャン（薄口しょう油）
　　.....大さじ1

肉をゆでる時のスープ
長ねぎ.....1本
にんにく.....1玉
鷹の爪.....2本
水.....30カップ（6ℓ）

肉の味つけ調味料
クッカンジャン（薄口しょう油）
　　.....大さじ3
長ねぎの小口切り.....大さじ4
にんにくのみじん切り.....大さじ1
ごま油.....大さじ1
こしょう.....少々

つくり方

1　**牛肉の下処理**—— 骨つきカルビは、肉が程よくついているものを選び、長さ5センチぐらいに切ったら、水に30分ほどつけて血抜きする。

2　**牛肉を煮る**—— 鍋に牛肉と長ねぎ、にんにく、鷹の爪を入れて水を注ぎ、アクをこまめに取りながら、強火で30分ほど煮る。

3　**だいこんを加える**—— だいこんを長さ4センチに切って加え、肉が柔らかくなるまで、さらに30分ほど強めの中火で煮る。

4　**牛肉の味つけ**—— 肉が柔らかくなったら取り出し、1センチ間隔で切り込みを入れて味つけ調味料で味つけする。だいこんはやや厚めに色紙切りにし、スープはざるでこす。

5　**もう一度煮る**—— スープに4の味つけした肉とだいこんを入れ、弱火で再度じっくり煮たら、クッカンジャンで味を調える。

6　**トッピングの準備**—— 薄焼き卵をつくって細切りにし、長ねぎは斜め切りにする。

7　**仕上げる**—— 出来上がったスープを器に入れ、6の卵と長ねぎをトッピングする。

 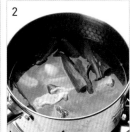  

肉の脂は煮たあとに取るとスープの味がよくなります
骨つきカルビについている脂は取らずにつけたまま調理し、スープに脂のうま味を移します。脂はあとからでも取ることができるので心配しないでください。最初に脂を取れば、スープがさっぱりするかもしれませんが、うま味が出ません。臭みの心配があれば、長ねぎ、にんにく、トウガラシなどを入れるといいでしょう。

牛肉とだいこんのスープ

——

細切りの牛肉とだいこんのスープ。牛肉に味つけしてからスープに加えることで、
牛肉の味とスープの味の両方がおいしくなります。

材料（4人分）

牛肉（バラのブロック）.....200g
だいこん.....250g
長ねぎ.....1本
にんにくのみじん切り.....小さじ1
クッカンジャン（薄口しょう油）
　.....大さじ1
ごま油・こしょう.....各少々
水.....6カップ（1.2ℓ）

肉の味つけ調味料
クッカンジャン（薄口しょう油）
　.....小さじ1
にんにくのみじん切り.....小さじ1
ごま油.....大さじ1/2

つくり方

1　**牛肉の味つけ——** 牛肉は、薄切りにしてから細切りにし、味つけ調味料をもみ込む。

2　**野菜を切る——** だいこんは2～3センチ角の色紙切りにし、長ねぎは斜め切りにする。

3　**牛肉を煮る——** 鍋にごま油を入れ、1の肉を入れて強火で炒めたら、水を注いで煮る。

4　**だいこんを煮る——** 肉が煮えてきたらだいこんを入れ、アクをこまめに取りながら強めの中火で柔らかくなるまで煮る。

5　**仕上げる——** にんにくのみじん切りと長ねぎを加え、クッカンジャンで味つけしたらこしょうを加えて香りづけして火を止める。

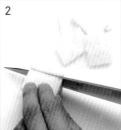

ひとくちメモ

牛肉とだいこんのスープをおいしくつくるポイント
牛肉とだいこんのスープは、牛肉とだいこんの2つの味が調和すると、さっぱりとした味になります。肉に下味をつけて炒めると、スープが濃くなって味がよくなります。甘みの少ないクッカンジャンで味つけするのが基本ですが、スープの色を濃くしたくない時は、クッカンジャンで味をつけたあと、味が薄い場合は塩で調えてください。牛肉のスープは、カルビを使うといちばんおいしいです。

牛肉とわかめのスープ

―

牛肉だしにわかめを入れた伝統的なスープ。肉厚で色つやのいいわかめを入れて煮れば、
一杯飲んだだけでも元気になれそうな栄養満点のスープです。

材料（4人分）

牛肉（バラのブロック）.....200g
乾燥わかめ.....30g
にんにく.....4片
にんにくのみじん切り
　　.....小さじ1/2
クッカンジャン（薄口しょう油）
　　.....大さじ2
ごま油.....大さじ1
塩・こしょう.....各少々
水.....10カップ（2ℓ）

つくり方

1　**わかめの下処理——** 乾燥わかめは、たっぷりの水に20分ほどつけてもどし、泡が出なくなるまでもみ洗いしたあと、食べやすい大きさに切る。カットわかめの場合は水でもどす。

2　**牛肉の下処理——** 牛肉はブロックのまま洗って2等分し、30分ぐらい水につけて血抜きする。

3　**牛肉を煮る——** 鍋に水を注いで火にかけ、沸とうしたら肉とにんにくを入れ、肉が柔らかくなるまで強めの中火で煮る。

4　**牛肉を裂く——** 肉が煮えたら取り出して冷まし、繊維にそって裂く。にんにくを取り出し、スープが冷めたら脂を取り除く。

5　**煮る——** 4のスープに1のわかめを入れて強めの中火で少し煮たら、4の牛肉とにんにくのみじん切りを加え、クッカンジャンで味を調える。味が薄ければ塩を加え、仕上げにごま油とこしょうを加える。

  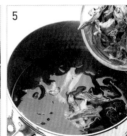

ひとくちメモ

牛肉とわかめのスープを簡単に楽しむには
牛肉とわかめのスープを手軽につくるには、ブロック肉ではなく、薄切り肉を使ってください。まず食べやすい大きさに切った牛肉をごま油で炒めます。肉に火が通って肉汁が出たところへわかめを入れて一緒に炒め、水を注いで煮れば、簡単に牛肉とわかめのスープがつくれます。

干しだらのスープ

—

干しだらにはメチオニンという成分が含まれていて、二日酔いを解消し、肝臓の疲れを回復させてくれます。
干しだらのスープには、だいこんや豆腐を入れてもおいしく、じゃがいもを入れるとコクが出ます。

材料（4人分）

干しだら.....1尾
スケトウダラを乾燥させたもの。

だいこん.....1/6本
木綿豆腐.....120g
えのきたけ.....1/2袋
長ねぎ.....1本
赤トウガラシ.....1本
クッカンジャン(薄口しょう油)
　　.....大さじ1
アミの塩辛.....小さじ2
粉トウガラシ.....小さじ1
にんにくのみじん切り
　　.....大さじ1/2
ごま油.....小さじ2
塩・こしょう.....各少々
水.....6カップ(1.2ℓ)

つくり方

1　**だし汁をつくる**── 干しだらは、水につけて柔らかくしたあと、頭、ヒレ、尾をハサミで切り取って水とともに鍋に入れて強火にかけ、煮立ったら弱火にして煮る。干しだらを取り出し、だし汁はざるでこす。

2　**干しだらの味つけ**── 干しだらは適当な大きさに裂いたら、クッカンジャンとごま油を小さじ1ずつ入れて和える。

3　**具材の準備**── だいこんと豆腐は細長い拍子木切りにし、えのきたけは根元を切って半分の長さに切る。長ねぎと赤トウガラシは斜め切りにする。

4　**具材を煮る**── 鍋にごま油小さじ1を入れ、2の干しだらを中火でサッと炒めたら、1のだし汁を注いで、だいこん、豆腐を入れ、中火で20分ほど煮る。

5　**仕上げる**── 材料が煮えたら、クッカンジャン小さじ2とにんにくのみじん切り、長ねぎ、えのきたけ、赤トウガラシを加えて弱火で数分煮る。お好みで、粉トウガラシ、アミの塩辛、こしょうを加え、味が薄ければ塩で調える。

ひとくちメモ

濃厚な味のスープをつくるには？
韓国でスケトウダラは、生・冷凍・乾燥など加工法で呼び名が変わりますが、乾燥させたものは干しだらと呼ばれます。干しだらは、真冬にスケトウダラを凍らせて溶かして干すという作業を繰り返し行って色が黄色くなるので「黄苔（ファンテ）」と呼ばれます。スープをつくる時は、通常は裂いて売られている干しだらを使うことが多いのですが、丸ごと使う時は、頭でだし汁をとり、身を裂いてクッカンジャンとごま油で和えてからスープにすると、濃厚な味のスープがつくれます。

イカとだいこんのスープ

—

イカとだいこんを煮干しだしであっさり煮たスープ。材料の準備に手間がかからず、簡単につくることができます。
だいこんをたくさん入れてさっぱりと仕上げ、トウガラシで辛さを加えてもおいしいです。

材料（4人分）

イカ.....2杯
だいこん.....1/5本
青陽トウガラシ.....1本
チョンヤン
辛味の強い青トウガラシ。青トウガラ
シで代用可能。

赤トウガラシ.....1本
長ねぎ.....1本
にんにくのみじん切り.....大さじ1
クッカンジャン（薄口しょう油）
　　.....大さじ1と1/2

煮干しだし
煮干し（大サイズ）.....15尾
水.....6カップ（1.2ℓ）

つくり方

1　**イカの下処理**—— イカは、内臓と軟骨を取る。手に塩をつけて皮をは
　がし、4×2センチくらいの大きさに切る。足は4センチほどの長さに切
　る。

2　**野菜を切る**—— だいこんはイカの大きさにそろえて切り、青陽トウガラ
　シと赤トウガラシは縦半分に切って種を除いたら斜め切りにする。長
　ねぎは斜め切りにする。

3　**だいこんを煮る**—— 煮干しは頭と内臓を除き、からいりしてから水を注
　ぎ、最初は強火でその後は火を弱めて10分ほど煮る。だしが充分に
　出たら煮干しを取り出し、だいこんを入れて強火で煮る。

4　**イカを煮る**—— だいこんが煮えたら、イカ、赤トウガラシ、にんにくのみ
　じん切りを加え、イカに火が通るまで強めの中火で煮る。

5　**仕上げる**—— 材料が煮えたら、クッカンジャンと青陽トウガラシ、長ねぎ
　を加え、ひと煮立ちしたら火を止める。

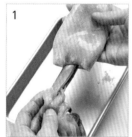

煮干しは内臓を取り除くと、だし汁が苦くなりません
質のよい煮干しを買って適切に下処理をすれば、だし汁づくりの半分は成功したといえます。まずは、つやのあ
る煮干しを準備して、頭と内臓を取り除いてください。煮干しが大きいとより苦みが出るので、必ず内臓を取り除
く必要があります。鍋でからいりすると魚の臭みが軽減し、だしも濃くなります。10〜15分煮たあと、ざるでこすと、
透き通っただし汁が出来上がります。

生スケトウダラのスープ

—

旬の時期の生スケトウダラでつくったスープ。米のとぎ汁を使い、だいこん、大豆もやし、スケトウダラを
一緒に煮て、仕上げにせりを入れれば、このうえないおいしいスープになります。

材料（4人分）

スケトウダラ(生).....2尾
せり.....100g
大豆もやし.....100g
だいこん.....1/6本
赤トウガラシ.....1本
にんにくのみじん切り.....大さじ1
塩.....少々
米のとぎ汁.....6カップ(1.2ℓ)

スケトウダラの下味
塩.....少々
酒.....大さじ1

つくり方

1 **スケトウダラの下処理——** スケトウダラは、うろこをこすり取り、尾とヒレを切り取ってから塩水（分量外）で洗い、長さ5〜6センチに切って塩と酒で下味をつける。

2 **野菜の準備——** せりは葉を取って茎は長さ4センチに切り、大豆もやしはひげ根を取って、水洗いして水けをきる。だいこんは、3〜4センチ角の色紙切りにする。赤トウガラシはヘタを取り、縦半分に切って種を除いたら斜め切りにする。

3 **野菜を煮る——** 鍋に米のとぎ汁を入れ、強火でひと煮立ちさせたあと、だいこんと大豆もやしを入れ、ふたをして強めの中火で煮る。

4 **スケトウダラを煮る——** 大豆もやしに火が通ったら、スケトウダラを加えてひと煮立ちさせ、赤トウガラシとにんにくのみじん切りを入れる。

5 **仕上げる——** 火を止める直前にせりを入れ、塩で味を調える。

米のとぎ汁を使うと味が深まります
スープをつくる時に、米のとぎ汁を使うと味に深みが出ます。米のとぎ汁を使う時は、米を2回ほどといたあとの水を使うといいです。とぎ汁の代わりに、米粉や小麦粉を水で溶いて使うこともできます。生のスケトウダラの下処理は、切ってから洗うと味が落ちるので、1尾を丸ごと洗ったあとに切りましょう。魚は15分以上煮ると身がかたくなるので、長く煮ないでください。鮮度がいい魚は、生臭さがほとんどありませんが、鮮度が落ちたものは、酒を入れて臭みをなくすこともおいしくつくる秘訣です。

白菜の韓国式味噌汁

煮干しだしにテンジャン（韓国味噌）とコチュジャンを入れ、白菜とだいこんを加えてつくる韓国では代表的な味噌汁。温かいごはんと混ぜてお茶漬けのようにして食べれば、お腹も満たされます。

材料（4人分）

白菜.....1/4株
だいこん.....1/5本
長ねぎ.....1/2本
青トウガラシ・赤トウガラシ.....各1本
テンジャン（韓国味噌）.....大さじ2
コチュジャン.....小さじ1/2
にんにくのみじん切り.....小さじ1
塩.....少々

煮干しだし

煮干し（大サイズ）.....15尾
水.....6カップ（1.2ℓ）

つくり方

1 **白菜を切る**―― 白菜は外葉は使わず、内側の黄色い葉を水洗いしたあと、幅2センチの斜め切りにする。

2 **野菜を切る**―― だいこんは、色紙切りまたはいちょう切りにし、長ねぎは斜め切りにする。青トウガラシと赤トウガラシは斜め切りにしてから種を除く。

3 **煮る**―― 水、頭と内臓を取り除いた煮干しを鍋に入れて、最初は強火でその後は火を弱めて15分ほど煮る。煮干しを取り出し、テンジャンとコチュジャンをざるでこしながら入れる。

4 **仕上げる**―― ひと煮立ちしたら、白菜とだいこんを入れ、火を弱めて20〜30分煮たあと、長ねぎ、青トウガラシ、赤トウガラシ、にんにくのみじん切りを入れて、10秒ほど煮たら火を止める。味が薄い場合は塩で調え、アクが出たらきれいに取り除く。

旬の素材で季節の味噌汁を楽しんでください

味噌汁は、日々の食卓にいちばん多く登場する料理です。韓国では、春にはナズナやよもぎ、夏には白菜の間引き菜、フダンソウ、だいこん菜、秋には白菜やフユアオイ、冬には大豆もやし、ほうれん草、だいこんの葉、だいこんなどでつくります。その時期の旬の素材でつくってみてはいかがでしょうか。

フユアオイの
韓国式味噌汁

韓国では、"秋のフユアオイの味噌汁は戸を閉めて食べる"という言葉があるくらい、おいしい汁物です。フユアオイは、カルシウムがほうれん草の2倍も多く、ビタミン類もたくさん含まれています。

材料（4人分）

フユアオイ.....450g
長ねぎ.....1本
干しえび.....1/2カップ
テンジャン（韓国味噌）.....大さじ2
コチュジャン.....大さじ1
粉トウガラシ.....小さじ1
にんにくのみじん切り.....大さじ1
塩.....少々
水.....8カップ（1.6ℓ）

つくり方

1　**野菜の準備**── フユアオイは、茎が太くてまっすぐなものを選び、柔らかいものはそのまま使い、太めのものはすじを取る。長ねぎは斜め切りにする。

2　**フユアオイの下処理**── フユアオイに少量の塩をふり、手のひらで軽く押しながらもんだあと、水洗いして長さ4センチに切る。

3　**煮る**── 鍋に水と干しえびを入れて最初は強火でその後は火を弱めてだしが出るまで煮る。テンジャンとコチュジャンをざるでこしながら入れ、フユアオイを加えて中火で煮る。

4　**仕上げる**── フユアオイが柔らかくなったら、粉トウガラシ、にんにくのみじん切り、長ねぎを入れて、10秒ほど煮たら火を止める。味が薄ければ塩で調える。

コチュジャンはテンジャンよりも少ない量を入れてください
フユアオイなどの味噌汁をつくる時は、テンジャンに少量のコチュジャンを混ぜるとおいしくなりますが、コチュジャンはテンジャンよりも少ない量にしないと、甘くなって味噌汁らしさがなくなります。育ちすぎたフユアオイは、かたくて青臭さが出るので、塩もみをして臭みを抜き、米のとぎ汁で煮るとおいしくなります。

じゃがいものスープ

——

これといった食材がない時に、冷蔵庫にあるもので
つくれるスープです。干しえびの代わりに煮干しと昆
布でだしをとってもおいしくできます。

材料（4人分）

じゃがいも.....3個
干しえび.....50g
長ねぎ.....1本
青トウガラシ.....1本
赤トウガラシ.....1/2本
にんにくのみじん切り.....大さじ1
クッカンジャン(薄口しょう油).....大さじ4
塩.....少々
水.....6カップ(1.2ℓ)

つくり方

1 **じゃがいもの準備**—— じゃがいもは皮をむいたら、やや厚めの半月切りにして水につける。

2 **野菜を切る**—— 長ねぎは斜め切りにし、青トウガラシと赤トウガラシは斜め切りにして種を除く。

3 **干しえびを煮る**—— 鍋に水と干しえびを入れる。最初は強火でその後は火を弱めてだしが出るまで煮る。ざるでこして干しえびを取り出す。

4 **煮る**—— 3のスープにじゃがいもを加え、強めの中火で煮てじゃがいもに火が通ったら、長ねぎ、青トウガラシ、赤トウガラシ、にんにくのみじん切りを入れ、クッカンジャンと塩で味を調える。

ひとくち
メモ

煮干しと昆布のだしでもつくってみてください
じゃがいものスープは煮干しと昆布のだしでつくってもおいしいです。
鍋に頭と内臓を取り除いた煮干しと昆布を入れ、水を注いで15分
ほど煮たあと、煮干しは取り除き、昆布は細切りにしてスープの具と
して使います。

大豆もやしのスープ

ごま油で大豆もやしを軽く炒めてから煮たさっぱり味
の透明なスープ。大豆もやしの臭みを出さないように
煮るのがポイントです。

材料（4人分）

大豆もやし.....300〜350g
小ねぎ.....1/2本
にんにくのみじん切り.....小さじ1
塩.....大さじ1/2
ごま油.....大さじ1
水.....5カップ（1ℓ）

つくり方

1　**野菜の準備——**　大豆もやしはひげ根を取り、溜めた水の中で揺らしながら洗って水けをきる。小ねぎは長さ1〜2セ
ンチに切る。

2　**鍋の準備——**　ごま油を鍋全体に回し入れる。

3　**煮る——**　鍋に大豆もやしを入れて軽く炒めたら水を注ぎ、ふたをして大豆もやしの臭みが出ないように強めの中火で
煮る。

4　**味つけをする——**　大豆もやしに火が通ったら、小ねぎとにんにくのみじん切りを加え、塩で味を調えてひと煮する。

大豆もやしのスープをおいしくつくるコツ
大豆もやしのスープは、味つけを塩だけでする場合もありますが、
クッカンジャン（薄口しょう油）や、イワシエキスを入れたりすることもあ
ります。その場合、にんにくのみじん切りを少し入れてください。そう
すると、大豆もやしの味と香りが活きてきます。

しじみのすまし汁

しじみなどの貝はだしがよく出るので、塩だけの味つけでもおいしくできます。解毒作用と疲労回復効果が高く、二日酔いにも最適です。

材料（4人分）

しじみ.....3カップ
昆布.....10×10センチ 1枚
ニラ.....50g
赤トウガラシ.....1本
にんにく.....1片
しょうがのしぼり汁.....小さじ1
塩.....少々
水.....6カップ（1.2ℓ）

つくり方

1 **しじみ・昆布の下処理**── しじみはこすり合わせながら水洗いしたら真水に入れ、暗い場所に30分以上おいて砂抜きする。昆布は、湿った布巾で表面の白い粉を軽くふく。

2 **しじみ・昆布を煮る**── 鍋に1のしじみと昆布を入れたら水を注いで最初は強火でその後は火を弱めて煮る。しじみの口が開いたら昆布を取り出し、ざるでこして、しじみと汁を別々にする。

3 **野菜の準備**── ニラは長さ1センチに切り、赤トウガラシは縦半分に切って種を除いてせん切りにし、にんにくは薄切りにする。

4 **仕上げる**── 鍋に2のだし汁と、にんにく、しょうがのしぼり汁、赤トウガラシを入れて中火で少し煮たら、塩で味を調える。しじみとニラを加えてひと煮立ちさせたら、火を止める。

しじみは真水で砂抜きします
海水で育った貝は塩水で砂抜きし、真水で育った貝は真水で塩抜きします。育った環境と同じ水に入れることで、貝が砂を吐き出すのです。

韓国式おでん

おかず、スープ、キンパ（韓国のり巻き）の具材、鍋料理の材料としても便利な韓国おでん。だいこんを入れてじっくり煮た韓国式おでんは、コクとほのかな甘みがあるので子供たちにも大人気です。

材料（4人分）

韓国おでん（ミックス）.....300g
韓国食材店やオンラインショップで入手可能。日本のおでんミックスでも代用可能。

こんにゃく.....80g
だいこん.....1/5本
長ねぎ.....1本
卵.....2個
しょう油.....大さじ4
酒.....大さじ1
塩・こしょう.....各少々

煮干しだし
煮干し（大サイズ）.....15尾
水.....6カップ（1.2ℓ）

からしじょう油
ねりがらし.....大さじ1
しょう油.....大さじ1/2
煮干しのだし汁.....大さじ1

つくり方

1　**具材の準備**── 韓国おでんは一口大に切り、こんにゃくは2×4センチの大きさに厚めに切ったら、中央に切り込みを入れて片方の端を通して手綱こんにゃくにする。韓国おでんとこんにゃくを熱湯で軽く下ゆでする。

2　**長ねぎ・卵の準備**── 長ねぎは長さ4センチの細切りにし、卵は固ゆでする。

3　**だしをつくる**── 煮干しは頭と内臓を除き、からいりして水を注ぎ、最初は強火でその後は火を弱めて15分ほど煮たら煮干しを取り出す。

4　**だいこんを煮る**── だいこんは2×4センチの薄切りにし、煮干しだしに加えて煮る。

5　**具材を煮る**── 4の鍋に1の韓国おでんとこんにゃく、2のゆで卵を入れ、しょう油、酒を加えて、弱火で20分ほど煮る。長ねぎを入れ、塩、こしょうで味を調える。からしじょう油をつくり、おでんにそえる。

ひとくちメモ

韓国おでんは油抜きしてから使いましょう
韓国おでんのような市販の練り物は、魚のすり身を油で揚げてつくっているので、油分が多いですが、調理前に熱湯をかけるか軽く湯がくと、油を落とすことができます。韓国式おでんの具は、だいこんとこんにゃく以外にも、じゃがいも、さといも、油あげなどを入れていろいろな味を楽しんでみてください。

きゅうりとわかめの
冷製スープ

――

夏が旬のきゅうりと柔らかく水でもどしたわかめの冷
たいスープ。酢、砂糖、塩を合わせて甘酸っぱく仕
上げるのがおいしさの秘訣です。

材料（4人分）

きゅうり.....1本
乾燥わかめ.....30g

わかめの下味
クッカンジャン（薄口しょう油）
　　.....大さじ1
青トウガラシのみじん切り
　　.....大さじ1
ごま油.....小さじ1
白すりごま.....小さじ1

スープ
酢.....大さじ3
砂糖.....小さじ1
クッカンジャン（薄口しょう油）
　　.....大さじ3
塩.....少々
ミネラルウォーター
　　.....5カップ（1ℓ）

氷.....適量

つくり方

1　**きゅうりの準備**—— きゅうりは手に塩（分量外）をつけてこすったら水で洗い、せん切りにする。

2　**わかめの準備**—— 乾燥わかめは水でもどし、沸とうした湯で軽く湯がいたあと、洗って水けをきる。

3　**わかめの下味**—— 2のわかめを食べやすい大きさに切り、下味用の調味料を軽くもみ込む。

4　**スープをつくる**—— 氷以外のスープの材料を混ぜ合わせ、冷蔵庫で冷やす。

5　**仕上げる**—— 1のきゅうりと3のわかめを器に入れたら、4の冷たいスープを注ぎ、食べる直前に氷を浮かべる。

ひとくち
メモ

スープを凍らせると味が薄まりません
冷製スープに氷を入れると、氷が溶けてスープの味が薄まるので、あ
らかじめスープの味を濃くするといいでしょう。氷を入れずにスープ
を冷凍するとスープが薄まりません。冷たい汁は、塩味、甘み、酸味
が調和するとおいしく感じられます。

ところてんの冷製スープ

ところてんと昆布だしの甘酸っぱいスープを合わせた
冷製スープ。低カロリーなのでダイエットにも最適な
夏の健康レシピです。

材料（4人分）

ところてん.....300〜400g
きゅうり.....1本
赤トウガラシ.....1本
青トウガラシ.....2本
小ねぎ.....4本

スープ
昆布.....10×10センチ 1枚
クッカンジャン（薄口しょう油）.....1/2カップ
酢.....1/2カップ
砂糖.....1/4カップ
水.....8カップ（1.6ℓ）

つくり方

1　**スープをつくる──** 鍋に水と昆布を入れて30分くらいおき、昆布が柔らかくなったら火にかけて強めの中火で5分ほ
ど煮る。昆布を取り出し、クッカンジャン、酢、砂糖で味つけし、火からおろして冷蔵庫で冷やす。

2　**ところてんの準備──** 切っていない塊のところてんの場合は、専用の道具か包丁で割り箸ぐらいの太さに細長く切る。
麺状のところてんの場合はそのまま使うが、どちらも軽く水洗いして水けをきる。

3　**野菜の準備──** きゅうりは長さ5センチのせん切りにし、青トウガラシと赤トウガラシは半分に切ってから種を除いて
みじん切りにし、小ねぎは小口切りにする。

4　**器に盛る──** 器に2のところてん、3の野菜を入れ、1の冷やしたスープを注ぐ。さらに冷たくしたい場合は氷（分量
外）を入れてもよい。

ひとくちメモ

冷やし茶漬けのようにしても楽しめます
ところてんの冷製スープにごはんを入れ、合わせ調味料で味つけす
れば、冷やし茶漬けのようにして食べることもできます。ところてんの
他にも、緑豆寒天★（緑豆の粉を固めたもの）、どんぐり寒天★（どんぐりの
粉を固めたもの）を冷製スープに入れてもおいしいです。
★韓国食材店やオンラインショップで入手可能。

土鍋プルコギ

—

汁が少なめのプルコギを土鍋で煮たチゲ。
栄養のバランスがよく、甘辛い味はみんな大好きです。

材料（4人分）

牛肉（切り落とし）.....400g
玉ねぎ.....1個
韓国はるさめ.....50g
さつまいものでんぷんのはるさめ。

えのきたけ.....1袋
小ねぎ.....5本
にんじん.....1/4本
塩・こしょう.....各少々

昆布のだし汁
昆布.....10×10センチ 1枚
水.....7カップ（1.4ℓ）

プルコギのタレ
しょう油.....大さじ3
砂糖.....大さじ2
長ねぎのみじん切り.....大さじ1
にんにくのみじん切り.....大さじ1/2
ごま油.....大さじ1
白すりごま.....小さじ1
こしょう.....少々

つくり方

1 **だしの準備**—— 昆布は湿った布巾でふいたあと、鍋に水とともに入れて最初は強火でその後は火を弱めて10分ほど煮て取り出す。

2 **牛肉の下味**—— 牛肉は幅4〜5センチに切り、玉ねぎは薄切りにする。牛肉、玉ねぎ、プルコギのタレの材料を混ぜ、1時間くらい漬ける。

3 **具材の準備**—— 韓国はるさめはぬるま湯に30分ほどつけてもどし、えのきたけは根元を切ってほぐす。小ねぎは長さ4センチに切り、にんじんは長さ4センチの短冊切りにする。

4 **土鍋で煮る**—— 土鍋に2の牛肉と玉ねぎと1の昆布のだし汁を6カップ入れて、強火で煮る。

5 **仕上げる**—— 牛肉に火が通ってきたら、3の具材を入れ、残りの昆布のだし汁を加えて強めの中火で煮る。塩とこしょうで味を調えたら火を止める。

韓国はるさめを使う時は、だし汁をたっぷりと入れてください

チゲ、スープ、鍋料理などに韓国はるさめを入れると、とてもおいしいです。韓国はるさめは仕上げの段階で入れると伸びずに歯ごたえもいいのですが、入れる前に、ぬるま湯につけてもどしてから使ってください。韓国はるさめは水分をたくさん吸うので、料理に入れる時にはだし汁やスープを多めに入れてください。

豚肉のキムチチゲ

―――

よく発酵したキムチと豚肉を炒め、少なめの水で煮た
キムチチゲ。韓国の人たちが大好きな料理のひとつ
です。

材料（4人分）

白菜キムチ(よく発酵したもの).....1株(1.8kg)
豚肉(バラ).....300g
トッポギ用の餅.....300g
長ねぎ.....2本
しょう油・砂糖・酒.....各大さじ2
にんにくのみじん切り.....大さじ1
塩.....少々
サラダ油.....大さじ4
水.....7カップ(1.4ℓ)

つくり方
―――

1 **材料の準備――** キムチはタレを落として半分の長さに切る。豚肉は食べやすい大きさに切り、長ねぎは長さ5センチ
  に切る。

2 **炒める――** サラダ油を熱した鍋に豚肉とにんにくのみじん切りを入れて強火で炒め、豚肉に半分ぐらい火が通ったら、
  キムチを加えて炒める。

3 **煮る――** キムチに火が通ったら、水を加えて強火で軽く煮たあと、しょう油、砂糖、酒を入れて、弱火で30分ほど煮る。

4 **仕上げる――** キムチが柔らかくなったら、餅と長ねぎを入れて煮る。味が薄い場合は塩で調える。

ひとくちメモ

**酸味の強いキムチに少量の砂糖を入れると
おいしくなります**

キムチチゲは、よく発酵した酸っぱいキムチでつくるとおいしいので
すが、キムチの酸味が強すぎたら、少しだけ砂糖を入れてみてくださ
い。酸味を和らげ、キムチ本来の味を引き立たせる効果があります。

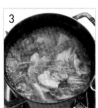

豚肉とじゃがいもの
コチュジャンチゲ

豚肉を入れて辛めに味つけしたコチュジャンチゲは、昔は韓国の田舎でよく食べられていたチゲです。豚肉の脂がコクを出し、味を引き立てます。

材料（4人分）

豚肉（肩ロース）.....200g
じゃがいも.....2個
玉ねぎ.....1個
長ねぎ.....1本
青トウガラシ.....2本
赤トウガラシ.....1本
油あげ.....4枚
塩.....少々
水.....6カップ（1.2ℓ）

辛口調味料
コチュジャン.....大さじ1
粉トウガラシ.....大さじ2
しょう油.....大さじ2
長ねぎのみじん切り.....大さじ1
にんにくのみじん切り.....小さじ1
しょうがのみじん切り.....小さじ1/2
ごま油.....大さじ1/2
塩・こしょう.....各少々

つくり方

1　**豚肉の下味**── 豚肉は食べやすい大きさに切り、辛口調味料の材料を混ぜ合わせて1/2量をもみ込む。

2　**野菜の準備**── じゃがいもは厚めの半月切りにし、玉ねぎは半分に切ったあと厚めに切る。長ねぎは斜め切りにする。トウガラシ、赤トウガラシは斜め切りにして種を取り除く。

3　**油あげの下処理**── 油あげに熱湯をかけて油抜きしたら、幅1センチに切る。

4　**材料を炒める**── 鍋に1の豚肉を入れて強火で炒め、豚肉に半分ぐらい火が通ったら、じゃがいもと玉ねぎを加えて炒める。

5　**仕上げる**── じゃがいもに火が通ったら水を注ぎ、残りの辛口調味料を加えて強火で煮る。火を弱めてじゃがいもに味が染みたら、長ねぎ、青トウガラシ、赤トウガラシ、油あげを加え、塩で味を調える。

ひとくちメモ

豚肉に味つけしてから煮るとスープの味がよくなります
豚肉、じゃがいも、玉ねぎを炒めたあと、水を入れて煮れば、豚肉から脂とうま味が出ます。調味料をつくって肉に味を染み込ませる作業は少し手間がかかりますが、スープの味をよくするためには必要なプロセスです。

渡り蟹のチゲ

テンジャン（韓国味噌）と粉トウガラシを入れたピリ辛でコクのあるチゲ。蟹の身を食べる楽しみもある一品です。
蟹の足に切り込みを入れておくと食べやすくなります。

材料（4人分）

渡り蟹（220〜250gサイズ）.....4杯
オキシジミ.....8個
だいこん.....1/4本
韓国かぼちゃ.....1/4本
ズッキーニで代用可能。

青トウガラシ.....2本
赤トウガラシ.....1本
長ねぎ.....1本
塩.....少々
水.....10カップ（2ℓ）

合わせ調味料

テンジャン（韓国味噌）.....大さじ1
コチュジャン.....小さじ1
粉トウガラシ.....大さじ1/2
にんにくのみじん切り.....大さじ1
しょうがのしぼり汁.....小さじ1
塩.....大さじ1/2
こしょう.....小さじ1/3
水.....1/2カップ

つくり方

1 **渡り蟹の下処理** — 渡り蟹は、ブラシでこすりながら水で洗い、甲羅を外して中の細かい毛を取り除く。もう一度よく洗ったら、食べやすい大きさに4〜6等分し、ハサミや足に切り込みを入れる。

2 **具材の準備** — オキシジミは薄い塩水（分量外）に入れて暗い場所に30分ほどおいて砂抜きをしたあと、こすり合わせながら水洗いする。だいこんは2×3センチの薄切りにし、韓国かぼちゃは半月切りにする。青トウガラシと赤トウガラシは斜め切りにしたら種を除き、長ねぎは斜め切りにする。

3 **合わせ調味料をつくる** — 合わせ調味料の材料を混ぜ合わせる。

4 **だし汁をつくる** — 鍋に砂抜きしたオキシジミと水を入れて最初は強火でその後は火を弱めて煮る。貝の口が開いたら取り出し、汁は別鍋に移す。

5 **スープをつくる** — 4の貝のだし汁に合わせ調味料を入れ、ひと煮立ちさせる。

6 **仕上げる** — 5のスープが煮立ったら、1の渡り蟹、オキシジミ、切った野菜を入れて強火でぐつぐつ煮る。塩で味を調える。

ひとくちメモ

海鮮のチゲにコチュジャンと粉トウガラシ、テンジャンを入れるとさっぱりします

海鮮のチゲは臭みが出やすいのですが、コチュジャンと粉トウガラシを入れると、臭みが軽減されます。コチュジャンを多めに入れると、さっぱり感はなくなりますが味に深みが出て、粉トウガラシを多く入れると、さっぱりしますが味に深みがなくなるので、両方をバランスよく混ぜてください。テンジャンも生臭さを軽減させ、海鮮のうま味と相性がいいので、入れるとおいしく仕上がります。

魚卵スープ

魚卵と野菜が入ったピリ辛スープ。プチッと弾ける魚卵はもちろん、スープにもうま味がたっぷりです。
大豆もやし、せり、長ねぎをたくさん入れるとあっさりとした味になります。

材料（4人分）

スケトウダラの卵〈またはたらこ、
明太子〉(150～200gサイズ).....8腹
エボヤ★.....100g
だいこん.....1/6本
大豆もやし.....2/3袋
せり.....200g
春菊.....50g
長ねぎ.....1本
青トウガラシ.....2本
赤トウガラシ.....1本
塩.....少々

煮干しだし

煮干し（大サイズ）.....15尾
昆布.....10×10センチ 1枚
にんにく.....3片
水.....6カップ（1.2ℓ）

ピリ辛調味料

粉トウガラシ.....大さじ2
クッカンジャン（薄口しょう油）
.....大さじ2
酒.....大さじ1
長ねぎのみじん切り.....大さじ2
にんにくのみじん切り.....大さじ1
しょうがのしぼり汁.....小さじ1/2
塩・こしょう.....各少々

つくり方

1 **魚卵の下処理**── スケトウダラの卵は薄い塩水（分量外）で洗ったあと、流水で洗って水けをきる。たらこや明太子を使う場合は、スープの塩味を加減する。エボヤは薄い塩水（分量外）で洗い、水けをきる。

2 **野菜の準備**── だいこんは2～3センチ角の色紙切りにし、大豆もやしは水洗いして水けをきる。せりは葉を取って茎を長さ4センチに切り、長ねぎ、青トウガラシ、赤トウガラシは斜め切りにする。春菊は短く切って洗う。

3 **だし汁をつくる**── 鍋に頭と内臓を取り除いた煮干しと昆布を入れて水を注ぎ、強火で煮る。ひと煮立ちしたらにんにくを入れ、もうひと煮立したらざるでこす。

4 **調味料をつくる**── ピリ辛調味料の材料を混ぜ合わせる。

5 **具材を煮る**── 3の煮干しのだし汁を火にかけ、だいこん、大豆もやしを入れて強火で煮る。

6 **魚卵を煮る**── 大豆もやしに軽く火が通ったら、エボヤ、魚卵、ピリ辛調味料を順に入れ、強火で煮る。ひと煮立ちしたら弱火にし、だいこんが柔らかくなるまで煮る。

7 **仕上げる**── 青トウガラシ、赤トウガラシ、せり、長ねぎ、春菊を加え、塩で味を調えたらひと煮立ちさせる。

★韓国で海鮮鍋や魚料理の味をあっさりさせるために使われる海産物。

スケトウダラの卵の代わりにたらこや明太子を使ってもおいしいです

新鮮なスケトウダラの卵をスープに入れると、あっさりとしながらもコクのあるスープができます。最近は冷凍の魚卵も購入できますが、冷凍だとかたくなりやすいので、代わりにたらこや明太子を使ってもいいです。たらこや明太子は塩味が効いているので、噛んだ時によりおいしく感じられます。たらこや明太子を使う場合は、スープの味を薄くすると味のバランスがよくなります。

真だらのあっさりスープ

新鮮な真だらと淡白な味の白菜を入れ、塩味だけで素材の味を充分に活かしました。
ポン酢をつけて食べるとさらにおいしいです。

材料（4人分）

真だら（または生のスケトウダラ、鯛）
.....1尾
白菜.....4枚
ほうれん草.....100g
木綿豆腐.....240g
韓国はるさめ.....1つかみ
さつまいものでんぷんのはるさめ。

春菊.....100g
長ねぎ.....1本
昆布.....10×10センチ 1枚
酒.....大さじ2
煮干しのだし汁.....10カップ（2ℓ）

ポン酢
煮干しのだし汁.....1カップ
しょう油.....大さじ2
酢.....大さじ5
レモン汁.....大さじ1
砂糖.....小さじ1
小ねぎの小口切り.....大さじ1
だいこんのおろし汁.....大さじ2

つくり方

1 **真だらの下処理**── 真だらはうろこを取って内臓を除いたあと、幅5〜6センチに切り、塩水（分量外）で洗う。白子または魚卵は取り出したら塩水（分量外）で洗って水けをきる。

2 **白菜でほうれん草を巻く**── 白菜とほうれん草は、それぞれゆでて水けをきつくしぼる。巻きすに白菜を広げて置き、中央にほうれん草を置いて巻いたら、幅2センチに切る。

3 **具材の準備**── 豆腐は3×4センチ角の厚切りにし、韓国はるさめはぬるま湯でもどしてから短く切る。春菊は手で短くちぎり、長ねぎは大きめの斜め切りにする。

4 **煮る**── 鍋底に昆布を敷き、真だらの切り身、白子または魚卵を入れたら、煮干しのだし汁を注いで強火で煮る。ひと煮立ちしたら残りの具材を加え、軽く煮たら酒を回し入れる。

5 **ポン酢の準備**── ポン酢の材料を混ぜ合わせ、スープにそえる。

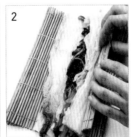
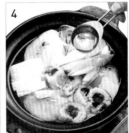

ポン酢をつけて食べるととてもおいしいです
澄んだ色の真だらのスープは、そのままでもおいしいですが、具材にさわやかな味のポン酢をつければ一段とおいしくなります。ポン酢に入れる小ねぎは、小口切りにしたあと、キッチンペーパーなどに包んで水洗いすると、ぬめりがなくなります。だいこんをおろし、水けを少しきってポン酢に入れると、一層さっぱりした味に。

真だらの辛口スープ

―――

淡白な真だらでつくった辛口スープ。大豆もやしとだいこんでさっぱり感を活かしました。辛口スープは、粉トウガラシで辛味をつけるのがポイントです。

材料（4人分）

真だら.....2尾
真だらの卵.....200g
木綿豆腐.....480g
大豆もやし・せり・
だいこん.....各200g
春菊.....100g
長ねぎ.....1本
青トウガラシ.....2本
赤トウガラシ.....1本
塩・こしょう.....各少々
水.....8カップ（1.6ℓ）

辛口調味料
粉トウガラシ（粗挽き）.....大さじ4
コチュジャン・酒.....各大さじ2
長ねぎのみじん切り.....大さじ2
にんにくのみじん切り.....大さじ1
しょうがのみじん切り.....小さじ1/2
水.....大さじ5

つくり方

1　**真だらの下処理**―― 真だらは尾とヒレを切り取り、幅5センチに切る。卵は塩水（分量外）で洗う。

2　**具材の準備**―― だいこんは3×4センチ角の大きさに切り、豆腐もだいこんと同じ大きさで厚めに切る。長ねぎ、青トウガラシ、赤トウガラシは斜め切りにし、せりは茎をそろえて長さ4センチに切り、春菊は太い茎の部分を取り除き、葉は食べやすい大きさにちぎる。大豆もやしはひげ根を取って洗う。

3　**煮る**―― 鍋に水を注ぎ、辛口調味料を入れてひと煮立ちさせる。だいこんと大豆もやしを入れて軽く煮たら、1の真だらと卵、豆腐、青トウガラシ、赤トウガラシを入れて強めの中火で20分ほど煮る。

4　**仕上げる**―― 長ねぎ、せり、春菊を入れ、塩とこしょうで味を調える。

ひとくち
メモ

酒で魚の臭みを消しましょう
魚でチゲをつくる時に、魚の生臭さが気になったら酒を入れてみてください。合わせ調味料に入れて混ぜてもいいですし、酒だけ別に入れてもいいです。酒を入れたあとは、鍋にふたをせずに煮ると臭みが飛びます。

スケトウダラの
辛口スープ

冷凍スケトウダラの辛口スープ。大豆もやし、だいこん、豆腐などの具材を入れてじっくり煮れば、家族みんなでおいしい食卓を囲めます。

材料（4人分）

スケトウダラ（冷凍）.....2尾	**辛口調味料**
白子....100g	粉トウガラシ（粗挽き）
木綿豆腐.....160g	.....大さじ2
大豆もやし.....1/3袋	コチュジャン.....大さじ1
だいこん.....1/6本	長ねぎのみじん切り.....大さじ1
せり.....1つかみ	にんにくのみじん切り
春菊.....1つかみ	.....小さじ1
長ねぎ.....1本	しょうがのみじん切り
青トウガラシ.....2本	.....小さじ1/2
赤トウガラシ.....1本	酒.....大さじ1
塩・こしょう.....各少々	塩・こしょう.....各少々
水.....5カップ（1ℓ）	

つくり方

1 **スケトウダラの下処理——** スケトウダラは塩水（分量外）につけて解凍したら、尾とヒレを切り取り、幅5センチに切る。白子も塩水（分量外）で洗う。

2 **具材の準備——** 大豆もやしはひげ根を取って洗い、だいこんは3〜4センチ角の大きさに切り、豆腐もだいこんと同じ大きさで厚めに切る。長ねぎ、青トウガラシ、赤トウガラシは斜め切りにし、せりは葉を取って茎を長さ4センチに切る。春菊は食べやすい大きさにちぎる。

3 **煮る——** 鍋に水を注ぎ、辛口調味料を入れて煮る。だいこんと大豆もやしを加え、だいこんに軽く火が通るまで煮る。

4 **スケトウダラを煮る——** スケトウダラ、白子、豆腐、青トウガラシ、赤トウガラシを加え、弱火で20分程度じっくり煮る。

5 **仕上げる——** 長ねぎ、せり、春菊を入れ、塩とこしょうで味を調える。

ひとくちメモ

スケトウダラのスープに白子を入れると豊かな味わいが楽しめます

冷凍のスケトウダラは、生のものに比べて安価ですが、味の違いはほとんどありません。冷凍のスケトウダラを常温で解凍して調理すると、生のものより柔らかく仕上がります。スケトウダラの辛口スープに白子を入れると、豊かな味わいが楽しめます。

明太子と豆腐のチゲ

―――

明太子と豆腐を入れて、アミの塩辛で味つけしたチゲです。明太子がプチプチ弾ける食感が楽しめる一品です。

材料（4人分）

明太子.....200g
木綿豆腐.....480g
小ねぎ.....2本
赤トウガラシ.....1本
にんにく.....2片
アミの塩辛.....大さじ1
ごま油.....大さじ1
塩.....少々
水.....5カップ（1ℓ）

つくり方

1　**具材の準備**―― 豆腐は小さめのサイコロ状に切り、赤トウガラシは縦半分に切って種を取り除いたらせん切りにする。小ねぎは長さ4センチに切り、にんにくは薄切りにする。

2　**明太子を切る**―― 明太子は小さいものならそのまま使い、大きいものは2〜3等分する。

3　**明太子を煮る**―― 鍋に水を注いで火にかけ、アミの塩辛とにんにくを入れて強火でぐつぐつ煮たら、火を弱めて豆腐、明太子、赤トウガラシを加える。

4　**仕上げる**―― 明太子に火が通ったら小ねぎを入れ、塩で味を調えたあと火を止め、ごま油を加える。

ひとくちメモ

澄んだ色のスープは、塩かアミの塩辛で味つけしましょう
澄んだ色のスープは、クッカンジャン（薄口しょう油）を使うと色が悪くなるので、塩やアミの塩辛を使ってください。初めに味つけすると、材料に味が染みるのでより深みが出ます。

カキと豆腐と
アミの塩辛のチゲ
——

カキと豆腐を入れ、アミの塩辛と塩で味つけしたあっさりチゲ。辛味や刺激がないので、子供やご高齢の方も食べやすいです。

材料（4人分）
——

カキ.....200g
木綿豆腐.....160g
赤トウガラシ.....1本
小ねぎ.....2本
アミの塩辛.....大さじ1
ごま油.....小さじ1
塩.....少々
水.....5カップ（1ℓ）

つくり方
——

1 **カキの下処理——** カキは薄い塩水（分量外）でやさしく洗う。

2 **具材の準備——** 豆腐は厚さ1.5センチの四角に切り、赤トウガラシは縦半分に切って種を取り除いたらせん切りにする。小ねぎは長さ3センチに切る。

3 **スープの準備——** 鍋に水を注いで火にかけ、沸とうしたら塩を入れる。

4 **煮る——** 3に豆腐を入れ、豆腐が浮いてきたら中強火にする。カキと赤トウガラシを入れて、アミの塩辛をしぼって汁だけ入れる。

5 **仕上げる——** カキに火が通ったら小ねぎを入れ、軽く煮てから火を止め、ごま油を加える。

アミの塩辛入りのチゲはつくったらすぐに食べてください
アミの塩辛を使うチゲは、材料をすべて準備しておき、短時間で煮てください。このチゲは、韓国かぼちゃ、だいこん、豆腐などを具にして、韓国の家庭では夏によくつくられるメニューです。

スンドゥブチゲ

——

おぼろ豆腐、豚のひき肉、キムチが入った辛口のチゲ。
おぼろ豆腐の大豆の風味と柔らかさを存分に楽しめる料理です。

材料（4人分）

おぼろ豆腐（または絹ごし）
.....400g
豚ひき肉.....100g
アサリ（むき身）.....1/2カップ
白菜キムチ.....1カップ
青トウガラシ.....2本
赤トウガラシ.....1本
長ねぎ.....1/2本
塩.....少々
サラダ油.....大さじ1
水.....3カップ

合わせ調味料

粉トウガラシ.....大さじ2
クッカンジャン（薄口しょう油）
.....大さじ1
長ねぎのみじん切り.....大さじ1
にんにくのみじん切り.....小さじ2
白すりごま.....大さじ1/2
ごま油.....大さじ1

つくり方

1 **豆腐の準備——** おぼろ豆腐はざるにのせて水きりする。

2 **豚ひき肉の下味——** 合わせ調味料の材料を混ぜ合わせ、少量を取り分けて豚肉にもみ込む。

3 **アサリの下処理——** アサリのむき身はざるに入れ、塩水（分量外）で洗って水けをきる。

4 **具材の準備——** キムチはタレを少し落として細かく刻み、青トウガラシ、赤トウガラシ、長ねぎは小口切りにする。

5 **煮る——** 土鍋にサラダ油をひき、2の豚ひき肉と4のキムチを入れて強火で炒め、水を注いで煮る。

6 **仕上げる——** 5におぼろ豆腐、3のアサリ、残りの合わせ調味料、長ねぎ、青トウガラシ、赤トウガラシを入れ、弱火でフツフツと沸くまで煮て、塩で味を調える。

ひとくちメモ

卵を割って入れてみてください
食卓に出す直前に卵を1個割って入れると余熱で火が通り、おいしく食べられます。アサリはオキシジミでも代用できます。一人用の土鍋で煮ると衛生的で、スンドゥブチゲ本来の食べ方が楽しめます。スンドゥブチゲを煮る時は、おぼろ豆腐から水分が出るので、スープの量を控えめにすることも大切です。

大豆の白いチゲ

水でもどした大豆をすりつぶし、豚肉と一緒に煮たコクのあるチゲです。大豆はタンパク質とビタミンが豊富なので、日常的にこまめにつくって食べてください。

材料（4人分）

大豆.....2カップ
白菜の外葉.....300g
豚肉（切り落とし）.....150g
サラダ油.....少々
水.....8カップ（1.6ℓ）

白菜の味つけ調味料
長ねぎのみじん切り
　　.....大さじ1
にんにくのみじん切り
　　.....小さじ1
アミの塩辛.....大さじ2
ごま油.....大さじ1

しょう油ダレ
しょう油.....大さじ4
粉トウガラシ.....大さじ2
長ねぎのみじん切り.....大さじ1
にんにくのみじん切り.....小さじ1
ごま油.....大さじ1
白すりごま.....小さじ1
こしょう.....少々

つくり方

1 **大豆の下処理**── 大豆は洗って水に3時間ほどつけたあと、手でこすりながら薄皮をはがし、水4カップと一緒にブレンダー（ミキサー）ですりつぶす。

2 **白菜の下味**── 白菜の外葉は洗ってしっかりと水けをきり、食べやすい大きさにちぎって味つけ調味料の材料をもみ込む。

3 **煮る**── 鍋にサラダ油を熱し、食べやすい大きさに切った豚肉を強火で炒め、残りの水を注いで肉に軽く火が通ったら、2の白菜と1の大豆を入れ、弱火でじっくり煮る。

4 **しょう油ダレの準備**── しょう油ダレの材料を混ぜて、出来上がった鍋にそえる。

大豆のチゲは、汁が少ないほうがおいしいです
大豆のチゲは、汁を少なくすることがおいしくなるポイントです。汁をほとんどなくし、おかずのように食べることもあります。干した白菜の外葉や干しただいこんの葉を水でもどして入れてもいいですし、よく発酵した酸っぱいキムチを入れてもおいしくできます。

おからのキムチチゲ

よく発酵した酸っぱいキムチでつくる代表的な料理
が、おからのキムチチゲです。かためのおからでつく
ります。

材料（4人分）

おから.....200g
白菜キムチ(よく発酵したもの).....100g
豚肉(切り落とし).....100g
長ねぎのみじん切り.....大さじ1
にんにくのみじん切り.....大さじ1
粉トウガラシ.....大さじ1
塩.....大さじ1
水.....6カップ(1.2ℓ)

つくり方

1　**キムチの準備――** キムチはタレを少し取って汁けを軽くしぼったあと、細かく刻む。

2　**豚肉の準備――** 豚肉は一口大に切る。

3　**材料を炒める――** 鍋にサラダ油（分量外）を熱して豚肉を炒め、キムチ、長ねぎとにんにくのみじん切り、粉トウガラシ
　　を加え、豚肉とキムチに火が通るまで炒める。

4　**煮る――** 3に水を注いでひと煮立ちさせたらおからを入れ、中火で20分ほど煮たあと、塩で味を調える。

キムチのタレを落とすときれいに仕上がります
キムチを使う時は、キムチのタレを少し落としてください。キムチのタ
レがたくさんついたまま調理すると、出来上がりがきれいになりませ
ん。また、キムチの汁けは軽くしぼり、塩味が足りない時は、最後に
塩で調えてください。

チョングッチャン（韓国納豆）のチゲ

韓国納豆と豆腐を入れ、ぐつぐつ煮た栄養満点のチゲ。ゆでた大豆を発酵させてつくった韓国納豆は臭いがきついですが、チゲにすると大豆の風味が絶品。

材料（4人分）

牛肉（バラ）.....100g
白菜キムチ.....1/6株（300g）
木綿豆腐.....120g
青トウガラシ.....2本
長ねぎ.....1本
チョングッチャン（韓国納豆）.....大さじ5
日本の納豆でも代用できるが、風味が変わる。

にんにくのみじん切り.....小さじ1
塩.....少々
水.....5カップ（1ℓ）

つくり方

1 **牛肉の下処理**── 牛肉は薄切りにし、鍋に水と一緒に入れて強火で煮る。

2 **具材の準備**── 白菜キムチはタレを落として幅2センチに切り、豆腐は食べやすい大きさに四角く切る。青トウガラシは半分に切って種を除いたあと小口切りにし、長ねぎは斜め切りにする。

3 **キムチを煮る**── 1にキムチを入れ、強めの中火で軽く煮る。

4 **チョングッチャンを入れる**── 3にチョングッチャンを固まりをほぐしながら入れる。

5 **仕上げる**── キムチが柔らかく煮えたら、豆腐、青トウガラシ、長ねぎ、にんにくのみじん切りを入れ、塩で味を調えて強火でぐつぐつ煮る。

大豆をゆでで発酵させた健康食品、チョングッチャン
昔から、冬の時期にタンパク質を摂取するために手軽に食べられているのが、チョングッチャンです。味噌をつくるよりも手間がかからず、枯草菌の作用で、腸内環境改善や健康維持に役立ち、栄養面でもとても優秀な食品です。

韓国かぼちゃの
テンジャン（韓国味噌）チゲ
——

大豆でつくるテンジャンと季節の野菜を入れた栄養食。粉トウガラシや青トウガラシを入れて、ピリ辛にするととてもおいしいです。

材料（4人分）

韓国かぼちゃ.....1/3本
ズッキーニで代用可能。

木綿豆腐.....240g
玉ねぎ.....1/2個
青トウガラシ.....2本
赤トウガラシ.....1本
長ねぎ.....1/2本
にんにくのみじん切り.....大さじ1
粉トウガラシ.....小さじ1
塩.....少々

チゲのスープ
テンジャン（韓国味噌）
　.....大さじ2
煮干し(大サイズ).....15尾
水.....5カップ(1ℓ)

つくり方

1　**チゲのスープをつくる**—— 鍋に水を注ぎ、テンジャンをざるでこしながら入れたあと、頭と内臓を取った煮干しを入れて最初は強火でその後は火を弱めて15分ほどじっくり煮て、煮干しを取り出す。

2　**具材の準備**—— 韓国かぼちゃと玉ねぎは1センチ角ぐらいに切り、豆腐は2センチ角ぐらいの食べやすい厚さに切る。

3　**野菜を切る**—— 長ねぎ、青トウガラシ、赤トウガラシは小口切りにする。

4　**具材を煮る**—— 1のスープに2の具材を入れて強めの中火で煮る。

5　**仕上げる**—— 韓国かぼちゃに少し火が通ったら、3の野菜と粉トウガラシ、にんにくのみじん切りを入れ、弱火で10分ほど煮る。味が薄い場合は塩で調える。

ひとくちメモ

昔ながらのテンジャンに市販のテンジャンを混ぜるとおいしくなります

昔ながらのテンジャンでチゲをつくると伝統的な味になりますが、塩味が濃いと感じる時は、市販のテンジャンを混ぜると味の調節ができます。具は、韓国かぼちゃと豆腐以外に、じゃがいも、魚介類、牛肉、きのこなど、いろいろなものが合います。

ツナのキムチチゲ

―――

よく発酵した酸っぱいキムチとツナの缶詰があれば
OK。豆腐、長ねぎを加えれば、家族みんなが喜ぶ
おいしいチゲが出来上がります。

材料（4人分）

白菜キムチ(よく発酵したもの).....1/4株(450g)
ツナの缶詰(油漬け).....1缶
木綿豆腐.....120g
赤トウガラシ.....1本
長ねぎ.....1本
粉トウガラシ.....大さじ1
クッカンジャン(薄口しょう油).....大さじ1
砂糖.....大さじ1
にんにくのみじん切り.....小さじ1
塩.....少々
サラダ油.....大さじ2
水.....4カップ

つくり方

1　**キムチの準備**―― キムチはタレを少し取って、幅4センチに切る。

2　**ツナの準備**―― スープをあっさりとさせるために、ツナ缶はざるで油をきる。

3　**具材を切る**―― 豆腐は2×3センチ角の厚切りにし、赤トウガラシは縦半分に切って種を除いてから斜め切りにする。
　　長ねぎは斜め切りにする。

4　**キムチを炒める**―― 鍋にサラダ油を強火で熱し、キムチを入れたあと砂糖を加えてよく炒める。

5　**仕上げる**―― キムチに火が通ったら水を注ぎ、ツナ、豆腐、赤トウガラシ、長ねぎ、にんにくのみじん切りを加えて強火
　　でぐつぐつ煮る。クッカンジャンと塩で調味し、火を止める直前に粉トウガラシを加える。

ひとくち
メモ

チゲに少量の砂糖を入れると味がマイルドになります
キムチチゲのおいしさは、よく発酵したキムチの味にかかっていると
いえますが、酸味のあるキムチのタレを少し落としてから砂糖を加え
て炒めると、味がよくなります。キムチチゲの具は、ツナの他にも、豚
肉、カタクチイワシ、サンマなどが合います。

プデチゲ（部隊鍋）

キムチ、豚肉、餅などの韓国の食材と、ソーセージ、チーズなどの西洋の食材を合わせて、コチュジャンで味つけしたフュージョンチゲ。食欲がわきます。

材料（4人分）

白菜キムチ.....1/4株(450g)
玉ねぎ.....1個
長ねぎ.....1本
にんじん.....1/4本
韓国餅(雑煮用).....100g
ウインナーソーセージ.....200g
ハム.....200g
豚肉(バラ).....100g
煮干しのだし汁
（または牛骨のだし汁).....4カップ

合わせ調味料

コチュジャン.....大さじ4
粉トウガラシ.....大さじ2
しょう油.....大さじ1
にんにくのみじん切り
.....大さじ1
しょうがのみじん切り
.....小さじ1
こしょう.....少々
水.....1/4カップ

つくり方

1 **キムチ・野菜の準備**—— キムチは幅4センチに切り、玉ねぎは半分に切ってから厚めに切る。にんじんは拍子木切りにし、長ねぎは斜め切りにする。

2 **ソーセージ・ハムを切る**—— ウインナーソーセージは厚めの斜め切りにし、ハムは食べやすい大きさに切る。

3 **合わせ調味料の準備**—— 合わせ調味料の材料を混ぜ合わせる。

4 **豚肉の味つけ**—— 豚肉は幅3センチに切り、合わせ調味料を少し取り分けてもみ込む。

5 **仕上げる**—— 浅型の鍋にすべての材料を並べ、残りの合わせ調味料を入れたあと、煮干しのだし汁を注いで強火でぐつぐつ煮る。火にかけて食べる時は煮詰まってくると味が濃くなるので、だし汁を別に用意し（分量外）、足しながら食べる。

ひとくちメモ

プデチゲにインスタントラーメンを入れるとおいしいです
プデチゲは韓国のいろいろな食材と西洋の食材を組み合わせた味が格別です。インスタントラーメン、韓国はるさめ、うどんなどを入れるとおいしいですが、鍋に入れてすぐに食べたい時は、麺類は下ゆでし、韓国はるさめはぬるま湯でもどしておきましょう。

part

3

手軽に一食
ワンディッシュメニュー

汁物やおかずをいろいろ準備するのは時間がかかります。そんな時は、おかずをあれこれつくるよりも、ひとつの器ですむようなメニューにしてみてはいかがでしょうか。一回の食事が手軽につくれて満足できるワンディッシュメニューを集めてみました。

宮中ビビンバ

―

肉、野菜、魚、海藻、卵など、いろいろな材料が入っている栄養満点のビビンバ。
甘辛い「薬コチュジャン」をのせて混ぜて食べる味はまさに絶品です。

材料（4人分）

ごはん.....茶碗4杯分
牛肉（ランプまたはイチボ）.....200g
干ししいたけ.....4本
白身魚のジョン（チヂミ）★¹.....8切れ
昆布のティガク（素揚げ）★²
　　　.....1/2カップ

きゅうりのナムル.....1皿
わらびのナムル.....1皿
トラジ（ききょうの根）★³のナムル.....1皿
〈味つけはにんにくのみじん切り、
　クッカンジャン（薄口しょう油）、塩
　を各適量〉
錦糸卵（黄身と白身を分けてつくった
　もの）.....各少々
ごま油.....大さじ2
薬コチュジャン.....大さじ4
　下記のひとくちメモ参照。

肉の味つけ調味料

しょう油.....大さじ3
砂糖.....大さじ1
長ねぎのみじん切り.....大さじ2
ごま油・白すりごま.....各大さじ1
こしょう.....少々

つくり方

1　**肉・しいたけ・ジョンの準備——** 牛肉は細切りにして味つけ調味料を
　もみ込み、干ししいたけは水でもどして軸を切り落としたら細切りにす
　る。白身魚のジョンは食べやすい大きさに切り、昆布のティガクは細
　かく砕く。

2　**ナムルをつくる——** トラジは、水にしばらくつけてもどして苦みを取った
　あと、フライパンでにんにくのみじん切りと一緒に強火で炒めて塩で味
　つけする。わらびはにんにくのみじん切りと一緒に強火で炒めてクッカ
　ンジャンで味つけし、きゅうりは輪切りにして塩をふり、しんなりしたら
　軽く炒める。

3　**肉・しいたけを炒める——** フライパンに味つけをした牛肉としいたけ
　を強火で炒める。

4　**ごはんの準備——** ボウルにごはんを入れたらごま油を加えて混ぜ、ご
　はんにごま油の香りをつける。

5　**ごはんを混ぜる——** 各種ナムル、白身魚のジョン、昆布のティガク、3の
　しいたけの各1/2量を4のごはんに加えて混ぜる。

6　**仕上げる——** 器に5のごはんを入れ、ごはんの上に5の残りの具材と
　錦糸卵をのせ、薬コチュジャンをそえる。

★1　つくり方はp.199参照。白身魚を適度な大きさに切り、つくり方の2と3のカキ
　　を白身魚に置き換えてつくる。

★2　つくり方はp.91参照。

★3　韓国食材店やオンラインショップで入手可能。

薬コチュジャンのつくり方

宮中ビビンバは、牛ひき肉を入れて炒めた薬コチュジャンを混ぜて食べるのが特徴です。薬コチュジャンは簡単
につくれます。まず、牛ひき肉ににんにくのみじん切りとごま油を混ぜ合わせてからフライパンで炒めて取り出しま
す。次にコチュジャンに少量の水を加えて煮詰めたところに、牛ひき肉を戻して炒めます。最後に松の実、ごま油、
はちみつを入れてつやを出せば出来上がりです。

全州ビビンバ
チョンジュ

―

肉、ナムル、きのこなどの材料を入れて、コチュジャンで和えて食べる栄養ごはん。
卵の黄身、松の実、ごま油を入れるとマイルドになり風味がよくなります。

材料（4人分）

ごはん.....茶碗4杯分

ナムルの材料
大豆もやし.....100g
せり.....100g
韓国かぼちゃ.....1/2本
ズッキーニで代用可能。
だいこん.....100g
しいたけ.....3本
トラジ（ききょうの根）★¹.....100g
わらび.....150g

緑豆寒天★².....150g
卵.....2個
卵の黄身.....4個分
松の実.....少々
塩・コチュジャン・ごま油.....各適量
サラダ油.....適量

ユッケの材料
牛肉（ランプ・生食用）.....150g
しょう油・酒・ごま油.....各小さじ1
砂糖.....少々
にんにくのみじん切り.....少々

つくり方

1 **ユッケをつくる──** 牛肉を細切りにし、調味料とにんにくのみじん切りをもみ込む。

2 **ナムルの準備──** 大豆もやしはひげ根を取ってゆで、せりは葉をきれいに整え、軽く湯がく。それぞれ水けをきったら、塩とごま油で和える。韓国かぼちゃは半月切りにしたら塩をふって水分を抜き、だいこんとしいたけはせん切りにする。トラジは細く裂き、わらびは適度な長さに切ったあと、材料ごとに中火で炒めながら塩で味を調える。

3 **緑豆寒天の下処理──** 緑豆寒天は細切りにし、沸とうした湯で軽く湯がく。

4 **錦糸卵をつくる──** 卵を黄身と白身に分け、フライパンにサラダ油をひき、それぞれ薄焼きにしたあと、細切りにする。

5 **仕上げる──** 器にごはんを盛り、ごはんの上に用意した具材、錦糸卵、松の実をのせ、コチュジャンとごま油をそえる。

★1 韓国食材店やオンラインショップで入手可能。

★2 緑豆の粉でつくった寒天。緑豆の粉または類似品（太い麺状の緑豆はるさめ）はオンラインショップで入手可能。

全州ビビンバには大豆もやしを必ず入れます
全州ビビンバには大豆もやしが必ず入っています。レストランなどではセットのスープにも大豆もやしが入っているのが特徴です。また、普通はユッケを使いますが、加熱した肉を使うこともあります。同じ材料で石焼きビビンバにする場合もあります。

シラヤマギクの麦飯ビビンバ

—

香ばしい麦飯に旬の時期の風味のいいシラヤマギクの若葉を入れた特別感のあるビビンバです。
炒めコチュジャンでおいしさと栄養がさらにパワーアップします。

材料（4人分）

もち麦.....4カップ
米.....1カップ
水.....5カップ

シラヤマギクのナムル
シラヤマギク（生）.....400g
旬の時期に韓国食材店で入手可能。

テンジャン（韓国味噌）.....大さじ2
長ねぎのみじん切り.....大さじ1
にんにくのみじん切り.....小さじ1
ごま油.....小さじ1
白すりごま.....少々
サラダ油.....大さじ1
水.....1/3カップ

韓国かぼちゃのナムル
韓国かぼちゃ.....1/2本
ズッキーニで代用可能。

アミの塩辛.....大さじ1
にんにくのみじん切り.....小さじ1
ごま油.....小さじ1
サラダ油.....大さじ1

炒めコチュジャン
コチュジャン.....1カップ
牛ひき肉.....150g
松の実・水あめ.....各大さじ2
にんにくのみじん切り.....小さじ1
ごま油.....大さじ1
水.....1/2カップ

つくり方

1 **麦飯の準備——** もち麦と米を洗ったら水に浸し、通常より少なめの水加減にしてかために炊く。

2 **シラヤマギクの下処理——** シラヤマギクはかたい茎は取り除き、熱湯で軽くゆでてざく切りにし、テンジャン、長ねぎのみじん切り、にんにくのみじん切り、白すりごま、ごま油をもみ込む。

3 **シラヤマギクを炒める——** サラダ油を強火で熱したフライパンに2のシラヤマギクを入れて炒めたら水を加え、ふたをして火を通す。

4 **韓国かぼちゃの準備——** 韓国かぼちゃは半月切りにし、サラダ油を強火で熱したフライパンに入れて残りの材料を加え、ややかために炒めてナムルをつくる。

5 **炒めコチュジャンをつくる——** ごま油を強火で熱したフライパンに、にんにくのみじん切りと牛ひき肉を入れて炒め、火を弱めてコチュジャン、水、水あめ、松の実を入れて、混ぜながら炒める。

6 **仕上げる——** 器に1の麦飯を盛り、シラヤマギクと韓国かぼちゃのナムルをのせたあと、炒めコチュジャンをのせる。

ひとくちメモ

調味料を使って調理する時は、コーティングしてあるフライパンを使ってください
コチュジャンなどの調味料を使用する時は、コーティングしてあるフライパンを使うと、フライパンにこびりつかず便利です。調理したあともすぐに湯で洗えば、フライパンが傷みにくく長期間使えます。

牛とじ丼

—

牛肉、玉ねぎ、卵をかつおだしで煮た和風のどんぶり。
甘みのあるつゆなので子供たちも大好きな味です。

材料（4人分）

ごはん.....茶碗4杯分
牛肉（切り落とし）.....200g
玉ねぎ.....1個
長ねぎ.....1本
えのきたけ.....1袋
卵.....4個
塩.....少々

かつおだしのつゆ
削り節.....1カップ
しょう油.....大さじ4
酒.....大さじ2
砂糖.....大さじ1/2
塩.....少々
水.....6カップ（1.2ℓ）

つくり方

1　**材料の準備——** 牛肉はキッチンペーパーで赤い肉汁をふき取り、大きいものは3センチぐらいの大きさに切る。玉ねぎは半分に切って薄切りにし、長ねぎは斜め切りにする。えのきたけは根元を切り、他の材料と長さをそろえて切る。卵は塩を入れてよく溶いておく。

2　**かつおだしをつくる——** 鍋に水を入れて沸とうさせ、削り節を入れて5分ほど煮たら、ざるでこす。

3　**つゆをつくる——** かつおのだし汁に、しょう油、酒、砂糖、塩を入れる。

4　**肉を煮る——** 3の鍋に牛肉を入れて強火で軽く煮てから、玉ねぎ、長ねぎ、えのきたけを加えてひと煮立ちさせる。

5　**卵を入れる——** 4に1の卵を回し入れ、半熟状になったら火を止める。

6　**仕上げる——** 深めの器にごはんを盛り、5をのせる。

他の材料も使って、いろいろなどんぶりメニューを楽しんでください
かつおだしにしょう油、酒、砂糖を加えてつくったつゆは、どんぶり料理のベースになり、日本ではかつ丼、えび天丼、親子丼などいろいろな料理に使われています。

オムライス

—

いろいろな野菜を入れてごはんを炒め、薄焼き卵で包んだオムライス。
トマトケチャップでソースをつくって甘酸っぱさもプラスしました。

材料（4人分）

炒めごはん
ごはん.....茶碗4杯分
玉ねぎ.....1/2個
にんじん.....1/4本
長ねぎ.....1/2本
グリーンピース.....大さじ2
にんにくのみじん切り.....大さじ1
塩.....少々
オリーブオイル.....適量

卵液
卵.....6個
牛乳.....大さじ1
塩・こしょう.....各少々

ケチャップソース
玉ねぎ.....1/4個
ピーマン.....1個
トマトケチャップ.....1/2カップ
チリソース.....大さじ2
牛乳.....1カップ
塩・こしょう.....各少々

つくり方

1 **野菜の準備――** 玉ねぎ、にんじん、長ねぎは細かく刻む。

2 **炒めごはんをつくる――** フライパンにオリーブオイル大さじ2を入れて強火で熱し、にんにくのみじん切りを入れて炒めたら、1の材料とグリーンピースを加えて炒める。野菜に火が通ったら、ごはんを入れて炒め、塩で味を調える。

3 **ケチャップソースをつくる――** フライパンに細かく刻んだ玉ねぎとピーマンを入れ、トマトケチャップ、チリソース、牛乳を加えて弱火で煮る。煮詰まったら塩とこしょうで味を調える。

4 **オムライスをつくる――** 卵液の材料をよく混ぜる。フライパンにオリーブオイル少々を熱し、卵液の1/4量を入れて、弱火で薄焼きにし、片面が焼けたら炒めごはんの1/4量をのせて半分に折って包む。同じ方法で残りの3個をつくる。

5 **仕上げる――** 皿にオムライスをのせ、見栄えよくソースをかける。

卵に牛乳を入れると、まろやかで破れにくくなります
オムライスは卵がきれいに焼けるかどうかで出来上がりが大きく変わります。薄焼き卵は破れやすいのですが、少量の牛乳を入れると破れにくくなります。フライパンをよく熱することも大切です。上の面に完全に火が通る前にごはんをのせて包むと、きれいなオムライスが出来上がります。

カレーライス

—

いろいろな野菜と牛肉を弱火でじっくり煮たカレーライス。
冷蔵庫にある材料で手軽につくれる代表的なワンディッシュメニューです。

材料（4人分）

ごはん.....茶碗4杯分
牛肉（厚切りロース）.....200g
じゃがいも.....2個
にんじん.....1本
玉ねぎ.....1個
韓国かぼちゃ.....1本
ズッキーニで代用可能。

カレールー（固形）.....115g
塩.....大さじ1/2
サラダ油.....適量
水.....4と1/4カップ

つくり方

1 **野菜の準備――** じゃがいも、にんじん、玉ねぎ、韓国かぼちゃは、1セン
チ角のサイコロ状に切る。

2 **牛肉を切る――** 牛肉は1センチ角に切る。

3 **具材を炒める――** 深めの鍋にサラダ油を熱し、牛肉を強火で炒めて少
し火が通ったら、1の野菜を加えて炒める。

4 **具材を煮る――** 3に水を注いで弱火で煮る。じゃがいもが柔らかくなっ
たら火を止め、水（分量外）で溶いたカレールーを入れて混ぜながら
弱火で煮る。味が薄い場合は塩で調える。

5 **仕上げる――** 皿にごはんを盛り、4のカレーをかける。

 カレールーは水で溶いてから入れてください
固形のカレールーは鍋にそのまま入れてもいいのですが、塊が完全に溶けない場合があるので注意しましょう。
カレールーを水で溶いてから入れると、早く混ざります。

韓国式炊き込みごはん

ビタミンとミネラルが豊富な玄米と黒豆に、さつまいもとなつめを加えたごはんです。ヒメニラのタレを和えて食べるとおいしいです。

材料（4人分）

玄米.....3カップ
黒豆.....1カップ
さつまいも.....1個
なつめ.....5個
水.....5カップ（1ℓ）

ヒメニラのタレ
ヒメニラまたはノビル.....150g
しょう油・水.....各大さじ5
粉トウガラシ.....大さじ2
ごま油・白すりごま.....各大さじ1

つくり方

1 **材料の準備**── 玄米と黒豆は洗い、1時間ほど吸水させる。

2 **さつまいも・なつめの下処理**── さつまいもは皮をむき、1センチ角のサイコロ状に切り、なつめは種を除いて4等分にする。

3 **ごはんを炊く**── 釜（土鍋）に玄米、黒豆、さつまいも、なつめを入れてひと混ぜし、水を入れて強火で炊く。煮立ったら一度かき混ぜ、水が減って米に火が通ったら火を止めて蒸らす。

4 **ヒメニラのタレをつくる**── ヒメニラを細かく刻んで、他の材料と混ぜる。

土鍋や鍋で炊く時は火加減が重要です
ごはんを土鍋や鍋で炊く時は、タイミングがずれるとおいしく炊けないので、目を離さないようにしましょう。沸とうするまではふたをせず、沸とうしたらふたをして炊き、蒸らしてください。

韓国式マグロ丼

温かいごはんにマグロの刺身と野菜をのせて、酢コ
チュジャンダレで和えて食べる特別感のあるどんぶ
り。手軽につくれ、食欲が落ちる夏でもおいしく食
べられるメニューです。

材料（4人分）

ごはん.....茶碗4杯分
マグロ（刺身用・冷凍）.....400g
だいこん.....1/5本
梨.....1/4個
きゅうり.....1/2本
にんじん.....1/4本
青トウガラシ.....2本
サニーレタス.....20枚
えごまの葉.....8枚
かいわれだいこん.....1パック
にんにく.....4片
ごま油.....大さじ2

酢コチュジャンダレ
コチュジャン.....大さじ4
酢.....大さじ2
砂糖.....小さじ1

つくり方

1　**マグロを解凍する——** 冷凍マグロはキッチンペーパーに包み、冷蔵庫で半解凍する。

2　**マグロを切る——** 1のマグロを食べやすい大きさのサイコロ状に切る。

3　**野菜の準備——** だいこん、にんじん、梨、きゅうり、サニーレタス、えごまの葉はせん切りにし、青トウガラシは細かく
　　刻む。にんにくは薄切りにし、かいわれだいこんは洗って水けをきる。

4　**酢コチュジャンダレをつくる——** 酢コチュジャンダレの材料を混ぜ合わせる。

5　**仕上げる——** 器にごはんを盛り、まず3をのせ、その上にマグロをのせたら、最後に酢コチュジャンダレとごま油をか
　　ける。

いろいろな魚介の刺身を使ってみてください
マグロ以外にも、ヒラメ、黒ソイ、ケンサキイカ、エイなどを使ってもお
いしいです。でも、家庭で使いやすいのはマグロです。マグロの切り
身を冷凍しておき、食べたい時に解凍して食べるのがいちばん便利
です。

大豆もやしごはん

―――

大豆もやしを入れて炊いたごはんに、ピリ辛ダレを
混ぜる絶品ごはん。食欲がない時でも、手軽につく
れるお助けメニューです。

材料（4人分）

米.....3カップ	**ピリ辛ダレ**
大豆もやし.....300g	しょう油.....大さじ5
豚肉(ヒレ).....100g	水.....1/2カップ
水.....3カップ	粉トウガラシ.....大さじ2
	青トウガラシのみじん切り
豚肉の下味	.....大さじ2
酒.....大さじ1/2	長ねぎのみじん切り.....大さじ2
しょう油.....大さじ1/2	にんにくのみじん切り.....小さじ1
	白すりごま.....小さじ1
	ごま油.....大さじ1
	塩.....小さじ1

つくり方

1 **豚肉の下味――** 豚肉は細切りにし、酒としょう油で下味をつける。

2 **大豆もやしの準備――** 大豆もやしはひげ根を取り、洗って水けをきる。

3 **ごはんを炊く――** 釜（土鍋）の底に大豆もやしの1/2量を入れ、その上に洗って吸水させた米を入れたら、豚肉と残り
　の大豆もやしをのせ、水を注いで強火で炊く。大豆もやしに火が通ったら弱火にし、ふたをして香ばしい香りがする
　まで（焦げる寸前まで）炊き、蒸らす。

4 **タレをつくる――** ごはんが炊けたら全体を混ぜ、器に盛る。ピリ辛ダレの材料を混ぜ合わせ、ごはんにそえる。

ひとくち
メモ

さまざまな材料でつくれる炊き込みごはん
大豆もやし以外にも、カキやキムチ、だいこん、高麗アザミ★など、さまざ
まな材料の炊き込みごはんをつくることができます。具材を入れたご
はんは、具材から水分が出るため、炊く時の水の量を少なくするとお
いしく炊けます。
★韓国の江原道（カンウォンド）地方の特産品で、韓国ではナムルや炊き込みご
はんに入れてよく食べられている山菜。

とびっこの石釜ごはん

とびっこ、キムチ、石釜（土鍋）にできたお焦げまで
混ぜて食べる熱々石釜ごはん。香ばしい香りと口の
中でとびっこがプチプチと弾ける楽しさも味わえます。

材料（4人分）

ごはん（かために炊く）.....茶碗4杯分
とびっこ.....大さじ4
イクラ.....大さじ2
キムチ（よく発酵したもの）.....1カップ
玉ねぎ.....1/2個
にんじん.....1/4
小ねぎ.....2本
ごま油.....大さじ2

つくり方

1　**ごはんの味つけ**── かために炊いたごはんを石釜（土鍋）に入れ、ごはんの上にごま油をたらす。

2　**具材の準備**── キムチ、玉ねぎ、にんじんは細かく刻み、小ねぎは小口切りにする。

3　**魚卵の準備**── とびっことイクラはそれぞれざるに入れて水洗いし、塩気を抜く。

4　**仕上げる**── ごはんの上に、キムチ、玉ねぎ、にんじん、小ねぎ、とびっこ、イクラをのせ、ふたをして弱火で火を通す。
　　香ばしい香りがしてきたら、火からおろす。好みで、かいわれだいこん、刻み海苔、炒りごまなどをのせてもいい。

ひとくちメモ

とびっこでいろいろなごはんを楽しんでみてください
韓国では日本食レストランでしか食べられなかった食材が、いつし
か手軽に食べられるようになりました。とびっこだけでも充分おいし
いですが、いくら、ウニ、キャビアなどをのせれば、より一層楽しめます。

ライスチキングラタン

―

チキンライスにホワイトソースをたっぷりかけ、チーズを加えたオーブン料理。
チキンドリアとも呼ばれ、子供たちにも大人気のメニューです。

材料（4人分）

ごはん.....茶碗3杯分
鶏肉（胸）.....200g
ピーマン.....1/2個
にんじん.....1/4本
玉ねぎ.....1/2個
モッツァレラチーズ
（シュレッドタイプ）.....1/2カップ
にんにくのみじん切り.....大さじ1
ウスターソース.....大さじ1
白ワイン.....大さじ1
塩.....小さじ1/2
サラダ油.....大さじ3

鶏肉の下味
塩・白こしょう.....各少々
白ワイン.....大さじ1

ホワイトソース
小麦粉.....大さじ3
バター.....大さじ3
牛乳.....3カップ
生クリーム.....1カップ
塩.....小さじ1/2
白こしょう.....少々

つくり方

1 **鶏肉と野菜の準備**—— 鶏肉は食べやすい大きさに切り、塩、白こしょう、白ワインで下味をつける。ピーマン、にんじん、玉ねぎはみじん切りにする。

2 **鶏肉を炒める**—— フライパンにサラダ油を強火で熱し、にんにくのみじん切りを入れて軽く炒めたら、鶏肉を加えてよく炒める。

3 **チキンライスをつくる**—— 2に1の野菜を入れ、ウスターソース、白ワイン、塩を加えて炒め、ごはんを加えてさらに炒める。ここにモッツァレラチーズを入れて混ぜながら溶かす。

4 **バターと小麦粉を炒める**—— 熱した鍋にバターを入れて溶かし、小麦粉を入れて焦がさないように弱火で炒める。

5 **ホワイトソースを仕上げる**—— 4に牛乳を少しずつ加え、ダマにならないようによく混ぜる。生クリームを加えたあと、塩と白こしょうで味を調える。クリーム状になったら火を止める。

6 **オーブンで焼く**—— 耐熱皿に3のチキンライスを入れ、5のホワイトソースをかけたあと、180〜200度に温めたオーブンで10〜15分、焼き色がつくまで焼く。

ひとくちメモ

市販のホワイトソースを使えばより手軽につくれます

ホワイトソースをつくる手間を省きたい時は、市販のクリームスープや缶詰のホワイトソースを使うと便利で、市販のものに牛乳を加えるとおいしくなります。チキンライスはかために仕上げるとおいしく、オーブンがない場合は電子レンジで温めてもいいです。

キムチチーズチャーハン

酸っぱくなったキムチがあったら、細かく刻んでチャーハンにしてみてください。温かいチャーハンにモッツァレラチーズをのせると子供たちが大喜びです。

材料（4人分）

ごはん.....茶碗4杯分
白菜キムチ
　　.....1/5株（約360g）
豚ひき肉.....150g
玉ねぎ.....1個
にんじん.....1/5本
小ねぎ.....2本
モッツァレラチーズ
（シュレッドタイプ）.....50g
塩・こしょう.....各少々
サラダ油.....大さじ2

豚肉の下味
コチュジャン.....大さじ2
しょう油.....大さじ1
砂糖.....大さじ1
酒.....大さじ2
にんにくのみじん切り.....大さじ1

つくり方

1 **キムチと野菜を切る**── キムチはタレを落としてから細かく刻み、玉ねぎとにんじんはみじん切りにする。小ねぎは小口切りにする。

2 **肉の準備**── 豚ひき肉に下味用の調味料をもみ込み、フライパンにサラダ油を熱して肉の赤みがなくなるまで炒める。

3 **ごはんを炒める**── 2にキムチを入れて軽く炒めたあと、玉ねぎ、にんじん、ごはんを加えて全体を混ぜながら炒め、塩とこしょうで味を調えてから火を止める。

4 **仕上げる**── 3が熱いうちにチーズをのせ、チーズが溶けたあと、器に盛って小ねぎを散らす。

ひとくちメモ

チャーハンをつくる時は、かためのごはんを使ってください
あれこれとおかずを準備しなくても、ひと皿ですむメニューがチャーハンです。キムチチャーハンはキムチがあればすぐにつくれるのでとても便利です。チャーハンにはかためのごはんが適しています。油を多めに入れて、強火で手早く炒めるのがおいしくつくるポイントです。

チーズオムレツ

———

牛乳を混ぜた卵にモッツァレラチーズを入れたオムレツは、朝ごはんにピッタリメニュー。野菜をたっぷり入れたソースで、栄養バランスをとってください。

材料（4人分）

———

卵.....8個
牛乳.....120㎖
モッツァレラチーズ
（シュレッドタイプ）.....1カップ
小ねぎの小口切り.....大さじ2
塩・こしょう.....各少々
バター.....大さじ4

ソース
エリンギ.....1/2本
韓国かぼちゃ.....1/5本
ズッキーニで代用可能。

トマトケチャップ.....大さじ4
水あめ.....小さじ2
水.....大さじ4
塩・こしょう.....各少々
サラダ油.....大さじ1

つくり方

———

1 **卵液をつくる——** 卵に牛乳を入れてよく混ぜたあと、モッツァレラチーズ、小ねぎ、塩、こしょうを加えてよく混ぜる。

2 **卵を焼く——** フライパンを熱し、バター大さじ1を溶かしたら、卵液の1/4量を入れて箸でかき回しながら焼く。

3 **オムレツをつくる——** 卵の表面が完全に固まらないうちに、フライパンを動かして半月形に整えて一度裏返し、外は固まって中は半熟の状態に仕上げる。同じ方法で残りの3個をつくる。

4 **ソースをつくる——** エリンギと韓国かぼちゃは細かく切り、サラダ油を強めの中火で熱したフライパンで軽く炒めたあと、残りの材料を加えてソースがよく混ざるくらいに2〜3分煮る。

5 **仕上げる——** 皿にオムレツを盛ってソースをかける。

ひとくちメモ

オムレツにいろいろなものを入れて楽しんでください
オムレツは、卵液に具を入れないプレーンオムレツから、いろいろな材料を入れるオムレツまで、さまざまなアレンジが可能です。野菜はもちろん、炒めたキムチや大豆もやしのナムルなどの韓国料理を入れても、ひと味違ったオムレツが楽しめます。

ポークカツレツ

———

豚のヒレ肉に衣をつけて揚げたポークカツレツ。サクッとした衣と柔らかい肉は、
いつ食べてもおいしいです。つけ合わせの野菜をたっぷりそえると栄養のバランスもとてもよいです。

材料（4人分）

豚肉（とんかつ用ヒレ）
　.....150g×4枚
塩・こしょう.....各少々
サラダ油（揚げ用）.....適量

フライ衣
小麦粉.....1/2カップ
卵.....2個
パン粉.....1カップ

つけ合わせ野菜
キャベツ.....1/6玉
きゅうり.....1/2本
にんじん.....1/3本

ソース
とんかつソース.....適量
サウザンアイランドドレッシング.....適量

つくり方

1　**肉の下処理**── 豚肉は両面を麺棒などで軽く叩いて薄く伸ばし、塩とこしょうで下味をつける。

2　**肉の衣づけ**── 1の豚肉全体に小麦粉をまぶしたあと、溶いた卵液をつけ、パン粉をつける。

3　**衣の調整**── パン粉がはがれないように、手で押さえてしっかりつける。

4　**油で揚げる**── 170〜180度に熱したサラダ油に3の肉を入れて、両面を色よく揚げたら、油をきる。

5　**野菜の準備**── つけ合わせのキャベツ、きゅうり、にんじんはせん切りにし、水につけてから水けをきる。

6　**仕上げる**── 皿にポークカツレツをのせて野菜をそえる。ポークカツレツにはとんかつソース、野菜にはサウザンアイランドドレッシングをかける。

とんかつソースのつくり方
とんかつソースを手づくりしてみてください。細かく刻んだにんじん、玉ねぎ、にんにくを、サラダ油を熱したフライパンで炒めてだし汁を注ぎ、ローリエ、トマトケチャップ、ウスターソースを加えて煮詰めたあと、塩とこしょうで味を調えれば出来上がりです。とんかつソースは、豚肉以外に魚、鶏肉、牛肉などの料理にも利用できます。

ハンバーグ

———

みんなが大好きなハンバーグ。通常は牛肉と豚肉を混ぜ合わせてつくりますが、
どちらかの肉でも大丈夫です。パンにはさんでハンバーガーにしてもおいしいです。

材料（4人分）

牛ひき肉 ...200g
豚ひき肉.....200g
玉ねぎ.....1個
にんじん.....1/3本
長ねぎ.....1本
溶き卵.....1/2個分
ウスターソース.....大さじ1
塩・こしょう.....各少々
サラダ油.....適量

つけ合わせ

コーンの缶詰（粒）.....1/2缶
ブロッコリー.....60g
バター.....少々

ソース

ステーキソース.....適量
マスタードソース.....適量

つくり方

1 **肉と野菜の準備——** 牛ひき肉と豚ひき肉は混ぜ合わせる。玉ねぎ、にんじん、長ねぎはみじん切りにする。

2 **野菜を炒める——** フライパンにサラダ油を強火で熱して1の野菜を炒め、塩とこしょうで味つけしたら、火から下ろして冷ましておく。

3 **肉だねの準備——** 1の肉と冷ました2の野菜を混ぜ合わせ、卵、ウスターソースを加え、粘り気が出るまで混ぜる。

4 **形をつくる——** 3を4等分にし、平たい楕円形にする。

5 **つけ合わせの準備——** コーンの缶詰はざるで缶汁をきり、フライパンにバターを入れて中火で軽く炒める。ブロッコリーは小房に分けて、沸とうした湯でゆでたあと、水につけて冷まして、水けをきる。

6 **ハンバーグを焼く——** フライパンにサラダ油を中火で熱し、4を入れて両面を軽く焼いたら弱火にし、ふたをして中まで火を通す。

7 **仕上げる——** 温めた皿もしくはステーキ用の鉄板にハンバーグをのせ、ステーキソースとマスタードソースをかけて、5のコーンとブロッコリーをそえる。

ハンバーグのたねをたくさんつくって冷凍保存しておくと便利です
ハンバーグのたねをたくさんつくって冷凍すると、いろいろ使えて便利です。解凍して焼くだけでもいいですし、パスタのソースにも使えます。ハンバーグを焼いてパンにはさめばおいしいハンバーガーができます。ラップで包んでひとつずつ小分けに冷凍すると、便利に使えます。

トック（韓国餅）とマンドゥ（韓国餃子）のスープ

―

お正月の朝に、健康と長寿を願って食べる韓国の代表的な正月料理です。
コクのある牛肉スープに韓国餅と韓国餃子を入れたお腹も満足なメニューです。

材料（4人分）

韓国餅（雑煮用）.....500g
韓国餃子（市販のもの）.....8個
牛肉（バラ）.....100g
卵.....2個
長ねぎ.....1本
にんにくのみじん切り.....大さじ1
クッカンジャン（薄口しょう油）
　　.....大さじ1
塩.....少々
水.....8カップ（1.6ℓ）

肉の下味

クッカンジャン（薄口しょう油）
　　.....大さじ1
長ねぎのみじん切り.....大さじ1
にんにくのみじん切り.....小さじ1
ごま油.....大さじ1/2

つくり方

1　**餅・餃子の準備**── 韓国餅は水で軽く洗い、韓国餃子は市販のものをそのまま使う。

2　**肉の下味**── 牛肉はひと口大にし、下味用の材料をもみ込む。

3　**具材の準備**── 長ねぎは斜め切りにし、卵は塩少々を入れて溶きほぐす。

4　**スープをつくる**── 鍋を熱し、2の牛肉を入れて強火で軽く炒めたら水を注ぎ、中火で20分ほど煮る。途中でアクと脂を取り除く。

5　**具材を煮る**── 4のスープにクッカンジャンと塩少々を加えて味を調え、韓国餅、韓国餃子、にんにくのみじん切りを入れて韓国餃子に火が通るまで煮る。

6　**仕上げる**── 長ねぎを加え、溶き卵を回し入れたら、クッカンジャン（分量外）で味を調えて、軽く煮る。

韓国餃子はあとから入れると皮が破れません
韓国餅と韓国餃子を少量煮る場合は、餅と餃子を同時に入れることがありますが、たくさんの量を煮る時は、初めから餃子を入れてしまうと破れやすいです。餃子は一度蒸して火を通しておき、餅が煮えてからスープに加えて軽く煮るといいでしょう。日常的に食べる韓国餅のスープ（韓国雑煮）には、溶き卵を回し入れますが、法事などの行事の席では、卵は黄身と白身に分けて、それぞれ薄焼き卵をつくって細切りにし、スープの上に飾ります。

アサリのカルグクス
（韓国式アサリうどん）

濃厚なスープが絶品のアサリ入り韓国うどん。おいしいアサリを食べるのも楽しみのひとつです。
韓国うどんの麺は、市販の生麺を使うとより手軽につくれます。

材料（4人分）

韓国かぼちゃ.....2/3本
ズッキーニで代用可能。

青トウガラシ.....2本
赤トウガラシ.....1本
長ねぎ.....1本
にんにくのみじん切り.....大さじ1
クッカンジャン（薄口しょう油）
　　.....大さじ3
塩・こしょう.....各少々

韓国うどん
小麦粉.....3カップ
塩.....小さじ1/2
水.....2/3カップ

スープ
アサリ.....2カップ
クッカンジャン（薄口しょう油）
　　.....大さじ1
酒.....大さじ1
塩.....小さじ1
水.....10カップ（2ℓ）

つくり方

1 **麺の準備——** 小麦粉、塩、水を混ぜてひとまとめにしたら、ビニール袋に入れて30分ほど寝かせる。

2 **麺を切る——** まな板に小麦粉（分量外）をふり、1の生地を薄く広げたら両端をたたみ、幅0.3センチに切る。麺同士がくっつかないようにしながらお盆に広げ、乾燥しないように布巾をかけておく。

3 **アサリをゆでる——** アサリは塩水（分量外）で洗ってから水で洗い、水けをきったあと、鍋に入れて水を注いでゆでる。貝の口が開いたら、湯の中で揺らして砂を落とし、スープは砂が入らないようにしながら別鍋に移す。

4 **スープに味をつける——** 3のスープにクッカンジャン、酒、塩を入れて味を調える。

5 **野菜を切る——** 韓国かぼちゃはせん切りにし、青トウガラシと赤トウガラシは半分に切って種を除いたらせん切りにし、長ねぎは斜め切りにする。

6 **仕上げる——** 4のスープに麺を入れて強火で軽く煮たら、アサリと野菜を加え、にんにくのみじん切り、クッカンジャン、塩、こしょうで味を調え、もうひと煮立ちさせる。

ひとくちメモ　とろみのあるスープの理由

韓国式アサリうどんは、とろみのある濃厚なスープが特徴といえます。とろみの理由は、韓国うどんを下ゆでせずに、打ちたてをそのままスープに入れるからです。さっぱりしたスープがいい場合は、韓国うどんを下ゆでしてからスープに入れてください。

鶏肉のカルグクス
（韓国式鶏肉うどん）

コクのある鶏のスープに市販の生麺を使ったメニュー
です。麺を下ゆでせずに直接スープに入れると味わ
い深くなります。

材料（4人分）

韓国うどん（生麺）.....400g
韓国かぼちゃ.....1/2本
ズッキーニで代用可能。

長ねぎ.....1本
赤トウガラシ.....1本
クッカンジャン（薄口しょう油）
　.....大さじ1

鶏のスープ
丸鶏.....1羽
長ねぎ.....1本
にんにく.....3片
塩.....適量
水.....17カップ（3.4ℓ）

つけダレ
しょう油.....大さじ4
水.....大さじ2
粉トウガラシ.....大さじ1
長ねぎのみじん切り.....大さじ1
にんにくのみじん切り.....大さじ1/2
青トウガラシのみじん切り.....大さじ2
ごま油・白すりごま.....各小さじ1
こしょう.....少々

つくり方

1　**鶏肉の下処理**—— 丸鶏を水できれいに洗い、長ねぎ、にんにくと一緒に鍋に入れ、水を注いで強めの中火で30分ほ
ど煮る。鶏肉に火が通ったら取り出し、骨から肉を外して小さく裂き、スープはざるでこしてから冷まし、塩で味を調え
る。

2　**野菜を切る**—— 韓国かぼちゃはせん切りにし、長ねぎは斜め切りにし、赤トウガラシは細かく刻む。

3　**麺を煮る**—— 1の鶏のスープを強火で煮立て、麺を入れてひと煮立ちさせる。クッカンジャンと塩で味つけしたあと、
麺に火が通って浮き上がってきたら2の野菜と1の鶏肉を加え、もうひと煮立ちさせる。

4　**つけダレの準備**—— 出来上がった3を器に入れ、つけダレの材料を混ぜてそえる。

ひとくち
メモ

鶏肉をゆでる時に酒を入れると臭みが消えます
丸鶏は適度な大きさのものを選び、丁寧に下処理をしたあと、たっ
ぷりの水で煮ます。煮る時に、通常は長ねぎとにんにくを入れますが、
簡単に酒だけ入れる場合もあります。酒には臭いを消す効果がある
からです。

チャンチグクス
（韓国式にゅう麺）

——

素麺を牛肉だしや煮干しだしで食べる温かい麺。誰でも簡単につくることができます。

材料（4人分）

素麺.....450g
韓国かぼちゃ.....1本
ズッキーニで代用可能。

卵.....1個
乾燥キクラゲ.....少々
糸トウガラシ.....少々
長ねぎのみじん切り.....小さじ2
にんにくのみじん切り
　　.....小さじ1/2
ごま油.....小さじ1/2
白すりごま.....小さじ1/2
塩.....少々
サラダ油.....適量

牛肉のスープ

牛肉（バラ）.....200g
長ねぎ.....1本
にんにく.....4片
クッカンジャン（薄口しょう油）
　　.....大さじ3
塩.....少々
水.....10カップ（2ℓ）

つくり方

1　**牛肉の下処理**── 牛肉は水につけて血抜きしたあと、長ねぎ、にんにくと一緒に鍋に入れ、水を注いで強火で煮る。牛肉に火が通ったら取り出して薄く切り、スープはざるでこす。

2　**トッピングの準備**── 韓国かぼちゃはせん切りにしたあと、長ねぎのみじん切り、にんにくのみじん切り、塩、ごま油、白すりごままで味つけしてから炒める。卵は黄身と白身に分けて、それぞれ薄焼き卵をつくって細切りにする。乾燥キクラゲはぬるま湯でもどしてせん切りにしたあと、フライパンで強めの中火で軽く炒める。

3　**スープに味をつける**── 1の牛肉のスープにクッカンジャンと塩を入れて味を調えたら、強火でひと煮立ちさせる。

4　**麺をゆでる**── 沸とうした湯に素麺を入れてゆでたら、冷水で洗って水けをきり、1人分ずつの量に分けておく。

5　**仕上げる**── ざるに1人分の素麺を入れ、3のスープに浸して温めたら器に入れる。素麺の上に薄切りにした肉とトッピングの具材をのせたあと、器のふちからスープを注ぐ。

麺をゆでる時に吹きこぼれたら水をさしてください
麺をゆでる時に吹きこぼれる場合がありますが、その時に火を弱めたり消したりすると、麺のコシがなくなります。まずは麺をゆでる時に大きな鍋を使い、コップ1杯の水を用意し、もしも吹きこぼれそうになったら、少しずつ鍋に入れてください。吹きこぼれを防ぎ、麺のコシも残ります。

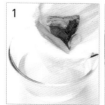

じゃがいものスジェビ
（じゃがいものすいとん）

———

煮干しと昆布のだし汁にツルンとしたすいとんとじゃがいもを入れたスープ。幼い頃に私の母がつくってくれたそのままの味です。

材料（4人分）

じゃがいも.....2個
韓国かぼちゃ.....1/3本
ズッキーニで代用可能。

長ねぎ.....1本
赤トウガラシ.....1本
クッカンジャン（薄口しょう油）
　.....大さじ1
塩.....少々

すいとん
小麦粉.....3カップ
塩.....小さじ1/2
水.....1と1/2カップ

だし汁
煮干し（大サイズ）.....20尾
昆布.....10×10センチ 2枚
水.....12カップ（2.4ℓ）

つけダレ
クッカンジャン（薄口しょう油）
　.....大さじ4
水.....大さじ4
長ねぎの小口切り.....大さじ2
にんにくのみじん切り.....小さじ1
青トウガラシのみじん切り
　.....大さじ2
粉トウガラシ.....大さじ1

つくり方

1　**すいとんの準備**── 小麦粉、塩、水を混ぜてひとまとめにしたら、ビニール袋に入れて30分ほど寝かせる。

2　**だし汁をつくる**── 鍋に頭と内臓を取り除いた煮干しと昆布を入れ、水を注いで強火で煮る。煮立ったら昆布を取り出し、火を弱めてさらに15分ほど煮たら、煮干しを取り出す。

3　**野菜の準備**── じゃがいもは5ミリほどの厚さの半月切りにし、水につけて水けをきる。韓国かぼちゃと赤トウガラシはせん切りにし、長ねぎは斜め切りにする。

4　**煮る**── 2のだし汁にクッカンジャンと塩を入れて味を調え、じゃがいもを入れてひと煮立ちさせる。じゃがいもに火が通ったら、すいとんを薄くちぎりながら入れ、韓国かぼちゃ、赤トウガラシ、長ねぎを加えて強めの中火でさらに煮る。

5　**仕上げる**── 4を器に入れ、つけダレの材料を混ぜてそえる。

すいとんの生地は薄くしてください
すいとんの生地は、長い間こねると粘りがたくさん出るので注意してください。少し粘りが出てきたら薄く伸ばし、ちぎってすぐに鍋に入れます。手に水をつけると、生地がくっつきにくくなります。

コングクス
（冷製豆乳麺）

———

大豆でつくった手づくり豆乳に麺を入れて食べる豆乳麺。栄養豊富で、豆乳のコクがおいしい冷たい麺です。

材料（4人分）

韓国うどん.....300g
稲庭うどん、ひやむぎ、半田素麺などでも代用可能。

きゅうり.....1/2本
トマト.....2個
卵.....2個
塩.....少々

豆乳
大豆.....2カップ
水.....8カップ（1.6ℓ）

つくり方

1 **大豆の準備**—— 大豆は充分に吸水させてからたっぷりの沸とうした湯で30分ほどじっくりゆで、手でこすりながら薄皮をはがしたあと、水と一緒にブレンダー（ミキサー）にかける。

2 **豆乳をつくる**—— 1をざるでこして、豆乳だけ冷蔵庫で冷やす。

3 **トッピングの準備**—— きゅうりはせん切りにし、トマトは薄切りにする。卵は固ゆでしたあと半分に切る。

4 **仕上げる**—— 沸とうした湯に麺を入れてゆでたら冷水で洗い、水けをきったあと器に入れる。麺の上にきゅうり、トマト、ゆで卵をのせ、冷やした豆乳を注ぐ。食卓で各自の好みに合わせて塩で味つけする。

ひとくちメモ

白炒りごまや松の実を入れるとコクが増します
豆乳麺は一般的に大豆でつくりますが、黒豆でつくる場合もあります。また豆乳をつくる時に、白炒りごまや松の実を加えることも。手づくりの豆乳は、冷やしてそのまま飲んでもおいしいです。

コルドン麺
（ミョン）
（韓国式しょう油まぜ麺）

―

炒めた牛肉やきのこなどを入れた「コルドンミョン」という名のしょう油まぜ麺。
いろいろな材料を混ぜるので「混ぜ合わせた麺」という意味の名前がついています。

材料（4人分）

素麺 300g
牛肉（ランプ）.....100g
干ししいたけ.....3本
きゅうり.....1本
赤トウガラシ.....1本
卵.....2個
塩・サラダ油.....各少々

しょう油ダレ

しょう油・ごま油.....各大さじ4
砂糖.....大さじ1/2
白すりごま.....大さじ1

つくり方

1　**具材の準備**── 牛肉は細切りにし、干ししいたけはぬるま湯でもどして軸を取ったら、かさの部分だけ細切りにする。牛肉と干ししいたけに少量のしょう油ダレをかけて強めの中火で炒める。

2　**野菜の準備**── きゅうりはせん切りにし、塩をふってしんなりしたらきつくしぼり、サラダ油を強火で熱したフライパンで軽く炒める。赤トウガラシはせん切りにする。

3　**トッピングの準備**── 卵は黄身と白身に分け、それぞれ薄焼き卵をつくって細切りにする。

4　**麺をゆでる**── 沸とうした湯で素麺をゆでたら冷水で洗い、ざるで水けをきる。

5　**仕上げる**── 4の素麺をしょう油ダレで和え、1の牛肉としいたけ、きゅうりを加えて混ぜて器に盛り、麺の上に3の卵と赤トウガラシを飾る。

まぜ麺は、食べる直前に麺をゆでて和えてください
まぜ麺は、和えて時間が経つと麺が伸びてしまい、味が落ちます。すべての材料を準備しておき、最後に麺をゆでてタレで和えるのが望ましいです。味つけはしょう油ベースの他に、甘酸っぱいコチュジャンダレもおすすめで、野菜はきゅうりの代わりに韓国かぼちゃやせりを使ってもおいしいです。

トンチミ冷麺
（だいこんの水キムチ冷麺）

――

韓国では真冬にも冷麺を楽しみます。すっきり味の
冷たい冷麺を食べると気持ちがシャキッとします。

材料（4人分）

冷麺.....450g
牛肉（バラまたはスネのブロック）
　　.....200g
卵.....2個
きゅうり.....1本
梨.....1/2個
長ねぎ.....1本
赤トウガラシ.....1本
トンチミのだいこん（発酵したもの・
中サイズ）.....1/2個
水.....10カップ（2ℓ）

冷麺のスープ

水キムチの汁.....5カップ（1ℓ）
スープ（牛肉のゆで汁）
　　.....2カップ
クッカンジャン（薄口しょう油）
　　.....適量
塩.....適量

つくり方

1　**牛肉の準備**―― 鍋に水、牛肉、長ねぎを入れて強火でゆでたあと、牛肉に火が通ったら取り出して薄切りにし、スープはざるでこす。

2　**具材の準備**―― 卵は固ゆでして半分に切り、きゅうりと梨はせん切りにする。赤トウガラシは細かく刻む。

3　**だいこんの準備**―― トンチミのだいこんはよく発酵したものを使い、食べやすい大きさのせん切りか薄切りにする。

4　**スープをつくる**―― トンチミの汁に1のスープを2カップ加えて合わせたあと、クッカンジャンと塩で味を調えたら冷蔵庫で冷やす。

5　**麺をゆでる**―― 沸とうした湯に冷麺を入れてゆでたら冷水で洗い、ざるでしっかり水けをきる。

6　**仕上げる**―― 器に1人分の冷麺を盛り、麺の上にきゅうり、梨、ゆで卵、赤トウガラシ、牛肉、トンチミのだいこんをのせ、冷やしたスープを注ぐ。好みに合わせて、酢、からし（分量外）を加えて食べてもよい。

ひとくちメモ

冷麺をおいしく食べるには
冷麺のコシを強くするには、スープを氷のように冷たくしてください。
トンチミ（だいこんの水キムチ）は冷麺以外では素麺とも相性がい
いです。また韓国では、ヨルムキムチ（だいこん菜のキムチ）も素麺に
入れて食べますが、その時もこのつくり方が応用できます。

チョル麺^{ミョン}
（韓国式甘辛まぜ麺）

——

シャキシャキの大豆もやし、きゅうり、にんじん、キャベツのせん切りを入れたコチュジャンダレの甘辛いまぜ麺。コシの強い麺と甘辛いタレが食欲をそそります。

材料（4人分）

チョル麺^{ミョン}.....400g
小麦粉やじゃがいもでんぷんでつくられる冷麺。韓国食材店やオンラインショップで入手可能。

大豆もやし.....100g
きゅうり.....1/2本
にんじん.....1/3本
キャベツ.....4枚
白炒りごま.....少々

甘辛ダレ
粉トウガラシ.....大さじ4
コチュジャン.....大さじ2
しょう油.....大さじ2
酢.....大さじ3
砂糖・水あめ.....各大さじ2
長ねぎのみじん切り.....大さじ1
にんにくのみじん切り
　　.....大さじ1
白すりごま.....小さじ1
ごま油.....大さじ1
塩.....少々

つくり方

1　**大豆もやしの下処理——** 大豆もやしは、ひげ根を取って洗ったあと、鍋に少量の水を入れ、ふたをして強火で蒸し煮にしたら、洗って水けをきる。

2　**野菜の準備——** きゅうり、にんじん、キャベツはせん切りにする。

3　**甘辛ダレをつくる——** 甘辛ダレの材料を混ぜ合わせる。

4　**麺をゆでる——** チョル麺をほぐし、沸とうした湯でゆでたら、冷水で洗って水けをきる。

5　**仕上げる——** 4のチョル麺に甘辛ダレを入れて和える。よく混ざったら器に入れ、チョル麺の上に野菜をのせて、白炒りごまをふりかける。

チョル麺は、よくほぐしてからゆでてください
チョル麺や冷麺は、麺がくっついているので、ほぐしてからゆでてください。ほぐさないでゆでると、麺がくっついたまま固まりになってしまいます。麺をほぐしたら、沸とうした湯で3〜4分ゆでてください。

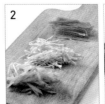

キムチマリグクス
（キムチ入りにゅう麺）

煮干しのだし汁に素麺を入れてキムチをトッピングした温かい素麺。食欲がない時でもさっぱり食べられるメニューです。

材料（4人分）

素麺.....400g
白菜キムチ.....1/6株（約300g）
牛ひき肉.....100g
卵.....1個
海苔.....全形1枚
小ねぎ.....1/2本
白炒りごま・サラダ油.....各少々

肉の下味
しょう油.....大さじ1
にんにくのみじん切り.....少々
こしょう.....少々

だし汁
煮干し（大サイズ）.....20尾
クッカンジャン（薄口しょう油）
　　.....少々
水.....8カップ（1.6ℓ）

味つけダレ
しょう油.....大さじ4
水.....大さじ2
長ねぎのみじん切り
　　.....大さじ2
にんにくのみじん切り.....小さじ1
粉トウガラシ.....小さじ1
ごま油.....小さじ1

つくり方

1 **だし汁をつくる**── 煮干しの頭と内臓を取ったら、水と一緒に鍋に入れて最初は強火でその後は火を弱めて煮る。煮干しを取り出し、クッカンジャンを入れて味つけする。

2 **具材の準備**── キムチは細かく刻んでごま油をもみ込み、牛ひき肉は下味をつけたら、フライパンで強火で炒める。

3 **トッピングの準備**── 卵は溶きほぐし、フライパンにサラダ油（分量外）をひいて薄焼き卵をつくって細切りにし、海苔は軽くあぶって細かくちぎる。小ねぎは小口切りにする。

4 **麺をゆでる**── 沸とうした湯に素麺を入れてゆでたら冷水で洗い、ざるでしっかり水けをきる。

5 **仕上げる**── 器に1人分の素麺を盛り、1のだし汁を注いだあと、トッピングの具材をのせて白炒りごまをふりかける。味つけダレの材料を混ぜ合わせ、麺にそえて出す。

ひとくちメモ

大きめの煮干しは必ず内臓を取り除いてください
だし汁には大きめの煮干しを使うことが多いですが、煮干しが大きいほど内臓から苦みが出ます。大きい煮干しは、内臓を取り除いてからだし汁をつくることが必須です。煮干しのだし汁を使わない場合は、昆布だしやかつおだしを使ってください。

メミルムッ
（そば豆腐）

そば豆腐を細長く切って、キムチやだし汁と一緒に食べるメニュー。冬は温かく、夏は冷たくして食べてください。

材料（4人分）

メミルムッ（そば豆腐・市販品）
　.....1パック（豆腐サイズ）
きゅうり.....1/2本
にんじん.....20g
海苔.....全形1枚

だし汁
煮干し（大サイズ）.....10尾
昆布.....10×10センチ 2枚
クッカンジャン（薄口しょう油）
　.....大さじ6
鷹の爪.....1本
みりん.....大さじ2
塩.....少々
水.....8カップ（1.6ℓ）

味つけダレ
クッカンジャン（薄口しょう油）
　.....大さじ2
水.....大さじ2
粉トウガラシ.....大さじ1
青トウガラシのみじん切り
　.....大さじ2
白すりごま.....大さじ1/2
ごま油.....大さじ1/2

キムチ和え
白菜キムチ.....1/6株（約300g）
ごま油.....大さじ1/2
砂糖.....少々

つくり方

1　**材料の準備**—— そば豆腐は、拍子木切りにし、きゅうりとにんじんはせん切りにし、海苔は軽くあぶってちぎる。キムチはタレを落として細かく刻んだあと、ごま油と砂糖で和える。

2　**だし汁をつくる**—— 昆布は湿った布巾でふき、煮干しは頭と内臓を取り除く。鍋に水を注いで昆布と煮干しを入れて最初は強火でその後は火を弱めて煮る。昆布は5分、煮干しは15分ほど煮たら取り出す。

3　**だし汁の味つけ**—— 2のだし汁に鷹の爪を入れ、クッカンジャンとみりんで味つけして中火で軽く煮たら火を止める。味が薄い場合は塩で調える。

4　**仕上げる**—— 器にそば豆腐を入れ、キムチの和え物、きゅうり、にんじんをのせたあと、温かい3のつゆを注いでから混ぜ合わせた味つけダレと海苔を上にのせる。

ひとくちメモ

そば粉でそば豆腐を手づくりしてみてください
そば豆腐はそば粉でつくることができます。そば粉と水の割合は6：1が適量で、そば粉を練る時は、一方向に練りながら煮て、生地に粘りが出てきたら、型に入れて固めれば出来上がりです。

牛肉と野菜のお粥

お米を炒めてから、牛肉や野菜と一緒に煮たお粥は人気のメニューです。食欲のない時にもおすすめです。

材料（4人分）

米.....2カップ
牛ひき肉.....100g
干ししいたけ.....2本
にんじん.....1/4本
韓国かぼちゃ.....1/4本
ズッキーニで代用可能。
ごま油.....大さじ2
クッカンジャン（薄口しょう油）
　.....大さじ1
塩.....少々
水.....14カップ（2.8ℓ）

肉の味つけ調味料
しょう油.....大さじ1/2
長ねぎのみじん切り
　.....大さじ1/2
にんにくのみじん切り
　.....小さじ1/2
ごま油.....小さじ1/2
こしょう.....少々

つくり方

1 **米の準備──** 米は洗い、30分以上吸水させたら水けをきる。

2 **具材の準備──** 牛ひき肉は味つけ調味料をもみ込み、干ししいたけは水でもどしたら水けをきって軸を取り、小さめに刻む。にんじんと韓国かぼちゃは小さめに刻む。

3 **具材を炒める──** フライパンにごま油を中火で熱して米を軽く炒め、2の牛肉としいたけを加えて炒める。牛肉に火が通ったら水を注いで煮る。

4 **仕上げる──** 米が柔らかくなったら、にんじんと韓国かぼちゃを加え、クッカンジャンと塩で味を調える。

お粥のつけ合わせ
お粥のつけ合わせには、刺激の少ないおかずが適しています。汁物では、「明太子と豆腐のチゲ」（p.138）や「トンチミ（だいこんの水キムチ）」（p.292）などがよく、常備菜では「牛肉のしょう油煮」（p.45）や「黒豆のしょう油煮」（p.87）などと相性がいいです。

小豆粥

柔らかく煮た小豆とお米を合わせたお粥。まんまるの白玉を浮かべて楽しみます。

材料（4人分）

小豆.....5カップ
米（吸水させたもの）
.....2カップ
白玉粉.....2カップ
塩.....少々
熱湯.....1/2カップ
水.....20カップ（4ℓ）

つくり方

1　**小豆の準備**── 鍋に小豆とたっぷりの水を入れ、小豆がつぶれるまでゆでる。ゆであがった小豆をざる（こし器）でこして餡にし、ゆで汁は別にとっておく。

2　**白玉をつくる**── 白玉粉に塩を混ぜてざるでこし、熱湯を入れてこねたあと、1センチぐらいの団子状に丸める。

3　**お粥を煮る**── 1のゆで汁を鍋に注ぐ。吸水させた米の水けをきって鍋に入れて米が柔らかくなるまで煮たら、1の餡を入れ、鍋にこびりつかないように混ぜながら弱火でじっくり煮る。

4　**白玉を入れる**── お粥が柔らかく煮えたら白玉を入れ、ふたをして弱火で10分ほど煮たあと火を止め、5分ぐらい蒸らす。

好みに合わせて、砂糖や塩を加えてください

お汁粉の場合は、米を入れずに小豆だけを煮ます。白玉ではなく、松の実やくるみのようなナッツ類を入れて、好みに合わせて砂糖とシナモンパウダーを入れるとおいしいお汁粉になります。

かぼちゃ粥

かぼちゃを柔らかく煮てつぶし、白玉粉を入れて甘く煮たお粥です。白玉をトッピングすると、おいしさ倍増です。

材料（4人分）

かぼちゃ.....1個
白玉粉.....1/2カップ
塩または砂糖.....少々
水.....10カップ（2ℓ）

つくり方

1　**かぼちゃの準備**── かぼちゃは洗ってから半分に切って種を除いたあと、蒸し器で柔らかくなるまで蒸す。

2　**かぼちゃを煮る**── 1のかぼちゃの皮をむき、中身の黄色い部分だけを鍋に入れ、水を注いで煮る。木べらでかぼちゃをつぶしながら煮る。

3　**お粥を煮る**── 2がひと煮立ちしたら白玉粉を入れ、ダマにならないように混ぜながら煮る。煮えたら、好みに合わせて塩または砂糖で味つけする。

ホバクボンボクをつくってみてください

かぼちゃ粥に、ゆでた大豆、黒豆、小豆、小さく丸めた白玉（豆と同じぐらいの大きさ）などを入れてアレンジしたものを「ホバクボンボク」といいます。ごはん代わりにもなり、満足できる一品です。

part

4

家族のための
ヘルシーメニュー

韓国では「食べ物は補薬（元気になるための滋養薬のようなもの）」という言葉があるように、体にいい食べ物を選び、いろいろな栄養を摂取すれば補薬は必要ありません。大切な家族の健康のために、おいしくて栄養豊富な料理をつくってみてください。お母さんの愛情が詰まった料理はいちばんの滋養食です。

豚肉のスパイス煮

―

味と香りのいい五香粉(ウーシャンフェン)ソースで豚肉を煮た料理。
いろいろなスパイスを入れることで豚肉の臭みが消え、消化もよくなります。

材料（4人分）

豚肉（スネのブロック）.....1kg
ミニトマト.....4個
ベビーリーフ（またはスプラウト）
　　.....50g

スパイス（五香粉）ソース

長ねぎ.....1本
しょうが.....1片
しょう油.....1/2カップ
酒.....大さじ2
砂糖.....小さじ1
五香粉（ウーシャンフェン）.....小さじ1
（または 山椒・シナモン・クローブ・
陳皮（チンピ）★・八角.....各少々）
水.....8カップ（1.6ℓ）
サラダ油.....適量

ガーリックソース

しょう油.....大さじ2
酢.....大さじ1
にんにくのみじん切り.....大さじ1
砂糖・ごま油.....各小さじ1

つくり方

1 **肉の準備——** 豚肉をたこ糸で巻いたあと、鍋に入れて豚肉がかぶるくらいの水（分量外）を注いで強火で10分、中火にして20分ほどゆでる。

2 **スパイスソースをつくる——** フライパンにサラダ油を強火で熱し、斜め切りにした長ねぎと薄切りにしたしょうがを手早く炒めて香りを出したら、しょう油、水、砂糖、酒、五香粉を加えて煮る。

3 **肉を煮る——** 2のスパイスソースに1の豚肉を入れたら強火で煮立て、中火に弱めてじっくり煮る。

4 **ガーリックソースをつくる——** ガーリックソースの材料をすべて混ぜ合わせる。

5 **仕上げる——** 豚肉を切って、ベビーリーフ（またはスプラウト）、ミニトマトとともに皿に盛り、ガーリックソースを別の器に入れ、そえる。

★生薬（漢方）のひとつでみかんの皮を乾かしたもの。橘皮（キッピ）という言い方もある。中華食材店、漢方薬局、オンラインショップなどで入手可能。

五香粉は臭みを消し、消化を助けます
五香粉には、山椒、シナモン、クローブ、陳皮、八角など5種類のスパイスが含まれ、それぞれの特徴ある香りが食欲を増進させます。また、豚肉とスパイスを一緒に煮ると、肉の臭みが消え、消化促進作用によって胃腸への負担も軽減されます。

ゆで豚のポッサムと
カキのピリ辛和え

―

厚切りにしたゆで豚とピリ辛のカキを白菜に包んで食べる料理です。
カキをたっぷり入れた和え物をピリ辛味にするのがポイントです。

材料（4人分）

ゆで豚
豚肉（バラまたは肩ロースのブロック）
.....600g
テンジャン（韓国味噌）.....大さじ1
酒.....大さじ1

カキのピリ辛和え
カキ（むき身・生食用）.....100g
だいこん.....200g
せり.....100g
小ねぎ.....10本
梨.....1/2個
なつめ・栗.....各5個
松の実.....大さじ1

ピリ辛ダレ
粉トウガラシ.....大さじ4
イワシエキス.....大さじ3
水.....1/2カップ
砂糖.....大さじ2
長ねぎのみじん切り.....大さじ2
にんにくのみじん切り.....大さじ1
しょうがのみじん切り.....大さじ1/2
塩.....大さじ1/2

白菜漬け
白菜（内葉）.....20枚
塩.....大さじ1

つくり方

1 **肉をゆでる**—— 豚肉がかぶるくらいの沸とうした湯にテンジャンを溶かして酒を加える。豚肉を入れて強火にかけ、煮立ったら弱火にしてじっくり50分ほどゆでる。

2 **白菜の準備**—— 白菜の内葉に塩をふって、しんなりしたら水ですすいで水けをしぼる。

3 **和え物の準備**—— だいこんはせん切りにして塩（分量外）をふり、しんなりしたらきつくしぼって水けをきる。せりと小ねぎは長さ3センチに切る。梨となつめと栗はせん切り、松の実は残っている皮があれば除く。

4 **カキの下処理**—— カキはざるに入れ、塩水（分量外）の中でふりながら洗って、水けをきる。

5 **和え物をつくる**—— ピリ辛ダレのすべての材料を混ぜ、3のだいこんだけを和えたあと、カキと3の残りの野菜なども加えて和える。

6 **仕上げる**—— 豚肉を厚めに切って皿に盛り、白菜とカキのピリ辛和えをそえる。

だいこんは塩漬けしたあと、きつくしぼってください
だいこんは塩をふって必ず水けをしぼってください。充分でないと水分が出て和え物の味が薄まり、だいこんの歯ごたえもよくありません。和えものはカキを加えたあとは、カキが崩れないようにやさしく和えてください。

スサムトッカルビ
（高麗人参入り韓国式ハンバーグ）

———

骨つきカルビの肉をミンチにし、高麗人参を混ぜて味つけした高級料理。
歯が弱いご高齢の方や子供たちにも食べやすい一品です。

材料（4人分）

牛肉（骨つきカルビ）.....6切れ
高麗人参（生）.....1本
松の実粉（松の実を粉砕したもの）
　　.....大さじ3
小麦粉.....少々
サラダ油.....適量

味つけ調味料
しょう油.....大さじ1
梨のすりおろし.....大さじ1
砂糖漬けのゆず（みじん切り）
　　.....大さじ1
市販のゆず茶で代用可能。

もち粉.....大さじ3
酒.....大さじ1/2
長ねぎのみじん切り.....大さじ1
にんにくのみじん切り.....大さじ1/2
ごま油.....大さじ1
塩・白すりごま.....各少々

つくり方

1 **肉の準備**── カルビの骨と脂身を切り取って肉を細かく刻んだら、さらしやキッチンペーパーで包んで赤い肉汁をしぼり出す。骨はサラダ油を熱したフライパンで焼いて冷ましておく。

2 **高麗人参の準備**── 高麗人参は細かく刻む。

3 **肉だねをつくる**── 1の肉と2の高麗人参を合わせ、味つけ調味料をすべて加えて、こねながら混ぜる。

4 **肉だねの成形**── 1の骨に少量の小麦粉をつけ、3の肉だねを骨を包むようにつける。

5 **仕上げる**── サラダ油を熱したフライパンに4を入れて両面焼く。焼けたら皿に盛って松の実粉をふりかける。

 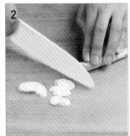  

 骨つきカルビ肉とほかの牛肉を混ぜてもいいです
骨つきカルビの肉が足りない場合は、ほかの部位の牛肉を混ぜてもかまいません。ひき肉を使う場合もキッチンペーパーで赤い肉汁を取り除くと肉の臭みが軽減されます。

イイダコの辛口炒め

イイダコとニラを辛口ダレで炒めた満足感のあるメニューです。辛口ダレが染みたイイダコの歯ごたえが食欲を倍増させます。

材料（4人分）

イイダコ.....300g	辛口ダレ
玉ねぎ.....1個	コチュジャン.....大さじ4
ニラ.....200g	しょう油.....大さじ2
青トウガラシ.....4本	粉トウガラシ.....大さじ2
赤トウガラシ.....1本	水.....大さじ2
白炒りごま.....小さじ1	砂糖・酒.....各大さじ1
サラダ油.....適量	にんにくのみじん切り.....大さじ1
塩.....適量	しょうがのみじん切り.....大さじ1/2
	ごま油.....大さじ1/2
	塩・こしょう.....各少々

つくり方

1　**イイダコの下処理** ── イイダコは墨袋を取り除いたら塩（分量外）をまぶしてもみ洗いし、水ですすいだあと、半分に切る。

2　**野菜の準備** ── 玉ねぎは縦半分に切って薄切りにし、ニラは長さ5センチに切る。青トウガラシと赤トウガラシは半分に切って種を除いたら斜め切りにする。

3　**イイダコの味つけ** ── 辛口ダレの材料を混ぜ合わせ1のイイダコにもみ込む。

4　**仕上げる** ── サラダ油を強火で熱したフライパンに3のイイダコを入れて手早く炒めたら、2の野菜を加える。軽く火が通ったら塩で味を調えて火を止める。器に盛り、白炒りごまをふりかける。

ひとくちメモ

素麺をそえて一皿料理にしてください

イイダコの辛口炒めとゆでた素麺を合わせると、満足感のある一皿になります。一緒に皿に盛り、よく混ぜて食べてください。

カキのジョン

新鮮なカキに衣をつけて色よく焼いたジョンです。カ
キはうま味があって、栄養も豊富なので子供のおか
ずにも最適です。

材料（4人分）

カキ（むき身）.....100g
小麦粉.....1/3カップ
溶き卵.....2個分
サラダ油.....適量

酢じょう油
しょう油・酢・水.....各大さじ1
松の実粉（松の実を粉砕したもの）.....少々

つくり方

1　**カキの下処理**—— カキをざるに入れて、薄い塩水（分量外）でふり洗いしたら水けをきる。

2　**カキを焼く**—— カキに小麦粉をまぶしたあと、1つずつ溶き卵にくぐらせ、サラダ油を強火で熱したフライパンで焼く。

3　**仕上げる**—— 色よく焼けたら、キッチンペーパーにのせて油をきったあと皿に盛り、酢じょう油の材料を混ぜ合わせて
そえる。

ひとくち
メモ

カキは水けをしっかりきってから小麦粉をまぶします
カキに水けが残っていると小麦粉がダマになってしまい、衣がきちん
とつきません。水けをしっかりきってから小麦粉をつけると薄くまん
べんなくつけられます。

3色焼きうなぎ

―

不飽和脂肪酸と必須アミノ酸が豊富なうなぎはスタミナ回復にとてもいい食べ物です。
しょう油ダレ、コチュジャンダレ、塩焼きの3種類の焼きうなぎをご紹介します。

材料（4人分）

うなぎ(開いたもの).....4尾
サニーレタス・えごまの葉.....各適量
にんにく.....2片
しょうが.....1/2片
塩.....適量

しょう油ダレ

しょう油.....1カップ
水.....1/2カップ
砂糖.....1/2カップ
水あめ・酒.....各1/4カップ
鷹の爪.....1本

コチュジャンダレ

粉トウガラシ.....1カップ
水.....1カップ
コチュジャン.....1/4カップ
しょう油・水あめ・酒.....各大さじ2
長ねぎのみじん切り.....大さじ2
にんにくのみじん切り.....大さじ1
しょうがのみじん切り.....小さじ1/2
砂糖・塩.....各大さじ1
こしょう.....少々

つくり方

1 **うなぎの下処理**── うなぎは塩をふってしばらくおいたら水ですすぎ、食べやすく切って皮側に数カ所斜めに切り込みを入れる。

2 **タレをつくる**── 鍋にしょう油ダレの材料をすべて入れ、弱火で煮詰める。コチュジャンダレは材料をすべて混ぜ合わせる。

3 **うなぎの下焼き**── 1のうなぎを網やグリル、フライパンで両面焼く。

4 **本焼き**── 3のうなぎに、しょう油ダレとコチュジャンダレをそれぞれ2回ずつぬって焦げないように焼く。塩焼きはうなぎに塩をまんべんなくふりかけて焼く。

5 **仕上げる**── 焼いたうなぎを皿に盛り、にんにくの薄切り、しょうがのせん切り、サニーレタス、えごまの葉をつけ合わせる。

うなぎを焼く時に丸まらないようにするには
うなぎを焼くと、火が通るにつれて身が丸まってしまうことが多いですが、下処理の時に、皮側に数カ所切り込みを入れておくと、丸まりが少なくなります。フライパンよりも網で焼くほうが、上から押さえながら焼けるので丸まりにくく、焼きやすいです。

参鶏湯（サムゲタン）

―

丸鶏の中にもち米、高麗人参、栗、なつめ、ぎんなん、にんにくを入れてじっくり煮たサムゲタン。
栄養豊富な材料は疲労回復にも役立つので、韓国では滋養食として親しまれています。

材料（4人分）

若鶏の丸鶏（中抜き・500g）.....4羽
もち米.....2カップ
高麗人参（生）.....4本
栗.....4個
なつめ.....10個
ぎんなん.....4粒
にんにく.....12片
水.....20カップ（4ℓ）

薬味
長ねぎの小口切り.....適量
塩・こしょう.....各少々

つくり方

1 **鶏肉の下処理——** 内臓を取り除いた丸鶏を準備したら、流水でお腹の中まできれいに洗い、お尻の穴の近くにある黄色い脂肪の塊を切り取る。

2 **もち米の準備——** もち米は、洗って2時間ほど吸水させ、ざるに上げて水けをきる。

3 **具材の準備——** 高麗人参は皮を軽く削り取り、ぎんなんはフライパンでからいりしたあと、キッチンペーパーでこすりながら薄皮をはがす。栗は渋皮まできれいにむき、なつめはきれいに洗って水けをきる。

4 **具材を詰める——** 1の丸鶏の中に、もち米を大さじ1入れたあと、3の具材とにんにくを隙間なく詰めていく。煮ている最中に中身が出ないように、竹串やたこ糸で、穴をふさいだり両足をからめたりする。4羽同じようにつくる。余ったもち米は、ガーゼに包んで丸鶏と一緒に煮るか、もち米ごはんを別に炊いて食べる。

5 **鍋で煮る——** 鍋に4の丸鶏を入れて水を注ぎ、強火でひと煮立ちさせたあと、弱火にして40分ほど煮る。

6 **仕上げる——** 一人前用の土鍋（鍋）に丸鶏を一羽ずつ入れ、長ねぎの小口切りをのせて、スープを注ぐ。塩とこしょうをそえて出す。

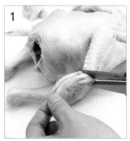

ひとくちメモ

丸鶏のスープにごはんを入れて煮てもいいです
丸鶏のお腹の中にもち米を入れすぎると、米が柔らかく煮えない場合があります。柔らかく煮るには、お腹の中には少しだけ入れ、スープにもち米を入れて丸鶏と一緒に煮るか、もち米だけ別に炊くといいです。もち米の代わりに、スープの中にもち粉を入れてお粥をつくることもできます。

ユッケジャン

—

韓国では、辛い味のスープは昔から夏バテ防止の食べ物として食べられてきました。
とくにユッケジャンは肉と野菜のバランスがよく、一杯で充分に栄養がとれます。

材料（4人分）

牛肉（バラのブロック）.....300g
緑豆もやし.....100g
わらび・芋がら（ずいき）.....各50g
長ねぎ.....1本
塩・こしょう.....各少々

牛肉だし

長ねぎ.....1本
にんにく.....1玉
酒.....大さじ1
水.....8カップ（1.6ℓ）

味つけ調味料

コチュジャン.....大さじ1
粉トウガラシ.....大さじ2
クッカンジャン（薄口しょう油）
　　　.....大さじ4
長ねぎのみじん切り.....大さじ1
にんにくのみじん切り.....小さじ1
ごま油.....大さじ2
塩.....少々

つくり方

1 **牛肉をゆでる**── 牛肉を4等分にし、冷たい水につけて30分ほど血抜きしたあと、鍋に入れて、牛肉だしの材料をすべて加えて、最初は強火で煮立ったら火を弱めて肉が柔らかくなるまで煮る。

2 **牛肉の準備**── 肉が煮えたらスープはざるでこして別にしておき、肉は冷ましてから食べやすい大きさに手で裂く。

3 **具材の準備**── 緑豆もやしは沸とうした湯で強火でサッとゆでたあと、水ですすいで水けをきり、わらびと芋がらは弱火で2〜3分ほどゆでて水けをきり、長さ4センチに切る。長ねぎは長さ8センチに切り、沸とうした湯に少量の塩を入れてサッとゆで、水ですすいで水けをしぼる。

4 **具材の味つけ**── 味つけ調味料の材料を混ぜて、2/3ぐらいを取り分けて2の牛肉と和え、残りは3の野菜と和える。

5 **煮る**── 鍋に2のスープを注ぎ、4の牛肉と3の野菜を入れ、中火で20〜30分煮たら、塩で味を調える。好みでこしょうをふる。

ニラを加えるユッケジャンもあります

大きな鍋でユッケジャンをたっぷりつくっておくと、数日はおかずをつくる必要がないくらい便利で、味もよく栄養もとれるので一石二鳥です。同じユッケジャンでも地方ごとに味が違います。慶尚道（キョンサンド）では、具はだいこんだけ入れて辛口牛肉スープと言い、大邱（テグ）では、ニラを加えて煮たものをナムルスープと呼ぶそうです。

ソルロンタン
（牛骨スープ）

――

牛骨と牛肉を長い時間じっくり煮た栄養たっぷりの
白いスープ。麺やごはんを入れて食べてもおいしい
のでつくっておくと重宝します。

材料（4人分）

牛骨.....2kg
牛肉（バラのブロック）.....500g
長ねぎ.....1本
にんにく.....6片
塩.....適量
鷹の爪.....2本
素麺.....400g
水.....40カップ（8ℓ）

辛口ダレ
粉トウガラシ.....1/2カップ
クッカンジャン（薄口しょう油）
　　.....1/2カップ
水.....1/2カップ
にんにくのみじん切り
　　.....大さじ2
塩.....大さじ1/2

仕上げ用
長ねぎの小口切り.....適量
塩・こしょう.....各少々

つくり方

1　**牛骨・牛肉の下処理**―― 牛骨は一晩ぐらい、牛肉は1時間ぐらい冷たい水につけて血抜きする。

2　**スープをつくる**―― 1の牛骨を鍋に入れて水をたっぷり（分量外）注いだら、鷹の爪、長ねぎ、にんにくを加えて強火
　　で煮る。煮立ったら1回めのスープは捨て、新たに分量の水を注いで中火でじっくり煮る。スープが白くなってきたら
　　1の牛肉を入れて肉が柔らかくなるまで強火で一度沸とうさせてから中火で煮る。

3　**牛肉の準備**―― 牛肉が煮えたらスープはざるでこして塩で味を調え、肉は冷ましてから食べやすい大きさに薄切りに
　　する。

4　**仕上げる**―― 素麺をゆでて水けをきって器に盛り、薄切りにした牛肉と長ねぎの小口切りをのせてスープを注ぐ。塩、
　　こしょうをふり、辛口ダレをそえて出す。

**ひとくち
メモ**
一度にたくさんつくると白いスープができます
牛骨スープはたくさんつくると白いスープになります。一番だしをつ
くったあとに二番だしをつくることができますが、二番だしのほうが
白くなるため一番だしと二番だしを合わせると濃度が一定になりま
す。(p.32参照)

鶏肉の冷製スープ

鶏肉のスープを冷たくして、酢とからしを加えたスープです。甘酸っぱい味が食欲をそそり、夏に最適のメニューです。

材料（4人分）

丸鶏.....1羽
アワビ（むき身）.....2個
干ししいたけ.....4本
梨.....1個
きゅうり.....1/2本
卵.....2個
松の実.....大さじ2
白炒りごま.....1/2カップ

鶏肉・アワビをゆでる時の材料
長ねぎ.....1本
にんにく.....6片
水.....12カップ（2.4ℓ）

味つけ調味料
酢.....1/2カップ
からし・砂糖.....各大さじ2
しょう油.....大さじ1
塩.....大さじ1/2

つくり方

1 **鶏肉・アワビの準備**—— 鍋に丸鶏、アワビ、長ねぎ、にんにくを入れ、水を注いで強火でゆでる。火が通ったら鶏肉とアワビを取り出してあら熱をとり、鶏肉は手で細く裂き、アワビは薄切りにする。できたスープはざるでこす。

2 **スープの準備**—— ブレンダー（ミキサー）に松の実と白炒りごまを入れ、1のスープを少し加えて回したあと、ざるでこす。ここに残りのスープを加え、味つけ調味料の材料をすべて入れて味を調えたら、冷蔵庫で冷やす。

3 **具材の準備**—— 干ししいたけは水でもどして薄切りにし、梨ときゅうりはせん切りにする。卵は黄身と白身に分けて薄焼き卵をつくったら、細切りにして錦糸卵にする。

4 **仕上げる**—— 器に鶏肉、アワビ、野菜、錦糸卵を入れてスープを注ぐ。

ひとくちメモ 炒りごまは細かく粉砕してからざるでふるってください
粉砕したごまは、すりごまと違います。すりごまよりももっと細かく砕き、残っている皮を除くためにふるいでふるってから使います。粉砕する手間を省きたい時は、市販のごま粉を使ってください。

どじょうスープ

どじょう、芋がら、白菜の外葉でつくる栄養スープ。
どじょうはタンパク質が豊富なうえに、骨ごと食べられるのでカルシウム摂取にもよい滋養食です。

材料（4人分）

どじょう.....400g
白菜の外葉.....100g
芋がら（ゆでたもの）.....100g
長ねぎ・えごまの葉・緑豆もやし
　　.....各50g
ごま油.....大さじ4
粗塩.....適量
塩.....少々
水.....10カップ（2ℓ）

味つけ調味料

テンジャン（韓国味噌）.....大さじ2
クッカンジャン（薄口しょう油）
　　.....1/3カップ
にんにくのみじん切り.....小さじ1
しょうがのみじん切り.....小さじ1

つけダレ

赤トウガラシ.....8本
青陽トウガラシ（または青トウガラシ）★
　　.....2本
★辛味の強い青トウガラシ。

こしょう・粉山椒.....各小さじ1

どじょうの下処理用の粗塩.....適量

つくり方

1　**どじょうの下処理——** ボウルにどじょうを入れて粗塩をふり、ふたをして5分ほどおいたあと、こすりながら洗う。

2　**野菜の準備——** 白菜の外葉、芋がら、長ねぎは長さ5センチに切り、えごまの葉は半分に切る。緑豆もやしは沸とうした湯でサッとゆでて水ですすぎ、水けをしっかりきってから粗く刻む。赤トウガラシと青陽トウガラシは粗く刻む。

3　**どじょうを煮る——** 鍋にごま油を入れて中火でどじょうを炒め、水を注いで強めの中火で煮る。

4　**どじょうの調理——** どじょうに火が通ったら、何尾かを別にし、残りのどじょうはブレンダー（ミキサー）に入れてすりつぶし、目の粗いざるでこす。

5　**野菜の味つけ——** 白菜の外葉と芋がらに混ぜ合わせた味つけ調味料の材料をもみ込む。

6　**煮る——** 鍋に5の野菜と4と残りのどじょうを入れて強火で煮る。ひと煮立ちしたら、長ねぎ、えごまの葉、緑豆もやしを加えて、塩で味を調える。器に盛り、2の赤トウガラシ、青陽トウガラシ、こしょう、粉山椒を混ぜたものをそえる。

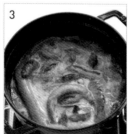

圧力鍋を使うと、なめらかになります
どじょうを圧力鍋で煮たあと、ブレンダー（ミキサー）に入れて回すと、身が細かく砕けるので、スープがとてもなめらかになります。骨ごと食べられるどじょうスープは、カルシウム摂取にも役立ち、ビタミンDも豊富なので骨を丈夫にし、免疫力も高めます。

手長ダコとムール貝のスープ

—

手長ダコとムール貝を入れたコクのあるスープです。
手長ダコは高タンパク低カロリーで、疲労回復に役立つ食材です。

材料（4人分）

手長ダコ.....6杯
ムール貝.....1カップ
白菜.....200g
春菊.....200g
青トウガラシ.....2本
赤トウガラシ.....2本
小ねぎ.....1本
にんにくのみじん切り.....小さじ1
しょうがのみじん切り.....小さじ1
酒.....小さじ1
塩.....大さじ1
水.....5カップ（1ℓ）

手長ダコの下処理用の粗塩
　.....適量

つくり方

1 **手長ダコの下処理——** 手長ダコの墨袋と内臓を取り出したあと、粗塩でもみ洗いしてきれいにすすぐ。

2 **ムール貝の準備——** ムール貝の足糸（ムール貝に生えているヒゲのようなもの）を取り除いて洗ったあと、鍋に薄い塩水（分量外）で砂抜きする。入れて分量の水を注いで強火でゆでる。口が開いたら取り出し、スープは別にしておく。

3 **野菜の準備——** 白菜と春菊は食べやすい大きさに切り、青トウガラシ、赤トウガラシ、小ねぎは斜め切りにする。

4 **煮る——** 別の鍋にムール貝のスープを注ぎ、1の手長ダコ、白菜、にんにくとしょうがのみじん切り、酒を入れて強めの中火で煮る。

5 **仕上げる——** ひと煮立ちしたら、ムール貝、春菊、青トウガラシ、赤トウガラシ、小ねぎを加え、塩で味を調えて火を止める。

 ムール貝はきちんと砂抜きし、手長ダコは塩でもみ洗いしてください
ムール貝は殻ごと調理するので、下処理が大切です。貝殻についている足糸や汚れを取り除いてから、薄い塩水で砂抜きしてください。また、手長ダコのぬめりを取るには、粗塩でもみながら洗うといいです。

手長ダコ入りプルコギ風鍋

—

牛肉と手長ダコを別々に味つけし、鍋で合わせて食べる料理。
手長ダコは火が通りすぎるとかたくなるので最後に加えるのがポイントです。

材料（4人分）

牛肉（切り落とし）.....200g
手長ダコ....4杯
ヒラタケ・緑豆もやし・春菊.....各100g
青トウガラシ.....2本
赤トウガラシ.....1本
玉ねぎ.....1個
長ねぎ.....1本
クッカンジャン（薄口しょう油）.....大さじ1
塩.....少々
水.....4カップ

牛肉の下味ダレ

しょう油.....大さじ1
砂糖.....大さじ1/2
長ねぎのみじん切り.....小さじ2
にんにくのみじん切り・ごま油・白すりごま
　.....各小さじ1
こしょう.....少々

手長ダコの下味ダレ

粉トウガラシ.....大さじ5
コチュジャン.....大さじ2
しょう油・砂糖・酒.....各大さじ1
長ねぎのみじん切り.....大さじ1
にんにくのみじん切り.....大さじ1/2
しょうがのみじん切り.....小さじ1/4
ごま油・白すりごま.....各大さじ1

手長ダコの下処理用の粗塩.....適量

つくり方

1　**タレをつくる──** 牛肉の下味ダレと手長ダコの下味ダレの材料をそれぞれ混ぜ合わせる。

2　**牛肉・手長ダコの下処理──** 牛肉は食べやすい大きさに切って下味ダレをもみ込む。手長ダコは粗塩をふってもみ洗いしたあと、長さ4〜5センチに切り、下味ダレをもみ込んで味を染み込ませる。

3　**野菜の準備──** ヒラタケは小分けにほぐす。緑豆もやしは洗って水きりする。青トウガラシと赤トウガラシは半分に切ってからせん切りにする。玉ねぎは半分に切ったあと横に厚めに切る。長ねぎは斜め切りにし、春菊は長さ6〜7センチに切る。

4　**材料を煮る──** 浅型の鍋に、ヒラタケ、緑豆もやし、玉ねぎを入れ、野菜の上に牛肉を置いたら、青トウガラシ、赤トウガラシ、長ねぎ、春菊をのせる。

5　**仕上げる──** 別の鍋に水とクッカンジャン、塩を入れて沸かしてスープをつくり、4の鍋にふちから注いで強めの中火で煮る。牛肉に軽く火が通ったら手長ダコを加え、具材を煮ながら食べる。

手長ダコは最後に入れると柔らかく食べられます
手長ダコのぬめりは、汚れと一緒に取るために粗塩でもみ洗いし何回か水ですすぎます。牛肉を先に煮てから、最後に手長ダコを入れると、柔らかく食べられます。手長ダコの代わりに、イカやイイダコを使っても。きのこが旬の時期には、きのこをたっぷり入れて、きのこ鍋として食べるととてもおいしいです。

きのこ鍋

煮干しのだし汁にいろいろなきのことえごま粉をたっぷり入れたヘルシー鍋。
きのこの風味を生かすために薄味にするといいです。

材料（4人分）

きのこ（しいたけ、ヒラタケ、えのきたけ、エリンギ）
.....350g
牛肉（切り落とし）.....200g
木綿豆腐.....480g
韓国はるさめ（水でもどしたもの）.....2カップ
さつまいものでんぷんのはるさめ。

韓国かぼちゃ.....1/2本
ズッキーニで代用可能。

にんじん.....70g
玉ねぎ.....1個
赤トウガラシ.....2本
小ねぎ.....2本

スープ
煮干し（大サイズ）.....20尾
鷹の爪.....2本
えごま粉....1カップ
えごま粉のつくり方はp.95参照。

クッカンジャン（薄口しょう油）.....適量
塩.....少々
水.....10カップ（2ℓ）

つけダレ
しょう油.....大さじ6
酢.....大さじ5
水.....大さじ4
砂糖.....大さじ2
玉ねぎのすりおろし.....大さじ1
梨のすりおろし.....大さじ2

つくり方

1 **きのこの準備――** しいたけは軸を取り除いてから厚めに切る。ヒラタケは小分けにほぐす。えのきたけは根元を切り、エリンギは縦に薄切りにする。

2 **野菜・豆腐を切る――** 韓国かぼちゃとにんじんは長さ4センチで1センチ角の棒状に切り、玉ねぎは薄切り、赤トウガラシはせん切りにする。小ねぎは長さ4センチに切り、豆腐は厚みを半分にして幅2センチに切る。

3 **スープをつくる――** 煮干しの頭と内臓を取り除き、鍋でからいりしたら、鍋に1/2量の水を注ぎ、鷹の爪を入れて中火で15分ほど煮る。煮干しと鷹の爪を取り除き、えごま粉と残りの水を足して煮立て、クッカンジャンと塩で味を調える。

4 **材料を煮る――** 浅型の鍋に韓国はるさめとすべての具材を並べて入れたら、スープを注いで強火で煮る。味が薄い場合は、クッカンジャンと塩で調える。

5 **つけダレの準備――** つけダレの材料を混ぜ合わせ、鍋にそえる。具材をタレにつけて食べる。

さといものスープ

牛肉のだし汁にさといもを入れて煮たスープです。さといもは秋が旬なので秋夕（旧暦の8月15日に祖先祭祀や墓参りを始めとする行事が行われる祭日）の食卓によく出されます。

材料（4人分）

さといも.....400g
牛肉（バラのブロック）.....200g
昆布.....5センチ角 2枚
長ねぎのみじん切り.....大さじ2
にんにくのみじん切り.....大さじ1
クッカンジャン（薄口しょう油）.....大さじ4
ごま油.....大さじ1
塩.....少々
水.....7カップ（1.4ℓ）

つくり方

1 **さといもの下処理**── さといもの皮をむき、小さいものはそのまま使い、大きいものは3〜4等分する。1時間ほど水（分量外）につけたあと、鍋に水を注いで火にかける。沸とうしたら、さといもと少量の塩を入れて中火で10分ほど下ゆでする。

2 **牛肉の準備**── 牛肉を薄切りにし、ごま油を強火で熱した鍋で炒め、水を注いで煮る。

3 **さといもを煮る**── 2の鍋に1のさといもを入れてひと煮立ちしたら、昆布、長ねぎのみじん切り、にんにくのみじん切り、クッカンジャンを加え、弱火で30分ほど煮る。

4 **仕上げる**── 昆布を一度取り出して細く切ったら鍋に戻し、最後にクッカンジャン（分量外）と塩で味を調える。

 さといもは下ゆでしてください
さといもは素手で処理すると、かゆくなるので、皮をむく時は手袋を使うといいです。皮をむいたあとは、塩を入れた湯か米のとぎ汁で下ゆですると、えぐみとぬめりが軽減されます。

えごまとわかめのスープ

えごまの香りがあとをひく栄養満点のスープ。炒めた
わかめにえごま粉と米粉のとろみが絶品です。

材料（4人分）

乾燥わかめ（水でもどしたもの）.....2カップ
えごま粉.....1カップ
えごま粉のつくり方はp.95参照

米粉.....1/3カップ
クッカンジャン（薄口しょう油）.....大さじ4
えごま油.....大さじ2
塩.....少々
水.....7カップ（1.4ℓ）

つくり方

1 **えごま粉・米粉の準備――** えごま粉はざるでふるって、下に落ちた細かい粉だけを米粉と混ぜたあと、少量の水（分量外）に溶かす。

2 **わかめの準備――** 乾燥わかめは水に充分つけてもどしてもみ洗いし、適当な大きさに切る。

3 **わかめを煮る――** 鍋にえごま油を中火で熱し、2のわかめを入れて炒めたら、分量の水を注いで強火で煮る。

4 **仕上げる――** ひと煮立ちしたら1を入れ、弱火で20分ほど煮たあと、クッカンジャンと塩で味を調える。

ひとくちメモ

米粉を混ぜることでとろみがつきます
えごまとわかめのスープをつくる時には、えごま粉に米粉を混ぜてください。えごま粉だけだとスープによくなじまず、スープがにごります。えごま粉と米粉を直接スープに入れると、ダマになってしまうので、先に少量の水に溶いておきましょう。

よもぎと大豆粉のスープ

よもぎの若芽に大豆粉（生の大豆を粉にしたもの）をまぶした味噌味のスープです。おもに春に食べる季節メニューですが、よもぎをゆでて冷凍しておけば季節を問わず楽しめます。

材料（4人分）

よもぎ（若芽）.....300g
大豆粉.....1/2カップ
牛肉（バラ）.....100g
テンジャン（韓国味噌）.....大さじ2
長ねぎのみじん切り.....大さじ2
にんにくのみじん切り.....大さじ1
クッカンジャン（薄口しょう油）.....大さじ1
塩.....少々
水.....6カップ（1.2ℓ）

つくり方

1　**よもぎの下処理**── よもぎはきれいな葉だけを使い、洗ったら大豆粉をまぶす。

2　**牛肉の準備**── 牛肉を細切りにし、長ねぎのみじん切り、にんにくのみじん切り、クッカンジャンを少量ずつまぶして味つけしたあと、サラダ油（分量外）を強火で熱した鍋で炒めたら水を注いで沸とうさせる。

3　**よもぎを煮る**── 2にテンジャンをざるでこしながら入れてひと煮立ちさせたあと、1のよもぎを入れる。

4　**仕上げる**── 長ねぎのみじん切りとにんにくのみじん切りを加え、クッカンジャンで味を調えたら弱火で20分ほど煮る。味が薄い場合は塩で調節する。

体にいいよもぎをたくさん食べましょう

ミネラルと各種のビタミンが含まれているよもぎは、昔から世界中で食用や薬用で使われてきました。「東医宝鑑（とういほうかん）」★では、よもぎは体によい草で、病気の予防や改善に役立つ薬として紹介されています。

★東洋医学に多大な影響を与えた李氏朝鮮時代の医学書。

カプサ青海苔と
カキのスープ

——

なめらかなカプサ青海苔とカキを入れたスープはミネラルと食物繊維が豊富な冬の健康食です。ダイエットはもちろん、美容にもとてもいいメニューです。

材料（4人分）

——

カプサ青海苔★.....3カップ
カキ（むき身）.....2カップ
ごま油.....大さじ4
クッカンジャン（薄口しょう油）..... 1/2カップ
にんにくのみじん切り.....大さじ1
塩.....少々

煮干しだし

煮干し（大サイズ）.....25尾
水.....9カップ（1.8ℓ）

★韓国語でメセンイ。韓国の南の地方（全羅南道）などが産地として有名。きれいな海のみで成長するといわれ、通常の青海苔よりもきめ細かく、食感がなめらかなのが特徴。韓国食材店やオンラインショップで入手可能。

つくり方

——

1　**だしをつくる——** 煮干しは頭と内臓を取り、鍋でからいりする。水を注ぎ、最初は強火でその後は火を弱めて煮る。だしが出たら煮干しを取り出す。

2　**カキの下処理——** カキはざるに入れて、水の中でふりながら洗って水けをきる。

3　**カプサ青海苔の下処理——** カプサ青海苔をざるに入れて、流水で洗って水けをきる。

4　**煮る——** 鍋にごま油を中火で熱してカプサ青海苔を炒め、煮干しだしを注いで煮る。

5　**仕上げる——** ひと煮立ちしたらカキを加え、クッカンジャン、にんにくのみじん切りを入れて味を調える。塩で味の調整をしながら中火でカキに火が通るまで煮る。

カプサ青海苔を洗う時は、ざるとボウルを使いましょう
カプサ青海苔は、油断すると水と一緒に流れてしまうので、ざるとボウルをセットで使って洗ってください。調理に使わなかったカプサ青海苔は、一度に使う量に分けて冷凍すると便利です。

アワビ粥

アワビをごま油で炒めたあと、お米と一緒に煮たお粥。まろやかな味でアワビの食感もよく、気力も回復する滋養食です。

材料（4人分）

米.....2カップ
アワビ.....4個
小ねぎのみじん切り.....大さじ1
ごま油.....大さじ2
塩.....少々
水.....14カップ（2.8ℓ）

つくり方

1 **米の準備**── 米を洗ったら、30分ほど吸水させて水けをきる。

2 **アワビの下処理**── アワビをブラシでこすりながら洗い、スプーンで殻から身をはがしたら、薄切にする。

3 **アワビの調理**── 厚手の鍋にごま油を強火で熱し、小ねぎのみじん切りとアワビを入れて炒めたら、水を注いで煮る。

4 **煮る**── 3に米を入れ、木べらでかき混ぜながら中火で煮る。

5 **仕上げる**── 米が柔らかく煮えたら塩で味つけし、少し煮詰める。

アワビの肝は捨てずに使ってください

アワビの下処理をする時は、肝は捨てずに別にとっておいてください。アワビの肝は苦みがありますが、濃厚なのでアワビ粥に風味をつけます。メスの肝は深緑色で、オスの肝は黄みがかった白色なのが特徴です。

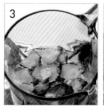
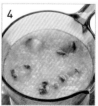

黒ごま粥

黒ごま粉とお米を細かく砕いてなめらかに仕上げた
お粥。不飽和脂肪酸が豊富な黒ごまは、エネルギー
補給とカルシウム摂取に役立ちます。

材料（4人分）

米.....2カップ
黒ごま粉（市販のもの）.....2カップ
塩.....少々
水.....15カップ（3ℓ）
黒炒りごま.....適量

つくり方

1　**米の準備**── 米を洗ったら、30分ほど吸水させて水けをきる。

2　**米をすりつぶす**── 吸水させた米と水1カップをブレンダー（ミキサー）に入れて撹拌し、ざるでこす。

3　**黒ごまの準備**── 黒ごま粉を水2カップと混ぜ、ざるでこして細かい皮を除く。

4　**煮る**── 2の米と3の黒ごま粉を鍋に入れ、残りの水12カップ（2.4ℓ）を注ぎ、弱火で混ぜながら煮る。

5　**仕上げる**── 米が柔らかく煮えたら塩で味つけする。

ひとくちメモ

黒ごまは細かく粉砕したあと、さらにざるでこします
黒ごまの皮が残っていると食べにくいので、目の細かいざるでこして
皮を除きます。市販の黒ごま粉がない場合は、黒ごまを粉砕してくだ
さい。黒ごまを炒って水に浸したあと、水と一緒にブレンダー（ミキ
サー）で粉砕します。

松の実粥

お米と松の実を細かく粉砕して煮た松の実粥はコクのある風味が絶品です。栄養も豊富で体力が落ちている時に最適なメニューです。

材料（4人分）

米.....2カップ
松の実.....1カップ
塩.....少々
水.....13カップ（2.6ℓ）

つくり方

1 **米の準備──** 米を洗ってたっぷりの水で30分ほど吸水させたあと水けをきり、水1カップと一緒にブレンダー（ミキサー）に入れてすりつぶし、ざるでこす。

2 **松の実の準備──** 松の実と水1/2カップをブレンダーに入れてすりつぶし、ざるでこす。

3 **煮る──** 厚手の鍋に1の米と水5カップ（1ℓ）を注ぎ、弱火で混ぜながら煮る。米の様子を見ながら残りの水を3〜5回に分けて足し、柔らかくなるまで煮る。

4 **松の実を入れて煮る──** 米が柔らかくなったら2の松の実ペーストを少しずつ加えながら、ダマにならないように一定方向に混ぜる。

5 **仕上げる──** お粥がなめらかになったら塩で味つけする。

お粥の味つけは最後にしてください
お粥は一度に大量に煮たり、先に味つけをしたりすると、水っぽくなります。とくに松の実粥は水分が出やすいので、食べる分だけ煮て、もしも食べきれない時は、味つけ前に取り分けて保存してください。

えびとニラのお粥

普段食べ慣れている材料で手軽につくれるお粥。血液循環をよくするニラとタンパク質が豊富なえびが、体を温め、気力を回復させます。

材料（4人分）

米.....2カップ
むきえび.....200g
ニラ.....150g
塩.....少々
水.....12カップ(2.4ℓ)

つくり方

1 **米の準備——** 米を洗ったら、30分ほど吸水させて水けをきる。

2 **えびとニラの準備——** むきえびは洗って水けをきる。ニラは洗って、長さ2センチに切る。

3 **煮る——** 厚手の鍋に1の米と水を入れて中火で煮る。

4 **えび・ニラを入れる——** 米がある程度柔らかくなったら、むきえびとニラを加え、混ぜながら弱火で煮る。

5 **仕上げる——** 米が柔らかく煮えたら塩で味つけする。

ひとくちメモ

お粥をつくる時は、厚手の鍋を使ってください

お粥は長い時間火にかけるので、厚手の鍋を使ってください。厚手の鍋は、長く煮ても焦げつきません。また、お粥にはアルミニウムやステンレスの鍋よりも、土鍋、ガラス鍋、ホーロー鍋が適しています。

part

——

5

特別な日の
おもてなしメニュー

普段は外食が多くても、時には家にお客さまを呼んでおもてなし
をすることもありますよね。そんな特別な日に実力を発揮するおも
てなしメニューとスペシャルメニューの数々を紹介します。すべて
のメニューをつくらなくても、1、2種類だけ選んで頑張ってつくれ
ば、経済的なのに華やかで誰もが喜ぶおもてなしになります。

牛カルビの蒸し煮

—

牛肉やだいこん、栗、ぎんなん、しいたけなどたくさんの材料を合わせた牛カルビの蒸し煮。
おもてなしや特別な日のメニューにぴったりです。

材料（4人分）

牛肉（骨つきカルビ）.....1.5kg
だいこん.....200g
にんじん.....100g
干ししいたけ.....2本
栗　5個
なつめ.....3個
ぎんなん（むき実）.....8個
松の実.....大さじ1
卵.....1個
水.....10カップ（2ℓ）

味つけ調味料
しょう油.....大さじ4
梨のしぼり汁.....大さじ4
砂糖.....大さじ2
長ねぎのみじん切り.....大さじ2
にんにくのみじん切り.....小さじ1
ごま油・白すりごま.....各大さじ1
こしょう.....少々

つくり方

1　**肉の下処理——** 牛肉を水（分量外）に30分ほどつけて血抜きし、食べやすい大きさに切る。鍋に水と牛肉を入れて30分ほどゆでる。肉を取り出し、スープはざるや布巾でこす。

2　**調味料をつくる——** 味つけ調味料の材料を混ぜ合わせる。

3　**具材の準備——** だいこんとにんじんは栗の大きさに合わせて切って、面取りをする。干ししいたけは水でもどして水けをきり、軸を取って薄切りにする。栗は鬼皮と渋皮をむき、なつめは種を除いて半分に切る。

4　**トッピングの準備——** フライパンでぎんなんをからいりして、松の実は先の尖っている部分を取る。卵は黄身と白身に分けて2色の薄焼き卵をつくってひし形に切る。

5　**肉を煮る——** 鍋に1の牛肉を入れ、2の味つけ調味料の2/3量を加えてもみ込み、1のスープを少量加えてふたをし、中火で煮る。

6　**肉と具材を煮る——** 肉がある程度煮えたら、だいこん、にんじん、しいたけ、栗、なつめと残りの味つけ調味料とスープを加えて、ふたをして弱火でじっくり煮込む。

7　**仕上げる——** 肉に味が染み込んだら器に盛り、4を散らす。

スープの脂は取り除いてください

カルビについている脂はゆでたあと切り取り、スープに浮いた脂と底に沈んだカスは、目の細かいざるや布巾、さらしでこして除いてください。あら熱がとれてから冷蔵庫に30分ほど入れると脂が分離するので、取り除きやすくなります。脂を取り除くとさっぱりと食べられます。厚みのある肉の場合はゆでる時間を少し長くすると柔らかくなります。

骨つきカルビ焼き

骨つきカルビは手軽に焼いて食べられるので便利です。肉にタレを充分に染み込ませると、おいしくつくれます。

材料（4人分）

牛肉（骨つきカルビ）.....1kg
サラダ油.....大さじ1

味つけダレ
梨.....1/2個
玉ねぎ.....1個
しょう油.....大さじ4
砂糖.....大さじ1
水あめ・酒.....各大さじ2
長ねぎのみじん切り.....大さじ2
にんにくのみじん切り.....大さじ1
ごま油・白すりごま.....各大さじ1
こしょう.....大さじ1/2

つくり方

1 **肉の下処理**── 牛肉は脂を少し切り落とし、水に30分ほどつけて血抜きし、キッチンペーパーで水けをふく。

2 **材料をすりおろす**── 梨と玉ねぎはそれぞれすりおろす。

3 **タレをつくる**── 2の梨と玉ねぎのすりおろしと残りの味つけダレの材料を混ぜ合わせる。

4 **肉の味つけ**── 肉に味つけダレをからめて時々もみ、20分ほどおいて味を染み込ませる。

5 **肉を焼く**── フライパンにサラダ油を熱し、味つけした肉を入れて強火で焦げないように手早く焼く。片面が焼けたら裏返して焼く。

**タレに玉ねぎのすりおろしを入れると
肉が柔らかくなります**
肉の臭みを消し、柔らかくする効果のある玉ねぎは、肉の味つけには欠かすことのできない材料です。薄切りよりもおろして入れたほうが味の染み込みもよくなり、より効果的です。

味つけ牛肉の直火焼き

ちょっとぜいたくな食事の席に出される牛肉の直火
焼きをつくってみましょう。薄く切った牛肉に味つけを
し、直火で焼くと風味がよくなります。

材料（4人分）

牛肉（ヒレまたはロースのブロック）.....500g
松の実粉（松の実を粉砕したもの）.....適量
小ねぎの小口切り.....2本分

味つけダレ
しょう油.....大さじ4
梨のすりおろし.....大さじ4
砂糖.....大さじ2
長ねぎのみじん切り.....大さじ2
にんにくのみじん切り.....大さじ1
ごま油・白すりごま.....各大さじ1
こしょう.....少々

つくり方

---

1   **肉の下処理** 牛肉は厚さ0.5センチに切り、表面に切り込みを入れる。

2   **タレをつくる** 味つけダレの材料を混ぜ合わせる。

3   **肉の味つけ** 肉に味つけダレをもみ込み、20分ほどおいて味を染み込ませる。

4   **肉を焼く** 焼き網を熱し、肉をのせたら返しながら両面を焼く。炭火で焼くとフライパンよりもおいしくできる。

5   **仕上げる** 皿に肉を盛り、松の実粉と小ねぎを散らす。

牛の焼肉は、ヒレやロースがおすすめです
焼肉は、直火の網焼きがいちばんおいしくできますが、家の中に煙
や臭いがこもるのが嫌な場合は、オーブンやフライパンで焼いてくだ
さい。牛肉の部位はヒレや適度な脂があるロースが柔らかいのでお
すすめです。ぜひ、焼いてすぐの熱々を食べてください。

豚カルビの蒸し煮

—

豚カルビとたっぷりの野菜をしょう油味で蒸し煮にしました。材料がリーズナブルなので日常的につくれ、
みんなが大好きな料埋です。薄味で仕上げたり、鷹の爪で辛くしたり、お好みの味でどうぞ。

材料（4人分）

豚肉（骨つきバラ）.....1kg
だいこん.....1/3本
にんじん.....1本
玉ねぎ.....2個
長ねぎ.....2本
干ししいたけ.....3本
鷹の爪.....2本
サラダ油.....大さじ2
水.....4カップ
塩.....適量

味つけ調味料
しょう油.....大さじ5
砂糖・水あめ.....各大さじ1
酒.....大さじ2
長ねぎのみじん切り.....大さじ2
にんにくのみじん切り.....大さじ1
しょうがのみじん切り.....大さじ1/2
ごま油・白すりごま.....各大さじ1
塩・こしょう.....各少々

つくり方

1 **肉の下処理** —— 豚肉は食べやすい大きさに切り、ところどころに切り込みを入れ、水に10分ほどつけて血抜きをしてキッチンペーパーで水けをふく。

2 **肉を焼く** —— フライパンにサラダ油を強火で熱し、鷹の爪を入れ、香りが立ったら豚肉を加え、両面を色よく焼き、肉の脂が出たら、余計な脂分を取り除いて火を止める。

3 **具材の準備** —— だいこん、にんじんは一口大に切って面取りをし、玉ねぎと長ねぎは大きめに切る。干ししいたけは水でもどして軸を取り、一口大に切る。

4 **調味料をつくる** —— 味つけ調味料の材料を混ぜ合わせる。

5 **肉と具材を煮る** —— 鍋に2の豚肉を入れ、味つけ調味料を少しだけ取り分けて肉にまぶす。だいこんとにんじんを加え、水を注いで沸とうさせる。

6 **仕上げる** —— 肉が煮えたら、玉ねぎ、長ねぎ、しいたけと残りの調味料を加える。もう一度沸とうしたら、ふたをし火を弱めて具材が柔らかくなるまで蒸し煮にして塩で味を調える。

2

3

4

5

ひとくちメモ

下ゆでして臭みと脂を除くのがポイントです
豚の骨つきバラ肉は脂が多いので、味つけする前に脂を除くのが味を左右するポイントです。熱湯でゆでる、または焼いて脂を出す方法がありますが、焼くと臭みがなくなり、香ばしくなります。調味料には砂糖と水あめを同量入れ、仕上げにふたをせずに煮ると、臭みが飛び、つやが出て見た目もよくなります。

甘辛ソースのスペアリブ

スペアリブを揚げて甘辛ソースをからめました。
比較的安価なのでたくさんつくれ、満足感のあるメニューになります。

材料（4人分）

豚肉(スペアリブ).....450g
サラダ油(揚げ用).....適量

豚肉の下味
塩.....小さじ1/2
酒.....大さじ1

揚げ衣
天ぷら粉.....1/2カップ
カレー粉.....大さじ1

甘辛ソース
トマトケチャップ.....大さじ2
しょう油・コチュジャン.....各大さじ2
砂糖・水あめ.....各大さじ2
にんにくのみじん切り.....大さじ1
しょうがのみじん切り.....小さじ1
玉ねぎのみじん切り.....大さじ2
青陽トウガラシ(青トウガラシ)★
のみじん切り.....2本分
★辛味の強い青トウガラシ。

水.....1カップ
サラダ油.....少々

つくり方

1 **肉の下味**── 豚肉は水に30分ほどつけて血抜きし、キッチンペーパーで水けをふく。ところどころに切り込みを入れ、塩と酒で下味をつけて10分ぐらいおく。

2 **衣をつける** − 揚げ衣の材料を混ぜてスペアリブにまぶす。

3 **肉を揚げる**── 2の肉を170度に熱したサラダ油でカラッと色よく揚げたら油をきる。

4 **甘辛ソースをつくる**── フライパンにサラダ油を中火で熱し、にんにくのみじん切り、しょうがのみじん切りを炒めて香りが立ったら玉ねぎのみじん切りを加えて炒める。玉ねぎが透き通ってきたら残りのソースの材料を加えて弱火で15分ほど煮る。

5 **仕上げる**── 4に3のスペアリブを加え、焦げないようにまんべんなくからめて火を止める。

しいたけを入れると栄養のバランスがとれます
スペアリブなど骨つきの肉は、柔らかくておいしいのですが、カロリーが高くコレステロールも多いもの。コレステロールの吸収を抑える効果のあるしいたけを入れると栄養のバランスがとれます。しいたけは、つけ合わせにしても、肉と一緒に煮てもいいです。

イカと豚バラ肉の辛口プルコギ

—

噛みごたえのあるイカと脂身の多い豚バラ肉を辛口のタレで炒めたメニュー。
炒める音や漂う香りからも食欲が刺激され、一度食べたら忘れられない味です。

材料（4人分）

豚肉（バラ）.....600g
イカ.....2杯
玉ねぎ.....2個
長ねぎ.....2本
サラダ油.....大さじ2

辛口ダレ
しょう油.....大さじ2
コチュジャン.....大さじ2
粉トウガラシ.....大さじ4
砂糖・水あめ.....各大さじ2
酒.....大さじ2
玉ねぎのすりおろし.....1/2カップ
長ねぎのみじん切り.....大さじ2
にんにくのみじん切り.....大さじ1
しょうがのみじん切り.....小さじ1/2
白すりごま.....大さじ2
ごま油.....大さじ1
塩・こしょう.....各少々

つくり方

1 **肉の準備──** 豚肉は薄切り（やや厚め）の一口大に切る。

2 **イカの下処理──** イカは内臓を取り、胴体に切り込みを入れて幅1.5〜2センチに切る。

3 **野菜の準備──** 玉ねぎは半分に切ってから太めに切り、長ねぎはトッピングに使う分を少しだけせん切りにし、残りは斜め切りにずる。

4 **タレをつくる──** 辛口ダレの材料を混ぜ合わせる。

5 **肉・イカに味つけする──** 豚肉とイカ、玉ねぎ、斜め切りの長ねぎに4の辛口ダレを加えてもみ込む。

6 **仕上げる──** フライパンにサラダ油を強火で熱し、5の豚肉とイカ、玉ねぎ、長ねぎを入れ、焦げないように炒める。肉に火が通ったら器に盛り、長ねぎのせん切りをのせる。

ひとくちメモ
豚肉はにんにくとしょうがで香りづけを
豚肉の料理に欠かすことのできない材料が、にんにくとしょうがです。牛肉や鶏肉に比べて臭みが強いので、にんにくとしょうがをたっぷり使って香りづけをすると臭みが軽減されます。イカは前もって味つけすると水分が出てしまうので、調理の直前に味つけし、強火で手早く調理してください。

鶏肉の辛口煮

食べやすい大きさに切った鶏肉の煮込み料理。
炒め煮ともいえる、普段のおかずにもごちそうにもなるメニューです。

材料（4人分）

丸鶏.....1羽（約1.2kg）
じゃがいも.....3個
にんじん.....1本
玉ねぎ.....2個
赤トウガラシ.....1本
長ねぎ.....1本
水.....適量
塩.....適量

鶏肉の下味
塩・酒.....各少々

辛口ダレ
粉トウガラシ.....大さじ4
コチュジャン.....大さじ2
しょう油.....大さじ2
酒.....大さじ2
砂糖.....大さじ1
水あめ.....大さじ2
長ねぎのみじん切り.....大さじ2
にんにくのみじん切り.....大さじ1/2
しょうがのみじん切り.....小さじ1
白すりごま.....大さじ1/2
ごま油.....大さじ1
塩・こしょう.....各少々

つくり方

1 **鶏肉の下処理——** 丸鶏はやや大きめに切り、ぶつ切りの場合はそのまま使う。味を染み込ませるために、ところどころに切り込みを入れる。流水で洗って水けをきり、塩と酒で下味をつける。

2 **野菜の準備——** じゃがいも、にんじん、玉ねぎは3〜4センチ大に切る。赤トウガラシは斜め切りにして種を除き、長ねぎは長さ2〜3センチに切る。

3 **タレをつくる——** 辛口ダレの材料を混ぜ合わせる。

4 **煮る——** 鍋に1の鶏肉、じゃがいも、にんじんを入れ、辛口ダレを加えて味をなじませたあと、材料が浸るくらいの水を注いでふたをして中火で30分ほど煮る。

5 **味の調整——** 煮汁が煮詰まってきたら一度味見をして塩で味を調え、弱火にする。

6 **仕上げる——** 玉ねぎ、長ねぎ、赤トウガラシを加え、鍋をふって全体に味をなじませ、ひと煮する。

ひとくちメモ じゃがいもとにんじんの煮くずれを防ぐには、鶏肉にある程度火が通ってから入れてください
鶏肉に味を染み込ませるためには、ところどころに切り込みを入れるといいです。じゃがいもとにんじんは、鶏肉と一緒に最初から入れて煮ると煮くずれしやすくなります。煮くずれを避けるには、鶏肉にある程度火が通ってから加えてください。

タッカルビ（鶏肉の辛口炒め）

タッカルビは春川の名物料理です。その春川で食べられている味そのままを再現しました。
タッカルビは辛いものが好きな韓国の人たちに人気の料理です。さつまいも、キャベツなど
いろいろな野菜を入れて、炒めながら食べるおいしさがたまりません。

材料（4人分）

鶏肉(モモ).....600g
さつまいも.....1本
キャベツ.....1/4玉
玉ねぎ.....1個
えごまの葉.....10枚
長ねぎ.....1本
トッポギ用の餅.....1/3カップ
サラダ油.....大さじ3

鶏肉の下味

カレー粉.....大さじ1
酒.....大さじ2
にんにくのみじん切り.....大さじ1
しょうがのしぼり汁.....大さじ1

辛口ダレ

コチュジャン.....大さじ4
粉トウガラシ.....大さじ2
しょう油.....大さじ2
水あめ・酒.....各大さじ1
砂糖.....大さじ1
玉ねぎのすりおろし.....1カップ
ごま油・白すりごま.....各大さじ1
塩・こしょう.....各少々

つくり方

1 **鶏肉の下処理**—— 鶏肉は食べやすい大きさに切って余分な脂を除き、洗って水けをキッチンペーパーでふいたら、下味をつける。

2 **野菜の準備**—— さつまいも、キャベツ、玉ねぎは2〜3センチ大、えごまの葉は幅1センチ、長ねぎは長さ5センチに切る。

3 **タレをつくる**—— 辛口ダレの材料を混ぜ合わせ、1/2量を1の鶏肉にもみ込む。

4 **炒める**—— 厚手のフライパンにサラダ油を強火で熱し、3の鶏肉、2のさつまいも、キャベツ、玉ねぎを炒める。少し火を弱めて辛口ダレの残りを加えて全体にからめながら焦がさないように炒める。

5 **仕上げる**—— 鶏肉とさつまいもに火が通ったら、長ねぎ、えごまの葉、餅を加え、炒めながら食べる。

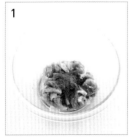   

ひとくちメモ

コチュジャンと粉トウガラシの割合を変えてつくってみてください
辛口ダレの材料は好みに合わせて割合を変えてください。コチュジャンを多めに入れると色が濃くなり、味に深みが出ます。また、粉トウガラシを多めに入れるとあっさりした味に。タッカルビを食べたあとの残ったタレに、にんじんのみじん切り、刻んだ白菜キムチ、刻み海苔、ごま油、ごはんを入れて炒めると、おいしい韓国式チャーハンになります。

アンコウの辛口煮

辛口のタレと柔らかいアンコウの身、口の中で弾けるエボヤ、シャキシャキの大豆もやし、
香り高いせりの調和が絶品です。特別な日のメニューにぜひどうぞ。

材料（4人分）

アンコウ.....600g
エボヤ★.....2カップ
大豆もやし.....400g
せり.....100g
長ねぎ.....1本
酒.....大さじ1
塩.....少々

辛口ダレ

粉トウガラシ.....大さじ4
しょう油.....大さじ1
砂糖・塩.....各大さじ1/2
長ねぎのみじん切り.....大さじ3
にんにくのみじん切り.....大さじ2
しょうがのみじん切り.....大さじ1/2
ごま油.....小さじ1
こしょう.....少々
煮干しのだし汁.....3カップ
水溶き片栗粉
（片栗粉・水 各大さじ3）

つくり方

1 **アンコウの下処理**—— アンコウは内臓を取り、水できれいに洗ったら、4〜5センチ大に切る。

2 **具材の準備**—— 大豆もやしは芽とひげ根を取る。せりは葉を取り除いて長さ5センチに切り、長ねぎは斜め切りにする。エボヤは薄い塩水（分量外）で洗い、水けをきる。

3 **アンコウの下ゆで**—— 鍋にアンコウを入れ、塩と酒をふってかぶるまで水を注ぎ、ふたをして強火でゆで、火が通ったら取り出す。

4 **具材の調理**—— 鍋に大豆もやしを入れ、ふたをして中火で蒸し煮にし、せりを入れたらすぐに火を止める。

5 **タレをつくる**—— 辛口ダレの材料を混ぜ合わせる。

6 **アンコウとエボヤを煮る**—— 鍋に3のアンコウと2のエボヤを入れ、辛口ダレの1/2量をまぶして中火でほぼ火が通るまで煮る。

7 **仕上げる**—— 6のアンコウとエボヤの上に4の大豆もやしとせり、長ねぎをのせ、残りの辛口ダレを加えたら全体にからめ、ふたをして弱火で軽く蒸す。

★韓国で海鮮鍋や魚料理の味をあっさりさせるために使われる海産物。

ひとくちメモ

片栗粉を入れるとタレがなじみます
アンコウ、エボヤ、スケトウダラなどを蒸し煮にする時、材料の鮮度の次に大切なのがタレづくりです。水溶き片栗粉を混ぜると料理につやが出て、材料から出る水分がなじみ、全体の味もよくなります。水溶き片栗粉は片栗粉と水を同量でつくってください。

手長ダコの辛口炒め

辛口ダレと相性がいい手長ダコの炒め物。柔らかく
仕上げて素麺と一緒に食べれば、これだけで立派な
一食になります。

材料（4人分）

手長ダコ.....4杯
玉ねぎ.....1個
青トウガラシ.....4本
赤トウガラシ.....1本
長ねぎ.....2本
素麺.....200g
白炒りごま.....小さじ1
こしょう.....少々
サラダ油.....大さじ2

辛口ダレ
コチュジャン.....大さじ1
粉トウガラシ.....大さじ2
しょう油.....大さじ2
砂糖.....大さじ1
水.....大さじ2
酒.....大さじ1
にんにくのみじん切り.....大さじ1
しょうがのみじん切り
　　.....大さじ1/2
ごま油.....大さじ1/2
塩・こしょう.....各少々

つくり方

1　**手長ダコの下処理**── 手長ダコは墨袋と内臓を除き、塩（分量外）をふってもみ洗いしたら熱湯で軽くゆで、長さ4
センチに切る。

2　**野菜の準備**── 玉ねぎは縦半分に切ってから薄切りにし、青トウガラシと赤トウガラシは半分に切って種を除き、斜
め切りにする。長ねぎは斜め切りにする。

3　**手長ダコの味つけ**── 辛口ダレの材料を混ぜ合わせ、1の手長ダコにもみ込む。

4　**炒める**── フライパンにサラダ油を強火で熱し、3の手長ダコを入れて炒める。手長ダコにある程度火が通ったら、2
の野菜を加え、こしょうを加えて野菜がしんなりしたら火を止める。

5　**素麺をゆでる**── 沸とうした湯で素麺をゆで、冷水で洗って水けをきる。

6　**仕上げる**── 器に4を盛り、素麺を小さくまとめて盛ったら白炒りごまをふりかける。

手長ダコは下ゆですると水が出ません
手長ダコやイカは、下ゆでをせずに炒めると水分が出ますが、炒め
る前に下ゆですると水分が出ないので味が薄まらず、炒め時間も
短縮されていいことずくめです。

えびのケチャップ炒め

揚げたえびに甘酸っぱいケチャップソースをからめた
中華料理風のメニュー。車えびや芝えび、むきえび
などでもおいしくつくれます。

材料（4人分）

芝えび.....12尾
長ねぎ.....1本
にんにく.....4片
しょうが.....1/2片
青トウガラシ.....2本
鷹の爪.....1本
コーン（缶詰）.....大さじ2
ごま油.....大さじ1/2
ラー油.....大さじ2
サラダ油（揚げ用）.....適量

芝えびの下味
酒.....大さじ1
片栗粉.....大さじ2

揚げ衣
片栗粉.....1/2カップ
溶き卵.....1個分

ケチャップソース
トマトケチャップ.....1/2カップ
砂糖・酢.....各大さじ2
しょう油・酒.....各大さじ1

つくり方

1 **えびの下味**── えびは頭を取って殻をむいたら塩水（分量外）で洗い、竹串で背わたを取り、下味をつけてしばらく
  おく。

2 **具材の準備**── 長ねぎ、にんにく、しょうが、青トウガラシはみじん切りにする。鷹の爪は大きめに切る。

3 **ソースをつくる**── ケチャップソースの材料を混ぜ合わせる。

4 **えびを揚げる**── 揚げ衣の材料をよく混ぜ、えびにからめる。えびを170度のサラダ油で2～3分揚げて取り出し、
  再度、1分ほど揚げて（二度揚げ）キッチンペーパーにのせて油をきる。

5 **仕上げる**── フライパンにラー油を入れて2の野菜を中火で炒め、ケチャップソースを加えて混ぜたら、汁けをきった
  コーンと4のえびを加え、全体に軽くからめるようにしながら炒める。火を止める直前にごま油を加える。

冷凍のむきえびを使うと便利です
えびの下処理の手間を省くには、冷凍のむきえびを使うといいです。
ケチャップ炒め以外にも、チャーハンやチゲなどにも使えるので、多
めにストックしていろいろな料理に使いましょう。

麻婆豆腐

—

サイコロ状の豆腐を揚げてピリ辛ソースをからめました。
市販の麻婆豆腐の素も便利ですが、豆板醬に一味加えた手づくりソースは格別です。

材料（4人分）

木綿豆腐.....420g
豚ひき肉.....100g
玉ねぎ.....1/2個
長ねぎ.....2本
青トウガラシ.....3本
赤トウガラシ　2本
にんにく.....5片
しょうが.....1片
サラダ油（揚げ用）.....適量
水.....1/2カップ

豚肉の下味
しょう油・酒.....各大さじ1/2

麻婆ソース
しょう油・酒.....各大さじ2
豆板醬.....大さじ2
砂糖.....大さじ1
ラー油.....大さじ4

水溶き片栗粉
片栗粉.....大さじ2
水.....大さじ2

つくり方

1 **豆腐を揚げる——** 豆腐はペーパータオルなどに包んで10分ほどおいて水けをきる。1センチ角に切り、サラダ油を160度に熱して色よく揚げ、油をきる。

2 **肉の下味——** 豚ひき肉に、しょう油と酒で下味をつける。

3 **野菜の準備——** 玉ねぎ、長ねぎ、青トウガラシ、赤トウガラシ、にんにく、しょうがは、大きめに刻み、麻婆ソースの材料と混ぜる。

4 **肉の調理——** フライパンを強火で熱し、2の豚ひき肉を入れてダマにならないようにほぐしながら炒める。豚ひき肉に火が通ったら、火を弱めて3のソースを加えて混ぜながら炒める。

5 **豆腐にからめる——** 4に水を加えて、ひと煮立ちさせたら、1の豆腐を加えて混ぜながら煮る。

6 **仕上げる——** 全体が混ざったら、水溶き片栗粉の材料を混ぜて加え、とろみをつける。

中華料理の味を決める豆板醬とラー油
最近は市販の麻婆ソースを手軽に買えますが、豆板醬、ラー油、砂糖、しょう油などがあれば家でもつくれますし、ラー油も家でつくれます。ラー油は油1カップを中火で熱して、粉トウガラシ大さじ2、しょうがの薄切り2枚、斜め切りにした長ねぎ1/4本ほどを一緒に炒めたあと、ざるでこせば出来上がりです。つくって冷蔵保存しておけば、中華料理などをつくる時に使えて便利です。

辛口海鮮鍋

—

新鮮な魚介類から出るだしとうま味が絶品の海鮮鍋。
食卓でぐつぐつ煮ながらいただくのがいちばんおいしい食べ方です。

材料（4人分）

子長ダコ.....2杯
有頭えび.....4尾
ムール貝（むき身）.....50g
エボヤ★.....100g
オキシジミ.....8個
だいこん.....1/7本
大豆もやし.....2/3袋
韓国かぼちゃ.....1/4本
ズッキーニで代用可能。
塩.....適量
せり.....200g
長ねぎ.....1本
赤トウガラシ.....1本
塩・こしょう.....各少々
水.....7カップ（1.4ℓ）

辛口ダレ
粉トウガラシ.....大さじ2
しょう油.....小さじ1
にんにくのみじん切り.....大さじ1/2
しょうがのしぼり汁.....小さじ1
塩.....少々

からしじょう油
ねりがらし.....大さじ2
しょう油.....大さじ1
水.....大さじ2

つくり方

1　**魚介類の下処理──**　手長ダコは墨袋と内臓を取り除き、塩をふってもみ洗いしたら水ですすぎ、長さ4〜5センチに切る。背わたを取り除いた有頭えび、ムール貝は塩水で洗い、エボヤは薄い塩水（分量外）で洗い、水けをきる。

2　**だし汁をつくる──**　オキシジミを塩水できれいに洗ったら鍋に入れて水を注ぎ、強火にかける。口が開いたら、湯の中で貝を揺らして砂を落として取り出し、スープはざるなどでこして別の鍋に移す。

3　**野菜の準備──**　だいこんは周囲の丸みを切り落とし、細長い四角柱にしてから2×3センチの薄切りにし、大豆もやしはひげ根をとる。韓国かぼちゃは半月切りにし、せりは葉を取り除いて長さ5センチ、長ねぎは長さ5センチに切る。赤トウガラシは斜め切りにする。

4　**タレをつくる──**　辛口ダレの材料を混ぜ合わせる。

5　**煮る準備──**　浅型の鍋の底にまずだいこんと大豆もやしを入れ、次に手長ダコ、有頭えび、ムール貝、エボヤ、オキシジミをのせたら、韓国かぼちゃ、せり、長ねぎ、赤トウガラシを放射状に並べ、辛口ダレをかける。

6　**煮る──**　5の鍋に2のスープを注いで強火でひと煮立ちさせ、火を弱めてじっくり煮る。塩で味を調え、こしょうを入れる。

7　**仕上げる──**　からしじょう油の材料を混ぜ合わせてそえる。

★韓国で海鮮鍋や魚料理の味をあっさりさせるために使われる海産物。

からしじょう油をつけて食べます
辛口海鮮鍋は、魚介類だけではなく、野菜にからしじょう油をつけて食べるととてもおいしいです。セリなどのほろ苦い野菜と魚介類の相性もよく、からしの風味が魚介類の臭みを消してくれるので、食欲が増します。

カムジャタン
（豚の骨つき背肉とじゃがいもの辛口鍋）

—

コクのある豚の骨つき背肉のスープにじゃがいもをたっぷり加えた、えごま風味の辛い鍋。
豚の骨つき背肉の下処理が面倒な時はスペアリブを使ってもおいしくできます。

材料（4人分）

豚肉（骨つき背肉またはスペアリブ）
.....1kg
じゃがいも.....8個
玉ねぎ.....2個
青トウガラシ.....3本
長ねぎ.....2本
えごまの葉.....10枚
えごま粉★.....大さじ2
塩.....少々

豚肉の煮汁
長ねぎ.....1本
にんにく.....10片
しょうが.....3片
鷹の爪.....3本
酒.....大さじ2
水.....20カップ（4ℓ）

辛口ダレ
粉トウガラシ.....大さじ3
コチュジャン.....大さじ1
クッカンジャン（薄口しょう油）.....大さじ4
にんにくのみじん切り.....大さじ2
しょうがのみじん切り.....小さじ1
ごま油.....大さじ1
塩.....少々
水.....1/2カップ

つくり方

1 **肉の下ゆで** ── 豚肉は水に1日ぐらいつけてから、かぶるぐらいの沸とうした湯で10分ほどゆでる。ゆで汁は捨て、流水で洗いながら血を除き、臭みを取る。

2 **肉を煮る** ── 鍋に1の豚肉と水を注ぎ、長ねぎ、にんにく、しょうが、鷹の爪、酒を入れて、煮汁が半分ぐらいになるまで弱火でじっくり煮る。

3 **野菜の準備** ── じゃがいもは半分に切り、玉ねぎは4等分する。えごまの葉は縦半分に切る。

4 **具材の準備** ── 青トウガラシは小口切りまたは斜め切りにし、長ねぎは長めの斜め切りにする。

5 **具材を煮る** ── 2にじゃがいもを加えて強火で煮る。じゃがいもに火が通ったら、玉ねぎと辛口ダレを加え、火を弱めてさらに煮る。

6 **仕上げる** ── 塩で味を調え、青トウガラシ、長ねぎ、えごまの葉を加えてひと煮立ちさせる。最後にえごま粉をかけて香ばしさを加える。

★えごま粉のつくり方は p.95参照。

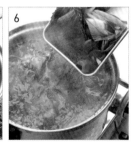

えごま粉を入れると香ばしくなります
カムジャタンにはえごま粉が必須です。えごま粉を入れると、スープの香ばしさとコクが増し、豚肉の臭みも軽減します。また、えごま粉にはいろいろなビタミンが含まれているので、体力が落ちている時にもおすすめです。さらに、えごまの葉のせん切りを入れると香りが強くなります。

しゃぶしゃぶ

———

牛肉といろいろな野菜を湯にくぐらせ、タレをつけて食べる料理。
コクのあるごまダレと甘酸っぱいポン酢ダレをつけて食べればうま味も際立ちます。

材料（4人分）

牛肉（しゃぶしゃぶ用ロース・冷凍）
.....400g
しいたけ.....4本
えのきたけ.....1袋
ヒラタケ.....50g
木綿豆腐.....480g
こんにゃく.....100g
白菜（内葉）.....5枚
にんじん.....100g
玉ねぎ.....1/2個
長ねぎ.....1本
春菊.....100g

昆布だし★
昆布.....10×10センチ
酒.....大さじ2
塩.....少々
水.....6カップ（1.2ℓ）
★この昆布だしから、ごまダレ用、ポン酢ダレ用に各1カップずつ取り分けて使用する。

ごまダレ
白すりごま.....1/2カップ
昆布だし★.....1カップ
しょう油.....大さじ1
酢.....大さじ2
みりん.....大さじ1/2
ピーナッツバター.....小さじ2

ポン酢ダレ
昆布だし★.....1カップ
しょう油.....大さじ1
酢.....大さじ1
みりん.....大さじ1/2
だいこんおろし.....大さじ2
小ねぎの小口切り.....3本分

つくり方

1 **肉の準備──** 牛肉は食べる20分ぐらい前に冷凍室から出しておく。

2 **具材の準備──** しいたけは軸を取り、かさの部分だけ厚めに切る。えのきたけとヒラタケは根元を切り、小分けにほぐしておく。豆腐は厚みを半分にしてから幅2センチの薄切りにする。こんにゃくは3×5センチの薄切りに切り、中央に切り込みを入れて片方の端を通し、たづなの形にする。春菊は食べやすい長さに切る。

3 **野菜の準備──** 白菜は幅3センチに切り、にんじんは長さ5センチの拍子木切りにする。玉ねぎは幅1.5〜2センチのくし切りにし、長ねぎは縦半分に切ってから長さ5センチに切る。

4 **だしの準備──** 昆布を固くしぼった濡れ布巾でふき、鍋に入れて30分ほど水につけたあと中火よりやや弱火にかけ、3分ぐらい煮たら取り出す。だし汁に酒と塩で味をつける。

5 **タレをつくる──** タレの材料をそれぞれ混ぜ合わせる。

6 **仕上げる──** 浅型の鍋にだし汁を入れてひと煮立ちさせ、牛肉と具材を入れて火を通す。ごまダレやポン酢ダレをつけて食べる。

ひとくちメモ

しゃぶしゃぶは具材を少しずつ入れて、ゆっくり食べてください
しゃぶしゃぶは熱いだしの中に、肉と野菜を入れて火を通しながら食べる料理です。順番はとくに決まっていませんが、肉を先に入れると肉汁が出て、他の具がおいしく食べられるのでおすすめです。具材は一度にたくさん入れずに少しずつ入れて食べてください。

韓国式うどんすき

つゆに牛肉とうどんを入れて煮る鍋料理。太めのうどんと牛肉や野菜を入れて具だくさんにすると、味も栄養もアップします。

材料（4人分）

牛肉切り落とし
.....200g
ゆでうどん.....400g
白菜.....2枚
にんじん.....1/4本
えのきたけ.....50g
ヒラタケ.....50g
春菊.....50g
長ねぎ.....1本

鍋つゆ（昆布だし）
昆布……10×10センチ
水……10カップ（2ℓ）
しょう油・酒.....各大さじ1
塩・こしょう.....各少々

味つけ調味料
しょう油.....大さじ1
長ねぎのみじん切り.....大さじ1
にんにくのみじん切り.....大さじ1/2
粉トウガラシ.....大さじ1/2
ごま油.....大さじ1/2
塩・こしょう.....各少々

つくり方

1 **鍋つゆをつくる**── 鍋に昆布と水を入れ、中火より少し弱いくらいの火にかけ、10分くらいかけてゆっくり煮てだしが取れたら、昆布を取り出し、しょう油、酒、塩、こしょうで味つけする。

2 **うどんをゆでる**── 沸とうした湯にうどんをほぐしながら入れて強火でゆでる。再び沸いたら水1カップ（分量外）を加えてひと煮立ちさせ、うどんに火が通ったら冷水で洗って水けをきる。

3 **野菜の準備**── 白菜は長さ4センチの細切りにし、にんじんも長さ4センチの拍子木切りにする。

4 **具材の準備**── えのきたけは根元を切り、ヒラタケは小分けにほぐす。春菊はざく切りにし、長ねぎは斜め切りにする。

5 **仕上げる**── 浅型の鍋にすべての材料を放射状に並べ入れ、鍋つゆを注いでひと煮したら混ぜ合わせた味つけ調味料を加える。

うどんは下ゆでするとつゆがにごりません
うどんは鍋に入れる前に下ゆですると、つゆがにごりません。下ゆでせずに入れる場合は細い麺を使うと早く火が通り、つゆもあまりににごりません。

すき焼き

牛肉、きのこ、はるさめ、長ねぎ、卵があれば、すぐにできる鍋料理。調理が簡単なので、突然の来客にも重宝します。

材料（4人分）

牛肉（すき焼き用または切り落とし）
　.....600g
ヒラタケ.....200g
えのきたけ.....2袋
玉ねぎ.....1個
長ねぎ.....2本
韓国はるさめ.....40g
さつまいものでんぷんのはるさめ。

サラダ油..........大さじ1/2

すき焼きダレ
昆布だし★.....2カップ
しょう油.....大さじ3
砂糖.....大さじ3
みりん.....大さじ1

卵液
卵.....6個
しょう油.....大さじ1

★つくり方はp.252の1参照。1の味つけ前のだし汁2カップを使います。

つくり方

1　**肉の下処理**—— 牛肉は食べやすい大きさに切り、キッチンペーパーで赤い肉汁をふく。

2　**具材の準備**—— ヒラタケは小分けにほぐし、えのきたけは根元を切ってほぐす。玉ねぎは縦半分に切ったら繊維を断つように薄切りにし、長ねぎは長さ4センチに切る。

3　**はるさめの準備**—— 韓国はるさめは、ぬるま湯でもどし、食べやすい長さに切る。

4　**すき焼きダレをつくる**—— 鍋に昆布だしにしょう油、砂糖、みりんを加えて混ぜる。

5　**卵液をつくる**—— 卵は割りほぐし、しょう油を加えて混ぜ、4等分して器に入れる。

6　**仕上げる**—— 浅型の鍋にサラダ油を強火で熱し、すべての材料を入れたら、すき焼きダレを注いで煮る。煮えた材料を卵液につけて食べる。

すき焼きは、厚手の鍋を使ってください
すき焼きをつくる時は、厚手の鍋がおすすめです。薄手の鍋は、すぐに焦げたり煮汁が蒸発したりするので、上手に調理できません。すき焼きは、鶏肉に変えたり、豆腐やしらたきを加えたりしても楽しめます。

大皿サラダ冷麺

食欲がなくなる夏には、冷麺が最適です。甘酸っぱいタレをかけて麺と野菜、
牛肉、ゆで卵を混ぜて食べる大皿の麺はおもてなしにも重宝します。

材料（4人分）

冷麺.....400g
牛肉（スネのブロック）.....200g
卵.....2個
きゅうり.....1本
梨.....1/2個
サニーレタス.....10枚

肉の下ゆで
長ねぎ.....1本
にんにく.....3片
水.....6カップ（1.2ℓ）

ピリ辛ダレ
コチュジャン.....大さじ2
粉トウガラシ.....大さじ2
肉のゆで汁.....大さじ4
しょう油.....大さじ2
酢・砂糖.....各大さじ4
水あめ.....大さじ2
長ねぎのみじん切り.....大さじ1
にんにくのみじん切り.....小さじ1
ごま油.....大さじ2
白炒りごま.....少々

つくり方

1 **麺の下処理──** 冷麺は手でほぐす。

2 **麺をゆでる──** 沸とうした湯で冷麺をゆでて冷水で洗い、一人分（1/4量）ずつ、ざるに上げて水をきる。

3 **肉の準備──** 鍋に水を注ぎ、牛肉、長ねぎ、にんにくを入れて強火で肉に火が通るまでゆで、肉を取り出す。冷めたら長さ5センチの細切りにし、スープはざるでこす。

4 **具材の準備──** 卵は固ゆでにして8等分に切り、きゅうりはせん切りにする。梨は4等分に切り、皮をむいて芯を除きせん切りにする。サニーレタスはせん切りにする。

5 **タレをつくる──** ピリ辛ダレの材料を混ぜ合わせる。

6 **仕上げる──** 大皿に冷麺を一人分ずつ分けて盛り、ほかの材料を彩りよく盛って、ピリ辛ダレをかける。

鶏肉でもおいしいです
大皿サラダ冷麺に使う野菜は、春菊をちぎったり、えごまの葉をせん切りにして入れたり、ベビーリーフ、スプラウト、かいわれだいこん、ミニトマトなどを加えたりしても。牛肉の代わりに鶏胸肉を使ったり、トッピングにピーナッツを砕いてのせたり、干しぶどうをのせたりして楽しんでみてください。

ミートソーススパゲティ

—

スパゲティの上にミートソースをかけたイタリア式ビビン麺。
トマトソースのパスタは日常的に食べられているので特別感はありませんが、長年愛されています。

材料（4人分）

ミートソース

トマトソース（市販のもの）.....1カップ

牛ひき肉.....150g

トマト（完熟）.....2個

エリンギ.....2本

にんじん　1/3本

玉ねぎ.....1個

にんにく.....6片

白ワイン.....1/3カップ

水.....1/2カップ

オリーブオイル.....大さじ4

牛肉の下味

塩・こしょう.....各少々

スパゲティ.....450g

塩.....適量

粉チーズ（パルミジャーノ）.....適宜

つくり方

1　**具材の準備**—— トマト、エリンギ、にんじんは粗いみじん切りにし、玉ねぎとにんにくはみじん切りにする。牛ひき肉は塩とこしょうで下味をつける。

2　**トマトソースをつくる**—— トマトソースに1のトマトを加えて中火で5〜10分煮る。

3　**野菜を炒める**—— フライパンにオリーブオイルを強火で熱し、1の玉ねぎとにんにくを炒める。

4　**ミートソースをつくる**—— 3に1の牛ひき肉を加え、ワインをふり入れて強火で炒め、2のトマトソースを加えてひと煮立ちさせる。

5　**具材を加える**—— 4に1のにんじんとエリンギを加えて煮、煮汁が少なくなったら、水を注ぎ、塩で味を調える。

6　**麺をゆでる**—— 沸とうした湯に塩（分量外）を入れ、スパゲティを袋の表示通りにゆでて、湯をきる。

7　**仕上げる**—— 5のソースに6のスパゲティを入れてひと混ぜしたら、まず器にソースを少し入れてその上にスパゲティを盛り、さらにソースをかける。好みに合わせて粉チーズをふる。

ひとくちメモ

スパゲティをゆでる時は塩を入れてください

パスタ料理は、麺のゆで具合も大切です。ゆでる時に塩を入れると湯の温度が高くなり、ゆで時間が短縮されるだけでなく、麺の味もよくなります。また、スパゲティはアルデンテでゆでるのが適切です。アルデンテとは、麺の芯が少し残っているくらいの状態のことです。パスタソースは、オリーブソース、クリームソース、トマトソースなど好みのものを使ってください。

和風焼きうどん

―

うどんにベーコン、玉ねぎ、キャベツ、えのきたけ、チンゲン菜などを加え、焼きうどんソース、とんかつソース、オイスターソースで味つけした焼きうどん。太い麺にソースがからまって深い味わいになります。

材料（4人分）

ゆでうどん.....300g
ベーコン.....100g
玉ねぎ.....1個
キャベツ.....100g
えのきたけ.....100g
緑豆もやし.....100g
チンゲン菜.....100g
長ねぎ.....1本
にんにく.....4片
削り節.....1つかみ
塩・こしょう.....各少々
サラダ油.....大さじ3

ソース
焼きうどんソース.....大さじ4
とんかつソース.....大さじ2
オイスターソース.....大さじ1

つくり方

1 **麺の準備——** 沸とうした湯でうどんをゆで、湯をきる。

2 **具材の準備——** ベーコンは細切りにし、緑豆もやしは洗って水けをきる。キャベツ、玉ねぎ、チンゲン菜は細めに切る。えのきたけは根元を切ってほぐす。長ねぎは斜め切りにし、にんにくは薄切りにする。

3 **野菜を炒める——** フライパンにサラダ油を強火で熱し、ベーコンを入れて軽く炒め、にんにく、玉ねぎ、キャベツ、緑豆もやし、うどんを加えて炒める。

4 **味つけする——** 3が炒まったら、焼きうどんソース、とんかつソース、オイスターソースを加えてひと炒めし、チンゲン菜、長ねぎ、えのきたけを加えて炒め、塩とこしょうで味を調える。

5 **仕上げる——** 器に4を盛り、削り節をたっぷりかける。

いろいろな市販のソースを試してみてください
最近はいろいろなソースが売られていて味もいいので、材料に合わせて使い分けると便利です。うどんの麺は太いと中まで味が染み込みにくいので、濃いめに味つけをし、強火で炒めると味が染み込みやすくなります。

お好み焼き

―

小麦粉の生地にキャベツをたっぷり入れて、ベーコン、魚介類、野菜を加えた一品料理。
ソースをかけて削り節をのせるとうま味が引き立ちます。

材料（2枚、4人分）

イカ.....1杯
ベーコン.....4枚
キャベツ.....6枚
玉ねぎ.....1個
卵.....2個
長ねぎ.....1本
削り節.....1つかみ
小ねぎ.....3本
塩・こしょう.....各少々
サラダ油.....適量

お好み焼きの生地

お好み焼き粉（市販のもの）
　　.....2カップ
卵.....1個
水.....1と1/3カップ

ソース

マヨネーズ.....大さじ3
ウスターソース.....大さじ3
トマトケチャップ.....大さじ1

つくり方

1 **具材の準備** ── イカは内臓を取って胴体と足をそれぞれ小さめに切り、ベーコン2枚は半分に切り、取っておく。残りのベーコン2枚とキャベツ、玉ねぎ、小ねぎ、長ねぎは細かく刻む。

2 **野菜を炒める** ── フライパンにサラダ油を強火で熱し、刻んだベーコンと1のイカ、野菜を入れて軽く炒め、塩とこしょうで味つけして取り出す。

3 **生地をつくる** ── お好み焼き粉の袋の表示通りに卵と水を加え、ダマにならないように混ぜる。

4 **生地を焼く** ── フライパンにサラダ油を中火で熱して2の1/2量を入れ、その上に3の生地をお玉1杯分加えて丸く広げる。

5 **具材をのせる** ── 下の方が少し焼けたら、半分に切ったベーコンをのせて卵を割り入れる。裏返して、弱火でじっくりと焼く。

6 **ソースをつくる** ── ソースの材料を混ぜ合わせる。

7 **仕上げる** ── 器に5を盛り、削り節をふりかけ、小ねぎとソースをかける。同様にもう1枚焼く。

具材は炒めてから混ぜると水分が出ません
野菜や魚介類を生地に混ぜる時は、そのまま入れてしまうと水分が出るので、炒めてから入れます。具材を炒める時は、先にベーコンを炒めると、ベーコンの脂が野菜に染み込んでおいしくなります。

生春巻き

ライスペーパーをぬるま湯でもどし、野菜、鶏肉、果物、魚介類を巻いて食べる料理。
家族みんなで好きなものを巻いて楽しく食べましょう。

材料（4人分）

ライスペーパー.....20枚
赤パプリカ.....1個
にんじん.....1/2本
えごまの葉.....10枚
玉ねぎ.....1個
パイナップル（缶詰）.....5切れ
鶏肉（ささみ）...3本
むきえび.....150g

ソース

ナンプラー（またはイワシエキス）
　　.....大さじ5
パイナップル缶の汁.....大さじ4
酢・砂糖.....各大さじ1
青陽トウガラシ（青トウガラシ）★
の小口切り.....大さじ2
★辛味の強い青トウガラシ。

つくり方

1　**具材の準備**── パプリカ、にんじん、えごまの葉はせん切りにし、玉ねぎは薄切りにしたら水にさらして辛味をとる。パイナップルは細切りにする。

2　**肉と魚介類の下処理**── ささみは沸とうした湯に入れ弱火で5分ほどゆで、あら熱が取れたら繊維にそって手で裂く。むきえびは背わたを取り、沸とうした湯に少量の塩（分量外）を入れて弱火で1分半ほどゆでる。

3　**ソースをつくる**── ソースの材料を混ぜ合わせる。

4　**皿に盛る**── 皿に1と2の具材を盛る。

5　**皮の準備**── ぬるま湯にライスペーパーを浸して柔らかくし、取り出す。

6　**仕上げる**── 皿に5を並べ、好きな具材とソースをのせて巻いて食べる。

 ライスペーパーは別に盛ってください
あらかじめライスペーパーに具材を巻いておいたものを出せば食べやすいのですが、ライスペーパーが破れたり、くっついたりするので、ライスペーパーと具材を分けて用意し、各自巻いて食べるのがベストです。具材は、魚介類、肉、野菜、果物など、好みに合わせて準備すればいいですし、ソースもわさびじょう油、三杯酢、チリソースなど好きなものをつけて食べてください。

ヤンジャンピチャプチェ
（冷製チャプチェ）

——

もちもちしたヤンジャンピや錦糸卵、えび、野菜などいろいろな具材をからしソースで和えて食べる
冷製チャプチェ。彩りがきれいなのでおもてなし料理にも向いています。

材料（4人分）

ヤンジャンピ.....2枚
さつまいもなどのでんぷんでつくられたシート状の乾物。韓国では中華料理の食材として使われる。このレシピでは円形のものを使用。

ヤンジャンピの味つけ
しょう油.....小さじ1
ごま油.....大さじ1
にんにくのみじん切り
　　.....小さじ1/2
塩.....少々

炒める材料
豚肉.....100g
ニラ.....100g
白菜.....2枚
玉ねぎ.....1/2個
青トウガラシ.....4本
にんじん.....1/3本
長ねぎ.....1/2本
しょうが.....1/2片
乾燥キクラゲ.....1/2カップ
しょう油・砂糖.....各大さじ1
酒.....小さじ2
ごま油.....大さじ1
塩・こしょう.....各少々
サラダ油.....大さじ3〜4

肉の下味
しょう油.....大さじ1/2
酒.....大さじ1

放射状に並べる材料
むきえび.....1カップ
卵.....2個
きゅうり.....1/2本
赤パプリカ.....1個

からしソース
ねりがらし.....大さじ1と1/2
しょう油.....大さじ1/2
砂糖.....大さじ3
酢.....大さじ3
ピーナッツバター・ごま油.....各大さじ1
にんにくのみじん切り.....小さじ1
塩.....小さじ1
水.....1/2カップ

つくり方

1 **具材の準備**── むきえびは沸とうした湯でサッとゆでて火を通して、豚肉は細切りにして下味をつける。卵は黄身と白身を分けてそれぞれ薄焼き卵を焼き、細切りにする。

2 **野菜の準備**── きゅうりと赤パプリカは長さ5センチの細切りにする。

3 **炒め野菜の準備**── ニラは長さ5センチに切り、白菜は長さ5センチの細切りにする。玉ねぎは縦半分に切って薄切りにし、青トウガラシは半分に切って種を除いてせん切りにする。にんじん、長ねぎ、しょうがはせん切りにする。キクラゲは水でもどして石づきを切り、小さく切る。

4 **野菜を炒める**── フライパンにサラダ油を強火で熱し、3の長ねぎとしょうがを入れて炒めたら、肉を加えて炒め、しょう油と酒で味つけする。さらに白菜、玉ねぎ、にんじんを加えて手早く炒め、塩で味を調える。最後に青トウガラシ、ニラ、キクラゲを加え、砂糖、ごま油、こしょうを加える。

5 **ヤンジャンピの準備**── ヤンジャンピはぬるま湯に浸したあと、沸とうした湯にサラダ油大さじ1（分量外）を入れてゆで、水で洗って水けをきる。食べやすい大きさに切り、味つけの材料で和える。

6 **仕上げる**── 皿に材料を放射状に並べて中央にヤンジャンピを盛り、からしソースの材料を混ぜてそえる。

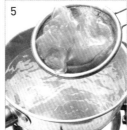
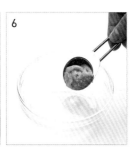

ヤンジャンピに味つけするとおいしいです
ヤンジャンピは事前にゆでるとふやけてしまうので、他の材料の準備ができてからゆでて味つけしてください。からしソースは酸味と辛味が特徴ですが、ごま油とピーナッツバターを加えるとまろやかさと香ばしさが増します。

韓国式酢豚

—

サクッと揚げた豚肉に甘酸っぱいソースをかけた酢豚。
甘酸っぱいソースとサクサクの肉が調和し、特別な日につくると喜ばれます。

材料（4人分）

豚肉（脂身が少ない部位）.....300g
玉ねぎ.....1/2個
きゅうり.....1/2本
にんじん.....1/3本
干ししいたけ.....2本
たけのこ（水煮）.....100g
揚げ油.....適量

肉の下味
しょう油・酒.....各大さじ1

揚げ衣
溶き卵.....1/2個分
片栗粉.....2/3カップ
サラダ油.....小さじ1

ソース
砂糖.....1/2カップ
酢.....1/2カップ
しょう油.....大さじ1
水溶き片栗粉
（片栗粉・水 各大さじ3）
塩.....小さじ1
サラダ油.....1/4カップ
ごま油.....大さじ1/2
水.....1と1/2カップ

つくり方

1 **肉の下味**── 豚肉は割りばしぐらいの太さに切り、酒としょう油で下味をつける。

2 **具材の準備**── 玉ねぎ、にんじん、たけのこは薄切りにする。きゅうりは縦半分に切ってから斜め薄切りにする。干ししいたけはぬるま湯でもどして水けをきり、軸を取って薄切りにする。

3 **ソースをつくる**── 鍋に水、砂糖、塩を入れ、弱火で煮て砂糖が溶けたら酢としょう油を入れ、水溶き片栗粉を入れて手早く混ぜて煮る。フツフツとしてきたら最後にサラダ油とごま油を合わせて熱したものを加える。

4 **肉の準備**── 1の豚肉をボウルを入れ、溶き卵、片栗粉、サラダ油を加えてもみ込む。

5 **肉を揚げる**── 170度のサラダ油で、4の肉を色よく二度揚げし、油をきる。

6 **野菜を揚げる**── 2の具材を170〜180度のサラダ油でサッと素揚げして油をきる。

7 **仕上げる**── 皿に5の肉を盛り、肉の上に6の野菜をのせてソースをかける。

衣には片栗粉を使ってください

ひとくちメモ

揚げ物の衣は小麦粉よりも片栗粉のほうがサクサク感が出ます。通常、片栗粉は水で溶いて使用しますが、肉の衣に使う時は、卵と片栗粉をそのまま混ぜて肉にからめるとサクッと揚がります。野菜はソースに混ぜずに皿に盛り、あとからソースをかけると、つくるのも簡単で見た目もきれいです。

ニラのチャプチェと
中国式蒸しパン

中華料理の材料でよく使われる中国ニラを使った中華風チャプチェ。蒸しパンをそえればちょっとした食事にもなります。ニラのほかピーマンや青トウガラシでも。

材料（4人分）

豚肉.....200g
ホブチュ（中国ニラまたはニラ）
　.....400g
日本では入手困難なため、
一般のニラで代用可能。

玉ねぎ.....1個
長ねぎ.....1本
にんにく.....2片
しょうが.....1/2片
赤トウガラシ.....2本
蒸しパン(花巻).....8〜12個
サラダ油.....適量

肉の下味
酒・しょう油.....各大さじ1

味つけ調味料
しょう油.....大さじ2
酒・ごま油.....各大さじ1
砂糖.....小さじ1
塩・こしょう.....各少々

つくり方

1　**肉の下味——** 豚肉は割りばしぐらいの太さに切り、酒としょう油で下味をつける。

2　**ホブチュの準備——** ホブチュは長さ4センチに切り、葉先の部分と根元に近い部分を分けておく。

3　**野菜の準備——** 玉ねぎは薄切りにし、長ねぎ、にんにく、しょうがはせん切りにする。赤トウガラシは半分に切って種を除き、せん切りにする。

4　**具材を炒める——** フライパンでサラダ油を強火で熱して長ねぎ、にんにく、しょうがを軽く炒めたら、玉ねぎと豚肉を加え、酒としょう油をフライパンのふちから入れ、炒めながら香りを出す。

5　**仕上げる——** 4に赤トウガラシとホブチュの根元に近い部分を加え、塩と砂糖を入れて炒め、ホブチュの葉先の部分を入れたらごま油とこしょうを加えて炒める。蒸しパンを温めてそえる。

 ひとくちメモ

中華料理によく使われる中国ニラ
ホブチュ（中国ニラ）は、中華料理でよく使われるニラで、一般的なニラより太いのが特徴です。白い部分と青い部分で火が通る早さが違うので、分けて入れることで歯ごたえを残します。

きのこチャプチェ

普段とは違うヘルシー志向のチャプチェをつくってみましょう。しいたけ、ヒラタケ、えのきたけ、エリンギなどを入れると、歯ごたえが楽しめる一品になります。

材料（4人分）

しいたけ.....5本
ヒラタケ.....50g
エリンギ.....2本
えのきたけ.....50g
ニラ.....50g
にんじん.....1/3本
赤トウガラシ.....1本
韓国はるさめ.....80g
さつまいものでんぷんのはるさめ。

サラダ油.....大さじ3

炒め調味料
しょう油.....大さじ5
砂糖.....大さじ2
長ねぎのみじん切り
　　.....大さじ2
ごま油.....大さじ2
白炒りごま.....大さじ1
塩・こしょう.....各少々

つくり方

1　**きのこの準備**── しいたけは軸を切り落として薄切りにし、ヒラタケは小房に分ける。エリンギは細切りにし、えのきたけは根元を切り落としてほぐす。

2　**野菜とはるさめの準備**── ニラは長さ4センチに切り、にんじんは長さ4センチの細切りにする。赤トウガラシはせん切りにする。韓国はるさめはぬるま湯でもどして食べやすい長さに切る。

3　**調味料をつくる**── 炒め調味料の材料を混ぜ合わせる。

4　**きのこを炒める**── フライパンにサラダ油大さじ1.5を強火で熱してきのこと炒め調味料の1/2量を入れて混ぜながら軽く炒める。

5　**具材を炒める**── 別のフライパンにサラダ油大さじ1.5を強火で熱し、韓国はるさめ、にんじん、ニラ、赤トウガラシと残りの炒め調味料を入れて炒める。

6　**仕上げる**── 4と5を合わせてさらに炒める。味が薄い場合は塩で調える。

炒めると味が染み込みます

チャプチェは炒めると味がよく染み込んでおいしくなりますが、炒めすぎるとはるさめに粘りが出てくっついてしまうので、味が染みる程度に少しだけ炒めてください。

コチュジャントッポギ・
しょう油トッポギ（宮中トッポギ）

———

もちっとしたトッポギはみんなが大好きな韓国の国民的おやつ。
韓国おでんをたくさん入れた辛口のコチュジャン味としょう油味のトッポギです。

コチュジャントッポギ

材料（4人分）

トッポギ用の餅.....500g
韓国おでん（釜山四角おでん）.....150g
四角形が特徴の白身魚をすりつぶした練り物。
韓国食材店やオンラインショップで入手可能。

コチュジャンダレ

コチュジャン　　大さじ3
しょう油.....大さじ1/2
砂糖.....大さじ2
水あめ.....大さじ1
水.....1と1/2カップ

つくり方

1 **餅の準備**—— トッポギ用の餅は、柔らかいものはそのまま使い、かたいものは沸とうした湯で軽くゆでてから使う。

2 **韓国おでんの準備**—— 韓国おでんは5×2センチに切ってざるに入れ、熱湯をかけて油抜きする。

3 **タレをつくる**—— フライパンにコチュジャンダレの材料を入れて弱火で軽く煮る。

4 **仕上げる**—— 3に餅を入れ、くっつかないように混ぜながら弱火で煮る。韓国おでんを加え、煮汁が少なくなるまで煮る。

 煮干しと昆布のだしを使うとうま味が出ます
水の代わりに煮干しと昆布でとっただし汁を使うとうま味が出ます。
激辛にしたい場合は、粉トウガラシを加えてください。

しょう油トッポギ（宮中トッポギ）

材料（4人分）

トッポギ用の餅.....500g	**しょう油ダレ**
牛肉.....150g	しょう油.....大さじ2
しいたけ.....2本	砂糖.....大さじ2
にんじん.....20g	水あめ.....大さじ1
玉ねぎ.....50g	にんにくのみじん切り.....大さじ1
長ねぎ.....10センチ	ごま油.....小さじ1
サラダ油.....少々	こしょう.....少々
	水.....1と1/2カップ

つくり方

1 **餅の準備**—— トッポギ用の餅は、柔らかいものはそのまま使い、かたいものは沸とうした湯で軽くゆでてから使う。

2 **具材の準備**—— 牛肉は食べやすい大きさに切り、しいたけは軸を取って薄切りにする。にんじん、玉ねぎ、長ねぎは細長い薄切りにする。

3 **タレをつくる**—— しょう油ダレの材料を混ぜ合わせる。

4 **仕上げる**—— フライパンにサラダ油を強火で熱し、玉ねぎ、長ねぎ、牛肉を入れて炒め、餅、しいたけ、にんじんを加えて炒める。最後に3のしょう油ダレを加えて炒め、味をなじませる。

 肉ときのこを入れて、宮中トッポギをつくってみてください
宮中トッポギは、トッポギ用の餅を食べやすい大きさに切り、牛肉、しいたけ、緑豆もやしなどを入れてつくるしょう油味の辛くないトッポギです。一般的に知られている辛いコチュジャントッポギの代わりに、肉、きのこ、いろいろな野菜を加えてしょう油で味つけし、宮中トッポギをつくってみてください。

海鮮チヂミ

小ねぎとニラ、貝類をたっぷり加えたチヂミ。イカやえびを入れてもおいしいです。

材料（2枚、4人分）

カキ・アサリ・ムール貝
（すべてむき身）.....各50g
小ねぎ.....100g
ニラ.....50g
赤トウガラシ.....1/2本
サラダ油.....適量

生地
小麦粉.....2/3カップ
米粉.....1/2カップ
卵.....1個
塩.....小さじ1
水.....1と1/3カップ

つくり方

1 **貝類の準備**—— カキ、アサリ、ムール貝は、薄い塩水（分量外）で洗って水けをきる。

2 **野菜の準備**—— 小ねぎとニラは洗って長さ15センチぐらいに切る。赤トウガラシは種を除いてせん切りにする。

3 **生地をつくる**—— 小麦粉、米粉、塩を混ぜて卵を割り入れ、水を少しずつ加えながら混ぜる。

4 **具材を混ぜる**—— 3に小ねぎ、ニラ、赤トウガラシ、貝類を加えて混ぜる。

5 **仕上げる**—— フライパンにサラダ油を中火で熱し、お玉約で生地を入れ、貝が均等になるように薄く広げる。両面を色よく焼く。もう1枚も同様に焼く。

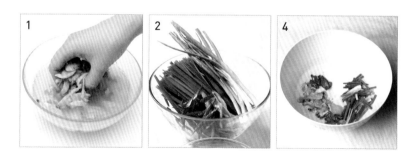

具材の上に生地を薄くかけてください

貝類の水けが残っていると、具材が生地から離れて破れやすくなります。生地が破れないようにするためには、生地を広げたあと、その上にもう一度生地をかけてください。具材と生地がくっついて破れにくくなります。

韓国かぼちゃのジョン・
しいたけのジョン・れんこんのジョン
―

愛情を込めて焼いたきのこのジョンと野菜のジョン。
韓国では日々のおかずはもちろん、お祝いの席や法事の席にもよく登場する食べ物です。

韓国かぼちゃのジョン

材料（4人分）

韓国かぼちゃ.....1本
ズッキーニで代用可能。
塩.....少々
小麦粉.....大さじ4
溶き卵.....1個分
サラダ油.....大さじ2

酢じょう油
しょう油.....大さじ2
水・酢.....各大さじ1
松の実粉
（松の実を粉砕したもの）
.....小さじ1/2

つくり方

1 **韓国かぼちゃの下処理——** 韓国かぼちゃは、厚さ0.5センチの輪切りにし、塩をふってしばらくおき、出てきた水けをキッチンペーパーでふく。

2 **焼く——** 1に小麦粉を薄くつけて、溶き卵にくぐらせ、フライパンにサラダ油を中弱火で熱して両面を色よく焼く。

3 **仕上げる——** 酢じょう油の材料を合わせてそえる。

しいたけのジョン

材料（4人分）

干ししいたけ(小)
.....12本
牛ひき肉.....100g
木綿豆腐.....60g
小麦粉.....大さじ2
溶き卵.....2個分
サラダ油.....大さじ3

具の味つけ調味料
しょう油.....大さじ1
砂糖.....大さじ1/2
長ねぎのみじん切り
.....小さじ2

にんにくのみじん切り
.....小さじ1
ごま油.....小さじ1
白すりごま.....小さじ1
塩・こしょう.....各少々

酢じょう油
しょう油.....大さじ2
水・酢.....各大さじ1
松の実粉
（松の実を粉砕したもの）
.....小さじ1/2

つくり方

1 **干ししいたけの下処理——** 干ししいたけはぬるま湯でもどして軸を切る。

2 **具の味つけ——** 豆腐はくずし、布巾に包んでしぼって水切りをする。味つけ調味料の材料を混ぜ、牛ひき肉と豆腐に加えて混ぜる。

3 **焼く——** 1のかさの内側に薄く小麦粉をつけて2を詰めたら小麦粉をふる。溶き卵にくぐらせ、フライパンにサラダ油を中弱火で熱して両面を色よく焼く。

4 **仕上げる——** 酢じょう油の材料を合わせてそえる。

れんこんのジョン

材料（4人分）

れんこん(太さ3〜5センチ)
.....250g
塩.....小さじ1
小麦粉.....大さじ2
サラダ油.....大さじ2

衣
小麦粉.....3/4カップ
水.....1/2カップ
しょう油.....小さじ2
ごま油.....小さじ2

酢じょう油
しょう油.....大さじ2
水・酢.....各大さじ1
松の実粉
（松の実を粉砕したもの）
.....小さじ1/2

つくり方

1 **れんこんの下処理——** れんこんは皮をむいて厚さ0.7センチの輪切りにし、沸とうした湯に塩を入れてサッとゆで、水けをきる。

2 **焼く——** 1に小麦粉を薄くつけたら、衣の材料を混ぜたものにくぐらせ、フライパンにサラダ油を中弱火で熱して両面を色よく焼く。

3 **仕上げる——** 酢じょう油の材料を合わせてそえる。

トトリムッ（どんぐり豆腐）のサラダ・
メミルムッ（そば豆腐）のキムチ和え

——

きゅうりと春菊を入れてピリ辛味のタレで和えたどんぐり豆腐のサラダ。
酸味のあるキムチで和えたそば豆腐。どちらもヘルシーなメニューです。

トトリムッ（どんぐり豆腐）サラダ

材料（4人分）

どんぐり豆腐.....1パック
韓国食材店やオンラインショップで
入手可能。

きゅうり.....1/2本
青トウガラシ.....2本
春菊.....少々

ピリ辛ダレ
しょう油.....大さじ3
粉トウガラシ(粗挽き).....大さじ1
砂糖.....小さじ2
長ねぎのみじん切り.....大さじ1
にんにくのみじん切り.....小さじ1
ごま油・白すりごま.....各大さじ1

つくり方

1. **どんぐり豆腐を切る──** どんぐり豆腐は食べやすい大きさに切る。

2. **野菜の準備──** きゅうりは半月切りにし、青トウガラシは縦半分に切ってから斜め切りにする。春菊は食べやすい長さに切る。

3. **仕上げる──** ピリ辛ダレの材料を混ぜ、1のどんぐり豆腐と2の野菜に加えて和える。

メミルムッ（そば豆腐）のキムチ和え

材料（4人分）

そば豆腐.....1パック
白菜キムチ(よく発酵したもの)
　　.....1/8株(約230g)

しょう油ダレ
しょう油.....大さじ1と1/2
砂糖.....大さじ1/2
長ねぎのみじん切り.....大さじ1
にんにくのみじん切り.....大さじ1/2
ごま油.....大さじ2
白すりごま.....大さじ1

つくり方

1. **そば豆腐を切る──** そば豆腐は半分に切ってから厚さ0.7センチの細切りにする。

2. **キムチの準備──** キムチは細かく刻み、汁けをきる。

3. **タレをつくる──** しょう油ダレの材料を混ぜ合わせる。

4. **仕上げる──** 1のそば豆腐、2のキムチを3のしょう油ダレで和える。和えない場合は、器にそば豆腐とキムチを盛り、しょう油ダレをかける。

そば豆腐の冷製スープもおいしいです
そば豆腐のキムチ和えに、スープを入れて食べてもおいしいです。スープは、煮干しと昆布でだしをとって、クッカンジャン（薄口しょう油）で味を調えます。同様に、どんぐり豆腐をキムチで和えてもいいですし、スープを入れて食べてもおいしいです。

クラゲの冷菜

にんにくの香りが引き立つ甘酸っぱいソースにコリコリした食感がおいしいクラゲの冷菜。クラゲの冷菜はコース料理の定番の一品です。

材料（4人分）

クラゲ（塩漬け）.....200g
きゅうり.....1本
ミニトマト.....5個

クラゲの下味
砂糖.....大さじ1/2
酢.....大さじ1

にんにくソース
にんにく（粗いみじん切り）
　.....大さじ2
赤トウガラシのみじん切り
　.....大さじ1/2
酢.....1/2カップ
砂糖.....1/3カップ
しょう油.....大さじ1/2
塩.....小さじ1/2
ごま油.....大さじ1/2
ねりがらし.....小さじ2
水.....1カップ

つくり方

1　**クラゲの下処理**── クラゲは水でもみ洗いしたら食べやすい大きさに切る。沸とうした湯で軽く湯がいたら、ぬるま湯につけて、渋みと塩けをぬく。

2　**クラゲの下味**── 1のクラゲの水けをしっかりきり、砂糖と酢をもみ込んで下味をつける。

3　**野菜の準備**── きゅうりはせん切りにし、ミニトマトは半分に切る。

4　**ソースをつくる**── にんにくと酢を混ぜたら、残りの材料を加えて混ぜる。出来上がったら冷蔵庫で冷やす。

5　**仕上げる**── 器にきゅうり、ミニトマト、クラゲを盛り、にんにくソースをかける。

さらに辛味がほしい時は、ラー油やからしを入れます
にんにくソースは魚介類とよく合うソースです。にんにくは粗いみじん切りまたはせん切りにして香りを引き立たせます。ラー油を加えると一層辛味が増します。

緑豆寒天の冷菜

—

春の時期の不調を回復させてくれるメニュー。緑豆
寒天を酢じょう油で和えた冷菜です。

材料（4人分）

———

緑豆寒天.....1パック
緑豆の粉でつくった寒天。緑
豆の粉または類似品（太い
麺状の緑豆はるさめ）はオン
ラインショップで入手可能。

せり.....1つかみ
緑豆もやし......1つかみ
赤トウガラシ.....1/2本

寒天の下味
塩.....小さじ1
ごま油.....大さじ2

酢じょう油
しょう油.....大さじ1/2
酢.....大さじ4
水.....大さじ2
砂糖.....大さじ1
塩.....少々

つくり方

———

1　**寒天の下処理——** 緑豆寒天は割りばしぐらいの太さに切る。沸とうした湯で軽くゆでたら洗って水けをきり、塩とごま
　油を加えて混ぜる。

2　**野菜の準備——** せりは沸とうした湯で軽くゆでて水にさらして水けをしぼり、長さ4センチに切る。緑豆もやしは芽と
　ひげ根を取り、沸とうした湯でゆでたら冷水にさらして水けをきる。赤トウガラシはせん切りにする。

3　**酢じょう油をつくる——** 酢じょう油の材料を混ぜ合わせる。

4　**仕上げる——** 緑豆寒天、せり、緑豆もやしを合わせて軽く混ぜ、酢じょう油をかけたら皿に盛り、赤トウガラシをのせる。

 ひとくちメモ 酢を入れずに和えてもおいしいです
酢じょう油で和えた緑豆寒天は宮中料理の前菜です。酢を使わず
に、塩とごま油で和える方法もあります。焼き海苔をちぎってかけると
おいしいです。

1

2

part

6

季節の
キムチ・チャンアチ(漬け物)・
ピクルス

キムチとチャンアチは、韓国の食卓には欠かせない常備菜です。最近では市販のものを買って食べる人も多いですが、やはり手づくりの味は格別です。冬の間に食べるキムチ、汁がさっぱりしている水キムチ、つくってすぐに食べられる即席キムチなど、おいしくつくって、手づくりの味を家族みんなで味わってください。

白菜キムチ

—

葉の詰まった白菜を塩漬けしてから葉の間にタレをぬって漬けたキムチは、韓国の代表的なキムチです。
白菜の塩漬けとタレの配合をきちんとすることがおいしく仕上げるポイントです。

材料

白菜.....10株（約30kg）
塩水.....20カップ（4ℓ）
（粗塩10カップ・水20カップ）
粗塩.....適量

キムチのタレ

だいこん.....3本（約4.5kg）
わけぎ.....1束（約1kg）
せり.....2束（500g～1kg）
長ねぎ.....1/2束（約500g）
にんにく.....10玉
（にんにく丸ごと1玉×10）
しょうが.....3個（大きな塊×3）
カキ（生食用）.....1カップ
えび（刺身用）.....2カップ
粉トウガラシ.....10カップ
アミの塩辛.....1カップ
イワシエキス.....1カップ
砂糖.....1/4カップ

仕上げ用の塩水

塩.....大さじ4
水.....10カップ（2ℓ）

つくり方

1 **白菜を切る——** 白菜の根元に切り込みを入れて手で半分に裂く。手で裂くと白菜の小さい内葉が落ちない。

2 **白菜の塩漬け——** 半分にした白菜の葉の間に粗塩をふり、塩水に一晩ほど漬けて水で洗ったあと、白菜をざるに立てかけて水けをきる。

3 **具材の準備——** だいこんは細いせん切りにし、わけぎとせりは長さ4センチに切る。長ねぎは白い部分だけをせん切りにし、にんにく、しょうが、アミの塩辛は細かく刻む。

4 **カキとえびの準備——** カキとえびは新鮮なものを準備し、薄い塩水（分量外）で洗ってすすぎ、水けをきる。

5 **タレをつくる——** ボウルにキムチのタレの材料を混ぜ合わせる。

6 **白菜にタレをぬる——** 水けをきった白菜の葉の間に1枚ずつタレをぬり、中のタレが出ないように最後の外葉で丸く包み込んだあと、キムチ容器に隙間なく入れる。

7 **塩水をかける——** タレが入っていた容器に仕上げ用の塩水を入れてタレを落とし、キムチ容器に入れたキムチの上にかける。常温で1日ほどおいて発酵させたあと、冷蔵庫でゆっくり熟成させる。キムチが発酵し、酸味が出たら食べごろ。

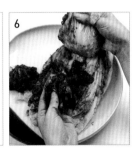

白菜の塩漬けの基本
白菜の塩漬けの塩分量は、白菜1株（約2kg）あたり粗塩1カップ程度が適量です。塩分量は季節によっても変わりますが、夏は白菜の重量の10～15%、冬は20～25%にするといいです。漬ける時間は常温で6～7時間です。

白キムチ

—

粉トウガラシを使わずに、梨、栗、松の実を入れてさっぱりと仕上げたキムチ。
韓国の伝統的なサラダのような白キムチは辛くないので子供たちもよく食べます。

材料

白菜.....5株(約10kg)
塩水.....12カップ(2.4ℓ)
(粗塩6カップ・水12カップ)
粗塩.....適量

キムチの具
だいこん.....2本(約3kg)
梨.....1個
せり.....1束(約250〜700g)
わけぎ.....1/2束(約500g)
長ねぎ.....1/2束(約500g)
にんにく.....5玉(丸ごと1玉×5)
しょうが.....3個(大きな塊×3)
糸トウガラシまたは鷹の爪.....20g
栗.....10個
松の実.....大さじ2
干ししいたけ.....4本
乾燥キクラゲ.....10g
塩.....1/2カップ
砂糖.....少々

キムチの汁
塩.....2/3カップ
アミの塩辛.....1/2カップ
梨のすりおろし.....1個分
砂糖.....少々
水.....20カップ(4ℓ)

つくり方

1 **白菜を切る──** 白菜の根元に切り込みを入れて手で半分に裂く。かたい部分に粗塩をふってから塩水に6時間ほどつけて水洗いし、白菜をざるに立てかけて水をきる。

2 **だいこん・梨の準備──** だいこんと梨は大きさをそろえて細いせん切りにする。

3 **薬味の準備──** せりとわけぎは長さ4センチに切り、長ねぎは白い部分だけをせん切りにする。にんにく、しょうが、アミの塩辛は細かく刻む。

4 **具材の準備──** 干ししいたけと乾燥キクラゲは水でもどして軸と石づきを取ってせん切りにし、栗は千切りにする。糸トウガラシは長さ3〜4センチに(鷹の爪の場合は千切りに)切り、松の実は先の尖ったところを取る。

5 **汁をつくる──** 水に梨のすりおろし、刻んだアミの塩辛、塩、砂糖を入れて混ぜ、薄味の汁をつくる。

6 **具材を混ぜる──** 2、3、4の材料と塩と砂糖をよく混ぜ合わせる。

7 **仕上げる──** 白菜の葉の間に6をはさみ入れ、中の具が出ないように最後の外葉で丸く包み込んだあと、キムチ容器に隙間なく入れ、白菜にきちんとかぶるように5の汁を注いで常温で1日ほどおいて発酵させたあと、冷蔵庫でゆっくり熟成させる。

ひとくちメモ

にんにくとしょうがをガーゼに包んで入れると汁がにごりません
粉トウガラシを使わない白キムチは、おもに北の地方でつくられる水キムチの一種で、さっぱりとした味が特徴。北の地方では、冬にキムチの汁に麺やごはんを入れて食べる習慣があり、とてもおいしいと伝えられています。白キムチをつくる時に、にんにくとしょうがをガーゼに包んでから汁に入れると、汁がにごらずに味もさっぱりします。キムチをつくったら、常温で発酵させてから冷蔵庫に入れてゆっくり熟成させると酸味が出てきます。

チョンガクキムチ
（ミニだいこんのキムチ）

—

小さくてずっしりしているチョンガクだいこん（ミニだいこん）をしっかり塩漬けしてから辛いタレで漬けたキムチ。
葉が新鮮なものを選ぶと、ミニだいこんの栄養すべてを摂取できます。

材料

チョンガクだいこん（ミニだいこん）
.....5束（約15kg）
わけぎ.....1束（約1kg）
粗塩.....2カップ

キムナのタレ

せり.....1/2束（150〜300g）
長ねぎ.....2本
にんにくのみじん切り.....1/2カップ
しょうがのみじん切り.....1/4カップ
粉トウガラシ.....3カップ
砂糖.....大さじ3
アミの塩辛.....1/3カップ
イワシエキス.....1カップ

もち粉のり

もち粉（もち米を粉砕したもの）
.....大さじ4
水.....3カップ

仕上げ用の塩水

塩.....大さじ2
水.....5カップ（1ℓ）

つくり方

1　**ミニだいこんの下処理**── ミニだいこんは、しおれている葉などを除いたら、ブラシでこすりながら洗い、大きいものは縦半分に切る。わけぎとせりもきれいに洗って水をきる。

2　**塩漬け**── ミニだいこんに粗塩と水（分量外）をかけて、しんなりするまで3時間ほど塩漬けする。塩漬けで出た水は捨てずにとっておく。

3　**薬味の準備**── わけぎとせりは長さ3〜4センチに切り、2の塩水に漬ける。長ねぎは斜め切り、アミの塩辛は細かく刻む。

4　**水をきる**── ミニだいこん、わけぎ、せりを水洗いし、ざるにあげて水をしっかりきる。

5　**のりをつくる**── 水を沸とうさせてもち粉を入れ、中火で混ぜながらもち粉のりをつくって冷ます。

6　**タレをつくる**── ボウルに粉トウガラシを入れ、イワシエキスを加えてふやかしたら、5のもち粉のりを入れる。長ねぎ、にんにくとしょうがのみじん切り、アミの塩辛、砂糖、せりを加えてよく混ぜ合わせる。

7　**タレをつける**── 6にミニだいこんとわけぎを入れて、全体にタレをからめる。

8　**仕上げる**── ミニだいこんとわけぎを2〜3本ずつくるくると巻いてミニだいこんの葉で軽く結び、キムチ容器に隙間なく入れる。タレが入っていた容器に仕上げ用の塩水を入れてタレを落とし、キムチ容器に入れたミニだいこんの上にかけて常温で1日ほどおいて発酵させたあと、冷蔵庫でゆっくり熟成させる。

食卓に出す時は、葉は食べやすい長さに切ってください

ミニだいこんのキムチは、冬の初め頃、白菜キムチを漬ける前に漬けます。遅い時期に漬けるキムチは、イワシエキスやもち粉のりを少なめに使い、アミの塩辛や金石魚のエキス（魚醬）で味を濃くし、白菜の外葉を被せておくのが特徴です。ミニだいこんのキムチを食卓に出す時には、葉で巻いたセットごと取り出し、ミニだいこんはそのまま皿にのせ、葉は食べやすい長さに切ってそえれば、見た目もよく食べやすいです。

だいこん菜の水キムチ

—

だいこん菜のビビンバやだいこん菜の冷麺の材料として使われる代表的な水キムチ。
柔らかいだいこん菜と山東菜を塩漬けしたあと、赤トウガラシの汁に漬けたさっぱり味が絶品です。

材料

だいこん菜.....1束(約1kg)
山東菜.....1/2束(約500g)
白菜の一種でさんとうな／さんとうさい
2つの読み方がある。

わけぎ.....1/3束(約300g)
玉ねぎ.....1個
青トウガラシ.....5本
赤トウガラシ.....2本
粗塩.....1カップ

小麦粉のり

小麦粉.....大さじ2
水.....1カップ

キムチの汁

赤トウガラシ(粉砕したもの)
　　.....2カップ
にんにくのみじん切り.....大さじ2
しょうがのみじん切り.....小さじ1
粗塩.....1/2カップ
水.....15カップ(3ℓ)

つくり方

1 **塩漬け──** だいこん菜と山東菜を長さ5センチに切って水洗いし、粗塩をふってしばらくおく。しんなりしたら水けをきる。

2 **のりをつくる──** 鍋に水を入れ沸とうさせたら小麦粉を入れ、混ぜながらのりをつくって冷ます。

3 **野菜の準備──** わけぎは長さ5センチに切り、玉ねぎは薄切りにし、青トウガラシと赤トウガラシは斜め切りにする。

4 **汁の準備──** 粉砕した赤トウガラシ、にんにくのみじん切り、しょうがのみじん切りを混ぜ合わせる。

5 **汁をつくる──** 水に小麦粉のりをよく溶かし、3と4の材料を入れて混ぜたら、粗塩で味を調えキムチの汁をつくる。

6 **具材を合わせる──** 1のだいこん菜と山東菜をひとつかみ容器に入れて、5の汁を注ぐ。残りの1の材料も汁と交互に入れて漬ける。

7 **仕上げる──** 6のキムチを常温で1日ほどおいて発酵させたあと、冷蔵庫でゆっくり熟成させる。

ひとくち
メモ

夏につくるだいこん菜の水キムチは赤トウガラシでつくるとおいしいです
夏季によくつくられるだいこん菜の水キムチは、粉トウガラシを入れずに粉砕した赤トウガラシだけでつくると辛味が強くなっておいしいです。赤トウガラシ、小麦粉のり、にんにく、塩をミキサーなどで撹拌し、塩漬けしただいこん菜の上にかけます。だいこん菜の下処理は、青臭さが出ないようにやさしく洗い、小麦粉のりを一緒に入れると、砂糖を入れなくても苦みが軽減されます。だいこん菜でキムチをつくる場合は、キムチのタレで和え、キムチの汁を少しだけ入れて発酵させます。

カクテキ

だいこんをサイコロ状に切り、生ガキをたっぷり入れ、粉トウガラシのタレで和えたカクテキ。
新鮮なだいこんで漬けると、歯ごたえがよくておいしいです。

材料

だいこん(中サイズ).....4本
小ねぎ.....200g
せり.....100g
カキ(生食用).....2カップ

タレ

長ねぎ.....1本
にんにく.....2玉(丸ごと1玉×2)
しょうが.....1個(大きな塊)
粉トウガラシ.....3カップ
アミの塩辛.....1/2カップ
塩・砂糖.....各大さじ1

つくり方

1 **だいこんの準備——** 新鮮なだいこんを準備し、小さいひげ根を取り除いて洗い、皮をむかずに2×2.5センチ角のサイコロ状に切る。

2 **野菜の準備——** 小ねぎとせりは長さ3センチに切り、長ねぎは薄い斜め切りにする。にんにくとしょうがはみじん切りにする。

3 **カキと塩辛の準備——** カキはざるに入れて塩水(分量外)で洗い、アミの塩辛は粗いみじん切りにする。

4 **タレを和える——** ボウルに入れただいこんに、粉トウガラシだけをまぶして、だいこんが赤くなったら、にんにくのみじん切り、しょうがのみじん切り、アミの塩辛、塩、砂糖で和えたあと、小ねぎ、せり、長ねぎ、カキを加えて軽く混ぜる。

5 **仕上げる——** 塩(分量外)で全体の味を調えたら、容器に入れる。常温で1日ほどおいて発酵させたあと、冷蔵庫でゆっくり熟成させる。

ひとくちメモ

カキを入れたカクテキは発酵が早いので少しずつつくってください
アミの塩辛を入れたカクテキはえびカクテキと言い、カキを入れればカキカクテキと呼びます。昔の宮中ではカクテキをソンソン(日本語でサクサク。野菜を切る音)と小さく刻んで食べ、その切る様子から「ソンソンイ」と呼んでいたそうです。カキの旬ではない季節につくる場合は、入れなくていいです。カキを入れると発酵が早く進むので、数日で食べきれる分だけつくってください。

トンチミ
（だいこんの水キムチ）

だいこんを丸ごと塩漬けにし、汁と一緒に発酵させ
たのがトンチミ。粉トウガラシを使わず、だいこんの
さわやかさを味わう代表的なキムチのひとつです。

材料

だいこん（中サイズ）.....20本
梨.....2個
からし菜.....1/2束（約500g）
わけぎ.....1/4束（約250g）
長ねぎ.....10本
にんにく.....3玉（丸ごと1玉×3）
しょうが.....3個（大きな塊×3）
粗塩.....3カップ

青トウガラシの塩漬け★
青トウガラシ.....20本
塩.....大さじ1
水.....4カップ

水キムチの汁
粗塩……3カップ
水……50カップ（10ℓ）

つくり方

1 **だいこんの準備**── だいこんは小さいひげ根を取り除いて洗い、皮をむかずに粗塩をまぶして一晩おく。

2 **野菜の準備**── 梨は皮ごと4等分にして種と芯を取り、からし菜とわけぎは塩（分量外）をふって2、3本ずつ束ねて結ぶ。

3 **汁の準備**── 長ねぎは白い部分だけブツ切りにし、にんにくとしょうがは細かく刻んでガーゼに包む。青トウガラシは
   ヘタごと塩水に漬けて発酵させておく（何日か前にやっておく）。

   ★青トウガラシの塩漬けのつくり方　青トウガラシはヘタをつけたまま洗い、縦に切り込みを入れ、ティースプーンで種を取り除く。
   水と塩をよく溶かし、煮沸消毒した瓶に入れる。冷蔵庫で1週間ほどおく。

4 **水キムチの汁の準備**── ざるを使って粗塩をこしながら水によく溶かす。細かい天然塩はとけやすい。

5 **仕上げる**── 容器の底に長ねぎ、ガーゼに包んだにんにくとしょうがを置き、1のだいこん、2の梨と野菜、3の発酵さ
   せた青トウガラシを入れたら、4の水キムチの汁を注ぐ。常温で1日ほどおいて発酵させたあと、冷蔵庫でゆっくり熟
   成させる。

いちばん初めにつくるトンチミ
毎年冬の初めに、白菜キムチ、カクテキ、トンチミ、チョンガクキムチ
などいろいろなキムチをつくりますが、その中で最初につくるのがト
ンチミです。トンチミは発酵するのに1カ月ぐらいかかるので、いちば
ん先につくり始めます。

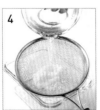

白菜とだいこんの水キムチ

白菜とだいこんを四角く切って、汁を注いで発酵させた水キムチは、祭事（法事）の席に準備する代表的なキムチです。どんな韓国料理とも相性がいいです。

材料

だいこん.....1本
白菜.....1/2株（約1kg）
せり.....30g
長ねぎ（白い部分）.....6センチ
赤トウガラシ.....1本
にんにく....丸ごと1玉
しょうが.....1片
粗塩.....適量

水キムチの汁
粉トウガラシ.....大さじ2
砂糖.....大さじ1
塩.....大さじ4
水.....10カップ（2ℓ）

つくり方

1 **だいこん・白菜の準備**—— だいこんは長さ3センチに切ったあと、幅2.5センチ、厚さ0.4センチに切る。白菜は半分に切ったあと幅3センチに切る。それぞれに粗塩をふっておく。

2 **野菜の準備**—— せり、長ねぎ、赤トウガラシは長さ3センチに切り、にんにくとしょうがはせん切りにする。

3 **具材を合わせる**—— 1のだいこんと白菜から出た水けをきって2の野菜と混ぜたら、キムチ容器に入れる。

4 **仕上げる**—— 水キムチの汁を準備する。3で野菜を混ぜたボウルに水を注ぎ、粉トウガラシをお茶パックに入れて水の中でふって汁を赤くしたら、砂糖と塩で味を調え、キムチ容器に注いで常温で1日ほどおいて発酵させたあと、冷蔵庫でゆっくり熟成させる。

ひとくちメモ

祭事には欠かせない白菜とだいこんの水キムチ
白菜とだいこんの水キムチは簡単なのでいつでも手軽につくれます。昔から祭事の席には白菜とだいこんの水キムチを必ず用意しますが、発酵するまでに数日かかるので、食事の支度はまずこのキムチづくりから始めます。ただし、祭事の席に出すキムチには、粉トウガラシを入れてはいけません。

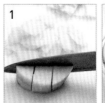

白菜とだいこんの
ミックスキムチ

白菜とだいこんを四角く切って、いろいろな材料を
混ぜたタレで漬けたキムチ。白菜とだいこんを混ぜ
てつくるためミックスキムチと呼ばれています。

材料

白菜.....2株（約4kg）	**ミックスキムチのタレ**
だいこん.....1/2本	長ねぎ.....2本
わけぎ.....	粉トウガラシ.....2カップ
1/5束（約200g）	にんにくのみじん切り.....1/2カップ
粗塩.....適量	しょうがのみじん切り.....大さじ2
	アミの塩辛.....1/3カップ
	イワシエキス.....1/2カップ
	砂糖.....大さじ2
	塩.....少々
	水.....1/4カップ

つくり方

1　**白菜・だいこんの準備**—— 白菜は3×4センチに切り、だいこんも同じ大きさで薄切りにし、それぞれに粗塩をふり、
　30分ほどおく。それぞれしんなりしたら、白菜は2回ほど洗って水けをしぼり、だいこんは洗わずに水けだけきる。

2　**ねぎの準備**—— わけぎは長さ4センチに切り、長ねぎは斜め切りにする。

3　**タレをつくる**—— ボウルに入れた粉トウガラシにまんべんなく水をふくませたら、にんにくとしょうがのみじん切り、長ね
　ぎ、アミの塩辛とイワシエキスを入れて混ぜ、砂糖と塩も加えてよく混ぜる。

4　**タレを和える**—— 3に1の白菜とだいこんを入れ、3のタレを加えてよく混ぜたあと、わけぎも加えて混ぜる。味が薄い
　時は塩で調節する。

5　**仕上げる**—— キムチ容器に隙間なく入れたら、4の容器に水（分量外）を注ぎ、塩で味を調えたあと、キムチ容器に注
　ぐ。常温で1日ほどおいて発酵させたあと、冷蔵庫でゆっくり熟成させる。

ひとくち
メモ

だいこんは大きめに切ってください

キムジャン（冬に食べるキムチをたくさん漬ける日）に漬ける白菜キ
ムチは、だいこんを大きめに切って白菜の間にはさむとおいしいで
す。白菜とだいこんのミックスキムチは、以前はキムジャンのキムチが
発酵する前の時期に、すぐに食べられるように漬けるものでしたが、
最近ではこのキムチを食べたくてわざわざつくるようになりました。

即席白菜キムチ

――

ごま油と白炒りごまを入れて軽く和えたサラダのような即席キムチ。長期保存は避けて数日間で食べられる量をつくってください。

材料

――

白菜.....1/2株（約1kg）
粗塩.....1/2カップ

即席キムチのタレ
粉トウガラシ.....1/2カップ
長ねぎのみじん切り.....大さじ2
にんにくのみじん切り.....大さじ1
しょうがのみじん切り.....小さじ1
アミの塩辛.....大さじ2
砂糖・ごま油・白炒りごま.....各大さじ1
塩.....適量
水.....1カップ

つくり方

――

1　**白菜の準備**―― 白菜は粗塩をふってしばらくおき、しんなりしたら洗って水けをしぼり、手で食べやすい大きさに裂く。

2　**タレをつくる**―― ボウルに粉トウガラシを入れ、水をふくませたら、長ねぎとにんにくとしょうがのみじん切り、砂糖、アミの塩辛を入れてよく混ぜる。

3　**仕上げる**―― 2に1の白菜を入れてよく和えたら、ごま油と白炒りごまを加えて混ぜる。味が薄い場合は塩で調節する。

ひとくちメモ

即席キムチをもっとおいしくつくるには
タレが白菜によくなじまない時は、小麦粉やもち粉でのりをつくってタレに混ぜるといいです。砂糖の使用量を少なくして水あめを加えるのもタレをなじみやすくする方法で、照りも出ます。きゅうり、青トウガラシ、せりなどを加えてもおいしい即席キムチになります。

オイソバギ
（きゅうりのキムチ）

きゅうりの切り込みに具材をはさんで漬けたキムチ。サクッとした歯ごたえとさっぱりした味が魅力のオイソバギは、見ただけでお腹が減ってしまいます。

材料

きゅうり.....10本
塩（こする用）.....適量
塩水.....3カップ
（粗塩1/2カップ・水3カップ）

仕上げ用塩水
塩.....大さじ1
水.....4カップ

具材

ニラ.....1/2束
粉トウガラシ.....1/2カップ
水.....1/2カップ
長ねぎのみじん切り.....大さじ4
にんにくのみじん切り.....大さじ2
しょうがのみじん切り.....小さじ1
塩・砂糖.....各少々

つくり方

1 **きゅうりの準備──** きゅうりは塩をふってこすって水で洗い、長さ6〜7センチに切って縦に切り込みを入れる。塩水に1時間ほど漬けたあと水けをきる。

2 **ニラの準備──** ニラを洗って水けをきったら、長さ1センチに切る。

3 **具材の準備──** ボウルに粉トウガラシを入れ、水を注いでふやかし、2のニラ、長ねぎとにんにくとしょうがのみじん切りを入れてよく混ぜたあと、塩と砂糖で味を調える。

4 **具材を詰める──** 1のきゅうりの切り込みを開いて3の具材を入れ、中の具材が出てこないようにしっかりはさんだあと、キムチ容器に詰める。

5 **仕上げる──** 3で使ったボウルに仕上げ用の塩水を入れて、4のきゅうりにかける。

ひとくちメモ

きゅうりは充分に塩漬けしないとしんなりしません
即席の場合は、軽く塩漬けするだけでも大丈夫ですが、発酵させてから食べる場合には、塩漬けをしっかりすることが大切です。早く食べたい場合は、キムチ容器に入れる時に塩水を入れると発酵が早く進みます。

コチュソバギ
(青トウガラシのキムチ)

———

塩漬けにした青トウガラシに味つけしただいこんを詰
めて漬けたキムチ。青トウガラシが旬の夏に漬けると、
辛さで食欲がわきます。

材料

———

青トウガラシ.....30本
塩水.....3カップ（粗塩1/2カップ・水3カップ）

具材

だいこん.....1/4本
赤トウガラシ.....1本
粉トウガラシ.....1/4カップ
にんにくのみじん切り.....大さじ4
イワシエキス.....大さじ3
砂糖.....大さじ1
塩.....少々

見栄えを良くするためにヘタつきで盛り付けています。

つくり方

1 **トウガラシの準備**―― 青トウガラシはヘタを取って洗い、縦に切り込みを入れ、ティースプーンで種を取り除く。浮き
上がってこないように皿などをのせて塩水に漬けたあと、青トウガラシが黄色くなったら水けをきる。

2 **野菜を切る**―― だいこんは長さ4センチのせん切りにし、赤トウガラシは半分に切って種を除いたあと、せん切りに
する。

3 **具材の準備**―― ボウルに粉トウガラシ、にんにくのみじん切り、イワシエキスを入れ、混ぜて砂糖と塩で味つけしたら、
2のだいこんと赤トウガラシを加えて混ぜ合わせる。

4 **具材を詰める**―― 1の青トウガラシの切り込みを開いて3の具材を入れ、具材が出てこないようにしっかりはさむ。

5 **仕上げる**―― キムチ容器に4を隙間なく詰め、常温で3〜4時間発酵させてから冷蔵庫に入れて熟成させる。

ニラを入れてもいいです
中に詰める具材は、だいこんの代わりにニラとにんじんを使っても
いいです。ニラは細かく切ってにんじんはせん切りにし、粉トウガラ
シとイワシエキスを混ぜればできます。

わけぎのキムチ

イワシエキスと粉トウガラシで発酵させたキムチ。よく
熟成させたほうが味に深みが出ます。

材料

わけぎ.....2束（約2kg）
イワシエキス.....1/2カップ

もち粉のり
もち粉.....大さじ2
水.....1カップ（200㎖）

キムチのタレ
粉トウガラシ.....2カップ
水.....2カップ
イワシエキス.....1カップ
にんにくのみじん切り.....大さじ2
しょうがのみじん切り.....小さじ1
塩・砂糖.....各大さじ1
白炒りごま.....大さじ2

つくり方

1　**わけぎの準備──** わけぎはきれいに洗って水けをきり、イワシエキスに漬ける。

2　**のりをつくる──** 鍋にもち粉と水を入れてもち粉を溶かしてから中火にかけ、木ベラで混ぜながらのりをつくって冷ます。

3　**タレをつくる──** ボウルに粉トウガラシ、水、イワシエキス、2のもち粉のりを入れて混ぜたら、残りのタレの材料も加えてよく混ぜる。

4　**仕上げる──** 1のわけぎを取り出し、3のタレをまんべんなくまぶしたら、わけぎを2〜3本ずつ束にしてその中の1本でくるくると巻いて結ぶ。キムチ容器に詰めて冷蔵庫で熟成させる。

わけぎやニラはイワシエキスで漬けるといいです
わけぎやニラなどの細い野菜は、イワシエキスで漬けると柔らかく漬かります。食卓に出す時は、巻いたわけぎをほどいて、半分に折り曲げるか、短く切ってから皿に盛りつけてください。

ニラのキムチ

———

イワシエキスや粉トウガラシなどでつくったタレで漬けたニラのキムチです。少し辛い味つけで浅漬けキムチのように食べても、よく発酵させてから食べてもとてもおいしいです。

材料

ニラ.....1kg
青トウガラシ.....2本
赤トウガラシ.....1本
イワシエキス.....1/3カップ

キムチのタレ
粉トウガラシ.....1カップ
水.....1カップ
イワシエキス.....1/3カップ
にんにくのみじん切り.....大さじ2
白炒りごま.....大さじ1

つくり方

1 **ニラの準備——** ニラは細いものを準備し、きれいに洗って水けをきる。

2 **野菜を切る——** ニラは先端の葉は切り落とし、青トウガラシと赤トウガラシは半分に切って種を除いたらせん切りにする。

3 **タレをつくる——** ボウルに粉トウガラシを入れて水でふやかし、イワシエキス、にんにくのみじん切り、白炒りごまを加えてよく混ぜる。

4 **仕上げる——** 容器に2のニラと青トウガラシと赤トウガラシを入れ、3のタレをまんべんなくからめる。出来上がったらすぐに食べるかキムチ容器に詰めて熟成させる。

ニラはやさしく扱ってください
ニラは葉が薄くて青臭さが出やすいので、洗う時やタレをまぶす時はやさしく扱ってください。ニラの根元を持ち、水の中でやさしくふりながら洗いましょう。ニラは塩漬けをせずに、イワシエキスで漬けると柔らかく仕上がります。

えごまの葉のキムチ

香りのいいえごまの葉のキムチは夏に食べる代表的なキムチです。食欲が落ちる夏の時期に準備すると食が進みます。

材料

えごまの葉.....50枚	**キムチのタレ**
わけぎ.....5本	粉トウガラシ.....1/2カップ
青トウガラシ.....2本	イワシエキス.....1/3カップ
赤トウガラシ.....2本	しょう油.....大さじ2
白炒りごま.....少々	にんにくのみじん切り.....大さじ2
	しょうがのみじん切り.....小さじ1
	砂糖.....少々
	水.....1/2カップ

つくり方

1 **えごまの葉の準備──** えごまの葉は1枚ずつ流水で洗い、ざるにあげて水けをしっかりきる。

2 **野菜を切る──** わけぎは小口切りにし、青トウガラシと赤トウガラシは斜め切りにする。

3 **タレをつくる──** タレの材料をすべて混ぜ合わせる。

4 **仕上げる──** えごまの葉を3〜4枚ずつセットにして重ね合わせたら、2のタレをぬって積み重ねていき、途中でわけぎ、青トウガラシ、赤トウガラシ、白炒りごまをはさみながら何層にも重ね、キムチ容器に隙間なく詰める。常温で1日ほどおいて発酵させたあと、冷蔵庫でゆっくり熟成させる。

ひとくち メモ

えごまの葉のしょう油漬けや蒸し物もおいしいです
えごまの葉はしょう油で漬ければしょう油漬け、ピリ辛ダレで漬ければキムチ、蒸せば蒸し物になります。どの調理法でも香りがよく、温かいごはんとの相性も抜群です。

からし菜のキムチ

からし菜とわけぎで漬けた全羅道地域特産のキムチ。
イワシエキスをたくさん使うので、辛味と塩味が強い
のが特徴です。発酵が進んで古漬けになると格別な
味わいになります。

材料

からし菜.....4kg
わけぎ.....1束（約1kg）
だいこん.....1/2本
梨.....1個
栗.....10個
にんにく.....4玉（丸ごと1個×4）
しょうが.....2個（大きな塊×2）
塩水.....40カップ（8ℓ）
（粗塩3カップ・水40カップ）

もち粉のり

もち粉.....1/2カップ
水.....2カップ

キムチのタレ

粉トウガラシ.....3カップ
イワシエキスまたは
煮干しのだし汁.....1カップ
アミの塩辛.....1/4カップ
白炒りごま.....少々
糸トウガラシ.....少々
水.....5カップ（1ℓ）

仕上げ用の塩水

塩.....1/2カップ
水.....4カップ

つくり方

1 **からし菜・わけぎの準備——** からし菜は洗って水けをきったら、塩水に2時間ほど漬けて水けをきる。わけぎは洗って塩水に30分漬けたら、水で洗って水けをしっかりきる。

2 **具材の準備——** だいこんは長さ3センチのせん切りにして塩をふっておき、梨もだいこんと同じ大きさのせん切りにする。栗は薄く切り、にんにくとしょうがはみじん切りにする。

3 **のりをつくる——** もち粉を水に溶かし、中火にかけて混ぜながらのりをつくって冷ます。

4 **タレをつくる——** 粉トウガラシをボウルに入れて水ともち粉のりを混ぜ、残りのタレの材料と、2の具材を加えて和える。

5 **仕上げる——** 1のからし菜とわけぎを4のタレに混ぜ、からし菜3～4本とわけぎ2本をセットにして結び、キムチ容器に詰める。4で使った容器に水を入れて塩で味を調えたら、キムチ容器に注ぐ。常温で1日ほどおいて発酵させたあと、冷蔵庫でゆっくり熟成させる。

もち粉のりはからし菜の苦みを軽減します
からし菜の発酵に大きな役割を果たすのがもち粉のりです。もち粉
のりは、からし菜の苦みを軽減し、塩辛の生臭さを消す効果もあり
ます。

新にんにくの
酢じょう油漬け

代表的な保存食。にんにくのチャンアチ（漬け物）は、酢漬けとしょう油漬けがありますが、酢漬けの汁は食欲増進の助けになります。

材料

新にんにく★.....50玉（丸ごと1玉×50）

塩漬け
粗塩.....1カップ
水.....6カップ（1.2ℓ）

しょう油液
酢・水.....各5カップ（各1ℓ）
砂糖.....3カップ
しょう油.....2カップ
塩.....大さじ2

★新にんにくは、5～6月が旬で、みずみずしい香りと食感が特徴。乾燥させていない生のにんにくなので、水分が多く辛味が少ない。

つくり方

1　**にんにくの準備**── 新にんにくは丸ごとのまま外側の皮をむき、内側の皮は少し残す。茎は短く切りすぎるとにんにくがバラバラになりやすいので、2センチぐらい残して切る。

2　**塩漬け**── 1のにんにくを1週間ほど塩水につけて熟成させる。

3　**しょう油液をつくる**── 水に砂糖と塩を入れて溶かし、酢としょう油を加えてしょう油液をつくる。

4　**本漬け**── 2のにんにくを塩水から取り出してガラス瓶に入れ、にんにくが浮かないように小皿などでおもしをして、しょう油液を注ぐ。

5　**しょう油液の煮直し**── 1週間ほど経ったら、しょう油液だけを鍋で煮立たせ、冷ましてからにんにくの容器に戻す。

6　**仕上げる**── 1カ月ほど経過してにんにくが熟成したら、丸ごと横半分に切るか、皮をむいて1片ずつ分けてしょう油液に漬けておく。

 ひとくちメモ

しょう油液を煮直すと長期保存ができます
1カ月ほど経過した頃に、もう一度煮汁を煮直すと長期保存してもカビが生えたりしません。しょう油液をつくる時に、砂糖と塩がよくとけない場合は、一度煮立たせて溶かしてからしょう油と酢を入れてください。

きゅうりのピクルス

――

甘酸っぱいピクルスは、きゅうりでつくられることが多いですが、玉ねぎ、トウガラシ、セロリなどでつくってもおいしいです。

材料

きゅうり.....5本
玉ねぎ.....1/2個
にんにく.....10片
鷹の爪.....2本
粗塩.....適量

ピクルス液
酢・水.....各3カップ
砂糖.....3カップ
塩.....大さじ1
ローリエ.....4枚
粒こしょう.....大さじ1
クローブ.....4粒

つくり方

1 **具材の準備――** きゅうりは粗塩でこすってきれいに洗ったあと、斜め切りにする。玉ねぎは大きめに切る。にんにくは丸ごとか横半分に切る。鷹の爪は大きめに切る。

2 **塩漬け――** 1の野菜に粗塩をふって軽く塩漬けしたあと、水けをしぼる。

3 **ピクルス液をつくる――** 鍋にピクルス液の材料をすべて入れ、ひと煮立ちさせたら火からおろして冷ます。

4 **仕上げる――** 2の野菜を広口のガラス瓶に入れ、冷ました3のピクルス液を注ぐ。常温で1日ほど熟成させたら冷蔵庫に入れて保存する。

ひとくちメモ

サクサクのきゅうりの漬け物のつくり方
水分が多く適度な大きさのきゅうりを選び、きれいに洗ったあと容器に入れ、塩水を沸とうさせてきゅうりに注いでください。きゅうりが完全につかっている状態で3日～1週間経過して、きゅうりが黄色っぽくなったら、きゅうりを取り出し冷蔵庫で保存すれば、日が経つにつれおいしい漬け物になります。

青梅の
コチュジャン和え

有機酸が豊富な梅の実を砂糖で漬けると梅シロップ
ができます。シロップをつくった梅の実の種を除いて
からコチュジャンで和えたのがチャンアチです。

材料

青梅.....1kg
砂糖.....4カップ
コチュジャン.....2と1/2カップ

つくり方

1 **梅シロップをつくる──** ハリがあって傷のない梅を選び、きれいに洗って水けをきる。ガラス瓶に梅と砂糖を交互に入れる。数日経って、液が上がってきたら上におもしをする。

2 **仕上げる──** 3カ月経過したら梅シロップができるので、別の瓶に移す。梅の実は種を取り除き、コチュジャンで和えて容器に入れ、いちばん上に残ったコチュジャンをかぶせて冷蔵庫で保存する。

ひとくちメモ

梅の実の塩漬け
梅シロップは青梅でつくり、黄色くなった梅の実は塩漬けにするといいです。清潔なガラス瓶にきれいに洗った梅の実と塩を交互に入れ、涼しい場所に置いて1カ月ほど経てば食べられます。

青トウガラシの
しょう油漬け

青トウガラシを甘酸っぱいしょうゆ液で漬けました。
塩辛さと甘酸っぱさの調和がおいしい常備菜です。

材料

青トウガラシ.....200g

しょう油液
酢.....2カップ
しょう油.....1と1/2カップ
砂糖.....1/2カップ
塩.....大さじ1
水.....1カップ

つくり方

1 **青トウガラシの準備──** 青トウガラシはヘタをつけたまま洗って水けをきり、串でところどころに穴を開ける。

2 **しょう油液をつくる──** 鍋にしょう油、砂糖、塩、水を入れて煮立たせたら酢を加え、もう一度ひと煮立ちさせて冷ます。

3 **仕上げる──** 青トウガラシをガラス瓶に入れ、浮かないようにおもしをしたら2のしょう油液を注ぐ。ふたをして10日ほど冷蔵庫で熟成させる。

**ひとくち
メモ**
酢液で漬けてからつくる方法もあります
洗って穴を開けて下処理をした青トウガラシを薄めの酢水に漬けて1週間ほど熟成させたあと、しょう油液に漬ける方法もあります。
熟成させたトウガラシをしょう油漬けにすると、数日後に再度しょう油液を煮立たせる必要がなくなります。

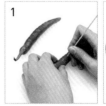

カタカナ表記について
日本であまり馴染みのない料理はカタカナ表記に統一性がなく、現在さまざまな表記が混在しています。また、韓国語の特性上、カタカナでは正確に表記できないものがありますのでご了承ください。

Part 1　毎日のおかず・常備菜

Part 2　ぐつぐつ煮るスープ・チゲ・鍋料理

Part 3　手軽に一食
ワンディッシュメニュー

Part 4 家族のためのヘルシーメニュー

Part 5　特別な日のおもてなしメニュー

決定版　韓国家庭料理大全

ハン・ボクソンのオンマの食卓

2024年1月22日　初版第1刷発行

著者	ハン・ボクソン

翻訳	栗山和代
翻訳協力	株式会社リベル
デザイン	柴 亜季子
コーディネート	大浜千尋
校正	株式会社ぷれす
日本語版編集	及川さえ子

発行人	三芳寛要
発行元	株式会社パイ インターナショナル

〒170-0005　東京都豊島区南大塚2-32-4
TEL 03-3944-3981　FAX 03-5395-4830
sales@pie.co.jp

印刷・製本	株式会社シナノ